러시아어 어휘집 -어근 분류를 중심으로

홍기순·김성일 엮음

보고사

머 리 말

이 땅에 러시아어 관련학과가 대학에 개설된 지 어느덧 반세기 가까운 세월이 흘렀다. 그 동안 이데올로기 장벽을 비롯한 온갖 어려움에도 불구하고 러시아어문학에 대한 극진한 열정으로 후학들을 양성해 오신 여러 선생님들의 헌신적 노력의 결과로 러시아어문학 분야는 커다란 발전을 이룰 수 있었다. 현재 30여 곳이 넘는 대학에 러시아 관련 학과가 설치되어 있으며, 각종 시험에도 선택과목으로 채택되는 등 점차적으로 확산되는 추세에 있다. 러시아는 우리와 직접적으로 국경을 접하고 있으며, 다방면에서 우리와 밀접한 연관을 갖고 있는 나라이다. 현재 남·북한 당국 간에 대화가 진행 중인 경원선과 동해안선 철도가 시베리아 철도와 연결된다면, 후에 발생할 동북아시아 지역과 환태평양 연안의 물류혁명의 파장은 굉장히 클 것이고 또한 러시아가 보유하고 있는 엄청난 천연자원의 보고인 광대한 시베리아 자원 개발에 우리나라가 적극적으로 참여한다면 우리에게 있어서 러시아어의 중요성은 더욱 더 가중될 것이다.

모든 외국어 학습에 있어서 학습자들이 공통으로 직면하는 어려움 중의 하나는 어휘력 문제이다. 외국어 학습에 있어서 어근을 통한 체계적인 어휘 학습은 가장 효율적인 방법 중의 하나로 이미 검증된 바 있으며, 영어를 비롯한 다른 외국어의 경우 이와 관련된 다양한 종류의 학습서들이 나와있다. 본서는 그러한 기존의 다른 외국어 어휘 학습서와 같은 성격의 러시아어 학습서로서 러시아어의 어근 학습에 가장 기본이 되는 총

347개의 어근, 그리고 그와 관련된 2,230여 개의 표제어와 예문으로 구성되어 있다. 국제화 및 세계화의 추세에 맞추어 각각의 러시아어 어근 및 표제어, 예문 등에 영어를 병기하여 일석이조의 학습 효과를 거두고자 하였다. 그러나 지면 관계상 어근의 반복 학습을 위한 연습문제를 수록하지 못한 것과 한글 파일을 MS Word로 바꾸면서 편집상 발생한 문제로 인해 전반부와 후반부의 글씨체가 다른 문제점이 발견되지만, 이러한 미흡한 점은 개정판 발행시 반드시 보충할 것을 약속하면서 독자제위의 사전 양해를 구한다. 마지막으로 본 어휘 학습서가 러시아어 학습에 좋은 길잡이가 되기를 기원한다. 이 책이 나오기까지 교정과 역점 작업을 도와준 선문대 소피아 올레고브나 선생님과 러시아어를 전혀 알지 못하는 어려움에도 불구하고 깔끔하게 책을 만들어 준 보고사 편집부의 여수정씨, 그리고 어려운 출판사정에도 불구하고 흔쾌히 출판을 허락해 주신 김흥국 사장님께 감사를 드린다.

2002. 4. 25. 엮은이

이 책을 만드는데 참고한 자료는 다음과 같다.
1. Catherine A. Wolkonsky & Marianna A. Poltoratzky. <Handbook of Russian Roots>. (Columbia Univ. Press, New-York & London, 1969)
2. Frank J. Miller <A Handbook of Russian Verbs>. (Ardis Publishers, Ann Arbor, 1989)
3. George Z. Patrick <Roots of the Russian Language : An Elementary Guide to Russian Word-Building>. (Pitman Publishing Corporation, New-York, 1959)
4. A Phrase and Sentence Dictionary of Spoken Russian. Russian-English, English-Russian. (Dover Publication, Inc. New-York)
5. С.И.Ожегов и Н.Ю.Шведова <Толковый словарь русского языка>. М., 1995.

차 례

서문 3

러시아어 어근 7

어근 목록 407

А	23	Н	284
Б	25	О	290
В	58	П	293
Г	93	Р	324
Д	128	С	335
Е	158	Т	361
Ж	167	У	379
З	181	Х	383
И	198	Ц	388
К	202	Ч	391
Л	242	Ш	401
М	258	Щ	402
		Я	404

러시아어 어근   Roots of the Russian Language

1. 러시아 단어의 구성요소(Elements of Russian Words)

러시아 단어의 구성요소는 다음과 같다.
- 어근과 어간(Roots and Stems)
- 굴절어미(Inflections)
- 접두사(Prefixes)
- 접미사(Suffixes)

(1) **어근**(Roots) : 단어의 어근이란 같은 어원의 단어군들이 함께 공통으로 소유하고 있는 단어의 본질적인 부분이다. 예를 들어, 어근 'да'로 부터 да-ть; да-ва-ть; вы-да-ча; за-да-ча; про-да-ть; рас-про-да-жа; с-да-ча; у-да-ча 등 많은 다른 동족어들이 파생된다.

(2) **어간**(Stems) : 어간은 굴절어미가 첨가되기 전에 어근에 의해서 추정된 형태를 말한다.

знáмен-и (단수 생 · 여 · 전치격)
знáмен-ем (단수 조격)
знамён-а (복수 주격)

знамен은
명사 знáмя의 어간이다.

твори́-шь
твори́-т
твори́-м

твори는
동사 твори́ть의 현재시제의 어간이다.

일반적으로 어근과 어간은 서로 다르다. 그러므로 위의 두 예에서 첫 번째 어간은 '<u>знамён</u>'이지만 어근은 '<u>зна</u>'이다. 두 번째의 경우 어간은 '<u>твори</u>'이고 어근은 '<u>твор</u>'이다. 그러나 어근과 어간이 동일한 단어들도 있다. 예를 들어,

   нес-ý 어근과 어간 둘 다 = <u>нес</u>
   вед-ý 어근과 어간 둘 다 = <u>вед</u>

(3) **굴절어미**(Inflections) : 굴절어미는 성, 수, 격과 인칭을 나타내는 다양한 활용어미이다. 예를 들어,

   сад, сáд-а, сад-ы́
   вод-á, вод-ы́, вóд-ы
   бéл-ый, бéл-ого, бéл-ые
   говор-ú, говор-ú-шь, говор-ú-те

(4) **접두사**(Prefixes)**와 접미사**(Sufixes) : 접두사는 어근의 앞에 위치한 접사이고, 접미사는 어근의 뒤에 위치한 접사이다. 접두사는 단어의 의미를 변화시키는 반면, 접미사는 단어의 기능을 변화시킨다. 예를 들어, да-ть, про-да-ть, 그리고 за-да-ча, с-да-ча는 의미가 서로 다르다. 이와 반대로, 접미사는 명사, 형용사, 동사, 부사를 형성하며, 따라서 단어의 기능을 변화시킨다. 즉, 접미사는 품사의 변화를 유발하기도 한다. 그러므로 어근 '<u>чист</u>'는 명사 'чист-от-á', 형용사 'чúст-ый', 동사 'чист-ú-ть', 부사 'чúст-о' 등을 다양한 접미사를 통해 형성한다. 대부분의 단어들은 하나 이상의 접사(affix)[1]를 갖는다.

   при-над-леж-á-ть
   рóд-ств-ен-н-ик

---

[1] 접사란 접미사와 접두사 모두를 일컫는 용어.

2. 파생어와 복합어(Derivatives and Compounds)

하나의 단일어에서 만들어진 단어를 파생어라고 하며, 반면에 둘 또는 둘 이상의 단일어로 만들어진 단어를 복합어라 부른다. 예를 들어, сад-о́в-н-ик (정원사)는 파생어이다. 반면에 сад-о-во́д-ство(원예, 원예학: 이 단어는 сад(정원)와 вод-и́-ть(경작하다)로부터 만들어졌다)는 복합어이고, два-дцат-и-пят-и-ле́т-н-ий(25살) 또한 복합어이다.

일반적으로, 두 개의 어근에서 만들어진 복합어는 이른바 연결모음 о 또는 е에 의해 결합된다. пар-о-во́з, птиц-е-во́д-ств-о. двадцатипяти-ле́тний의 경우에 двáдцать와 пять 뒤의 и는 연결사가 아니라 생격을 나타내는 것이다. 그러나 어떤 복합어는 연결모음이 없는 경우도 있다. Но́вгород (Но́вый го́род); Ленингра́д 등.

* 1917년 러시아혁명 이후 많은 복합어들이 다양한 방식으로 만들어졌다. 이러한 새로운 복합어들은 다음과 같이 분류되어질 수 있다.

▶ 둘 내지 그 이상의 어두 음절로 형성된 단어.
   нар-ко́м – наро́дный комисса́р
   ком-со-мо́л – Коммунисти́ческий сою́з молодёжи
   сов-хо́з – сове́тское хозя́йство

▶ 한 단어의 어두 음절이 다른 단어와 결합하여 형성된 복합어.
   стен-газе́та – стенна́я газе́та
   зав-шко́лой – заве́дующий шко́лой

▶ 둘 또는 그 이상의 단어의 첫 글자로부터 만들어진 복합어.
   рик – райо́нный исполни́тельный комите́т
   Тасс – Телегра́фное аге́нтство Сове́тского Сою́за

* 종종 복합어들은 하나 혹은 그 이상의 단어들의 첫 글자 내지는 첫 글자들로부터 그리고 다른 단어의 첫 음절로부터 형성된다.
   ОГИЗ – Объедине́ние госуда́рственных изда́тельств
   Татцик–Тата́рский центра́льный исполни́тельный комите́т

3. 가장 중요한 접미사 목록(List of the Most Important Suffixes)

(1) 명사화 접미사(Noun Suffixes)

1) 일반적으로 직업이나 행위자를 나타내는 접미사

-ак, -як : рыб-а́к(어부); чуд-а́к(기인); мор-я́к(선원)

-ар, -яр : па́х-ар-ь(농부); пе́к-ар-ь(제빵사); стол-я́р(목수)

-ач : сил-а́ч(힘 센 사람); тк-ач(방직공)

-ец : бо-е́ц(전사); куп-е́ц(상인); пе-в-е́ц(가수)

-ик : муж-и́к(농부); му́ч-ен-ик(순교자); уч-ен-и́к(문하생)

-ок : езд-о́к(기수); кус-о́к(한 조각); стрел-о́к(사수)

-ост-ь, -ест-ь : глу́п-ост-ь(어리석음); но́в-ост-ь(뉴스);
 ску́п-ост-ь(인색); све́ж-ест-ь(신선함)

-ств, -еств : вещ-еств-о́(물질); ис-ку́с-ств-о(예술);
 род-ств-о́(친족관계)

[주] 접미사 -ост, -ест, -ств, -еств는 일반적으로 추상명사를 나타낸다.

-тел : пис-а́-тел-ь(작가); стро-и́-тел-ь(건축가); уч-и́-тел-ь(교사)

-чик : ма́л-ь-чик(소년); пере-во́д-чик(번역가); раз-но́с-чик(행상인)

-щик : ден-щи́к(졸병); по-став-щи́к(납품업자); ям-щи́к(마부)

2) 지소체나 애칭을 나타내는 접미사(Suffixes Denoting Diminutives or Endearment)

-ек : ку-со́ч-ек(кусо́к)(작은 조각); лист-о́ч-ек(листо́к)(작은 잎, 전단지)

-еньк : ма́м-еньк-а(친애하는 엄마); па́п-еньк-а(친애하는 아빠)

-оньк : берёз-оньк-а(어린 자작나무)

-ец : у-ро́д-ец(꼬마 괴물); бра́т-ец(귀여운 동생)

-ик : но́ж-ик(작은 칼); но́с-ик(작은 코); сто́л-ик(작은 탁자)

[주] муж-и́к, уч-ен-и́к와 같은 단어들은 지소체의 뉘앙스를 상실했다.

-иц : лу́ж-иц-а(작은 웅덩이)

-ка : но́ж-ка(작은 발); ру́ч-ка(작은 손, 펜대, 핸들)

-ок, -очек : го́лос(목소리); голос-о́к, голос-о́чек

-ек, -ечек : ого́н-ь(불); огон-ёк, огон-ёчек

-ёнк : изб-ёнк-а(작은 농가); лошад-ёнк-а(노쇠한 말)
-ишк : дом-и́шк-о(작은 집); вор-и́шк-а(좀 도둑)
-онок : медвеж-о́нок(새끼 곰)
-ёнок : гус-ёнок(거위 새끼); жереб-ёнок(망아지)
-очк, -ечк : цеп-о́чк-а(가늘고 짧은 쇠사슬); под-у́ш-ечк-а(작은 베개)
-ышк : со́лн-ышк-о(햇님); зёрн-ышк-о(작은 알곡)
-ушк : де́д-ушк-а(할아버지); ба́б-ушк-а(할머니);
 коро́в-ушк-а(암소의 애칭)

3) 지대형의 의미를 갖는 접미사(Suffixes Having an Augmentative Force)
-ин : дет-и́н-а(장정); дуб-и́н-а(곤봉)
-ищ : дом-и́щ-е(거대한 집); руч-и́щ-а(큰 손)

4) 집합적 의미를 갖는 중요한 접미사(The Most Important Suffix Having a Collective Meaning)
-ь : баб-ь-ё(아낙네들); мужич-ь-ё(농부들); тряп-ь-ё(넝마 조각들)

5) 국적, 종교, 부칭을 나타내는 접미사(Suffixes Denoting Nationality, Religion, Patronymics)
-ак, -як : пол-я́к(폴란드인); прусс-а́к(프러시아인); сибир-я́к(시베리아인)
-анин : англич-а́нин(영국인); магомет-а́нин(회교도)
-янин : христи-ани́н(그리스도교도); слав-яни́н(슬라브인)
[주] 복수에서 -ин은 탈락한다.
  англич-а́н-е, магомет-а́н-е, христи-а́н-е, слав-я́н-е
 -ец : америка́н-ец(미국인); не́м-ец(독일인); япо́н-ец(일본인);
  Коре́-ец(한국인)
-ович, -евич : Петр-о́вич(뾰뜨르의 아들); Никола́-евич(니꼴라이의 아들)
-овна, -евна : Петр-о́вна(뾰뜨르의 딸); Никола́-евна(니꼴라이의 딸)

6) 여성을 나타내는 접미사(Suffixes Indicating the Feminine Gender)
-ачк, -ячк : рыб-а́чк-а(여자 어부); чуд-а́чк-а(이상한 여자);

мор-я́чк-а(여자 선원); сибир-я́чк-а(시베리아 여자)
-их-а : куп-ч-и́х-а(купец)(여자 상인); ткач-и́х-а(여자 방직공);
повар-и́х-а(여자 요리사)
-иц : уч-ен-и́ц-а(여자 생도); пис-а́-тел-ьн-иц-а(여류 작가);
пере-во́д-ч-иц-а(여류번역가)
-к : америка́н-к-а(미국 여자); англича́н-к-а(영국 여자);
христиа́н-к-а(여자 그리스도인); сила́ч-к-а(여장사)
-ух : стар-у́х-а(노부인); молод-у́х-а(젊은 부인); стряп-у́х-а(여자 요리사)

7) 장소를 나타내는 접미사(Suffix Denoting Place)
-ищ : жил-и́щ-е(주택, 주거); кла́дб-ищ-е(묘지);
при-ста́-н-ищ-е(은신처, 피난처)

(2) 형용사화 접미사(Adjective Suffixes)

-ат : бог-а́т-ый(부유한); крыл-а́т-ый(날개가 있는);
син-ев-а́т-ый(푸르스름한); бел-ов-а́т-ый(하얀빛을 띤)
-ен, -ьн : бо́л-ен, бол-ьн-о́й(병든)
-ист : золот-и́ст-ый(금빛의); серебр-и́ст-ый(은빛의)
-к : гро́м-к-ий(큰소리의); то́н-к-ий(얇은); у́з-к-ий(좁은)
-л : ки́с-л-ый(신); спе́-л-ый(익은, 성숙한); тёп-л-ый(따뜻한)
-н : бе́д-н-ый(가난한); дур-н-о́й(나쁜); му́т-н-ый(흐린, 탁한)
-ов, ев : берег-ов-о́й(해변의); ключ-ев-о́й(샘에서 나오는);
пол-ев-о́й(들판의); ро́з-ов-ый(장미의)
-овск, -евск : отц-о́вск-ий(아버지의); поп-о́вск-ий(사제의);
корол-е́вск-ий(왕의); ки́-евск-ий(끼예프의)
-ск, -еск, -ьск : ру́с-ск-ий(러시아(인)의); де́т-ск-ий(유아의, 어린이의);
ю́нош-еск-ий(청춘의); прия́тел-ьск-ий(친구의, 친한);
учи́тел-ьск-ий(교사의)
-ян, -ан : гли́н-ян-ый(점토질의); ко́ж-ан-ый(피혁제의)

1) 지소체를 나타내는 접미사(Suffixes Denoting Diminutives)
   -еньк : ма́л-еньк-ий(작은); хоро́ш-еньк-ий(귀여운, 좋은)
   -оньк : лёг-оньк-ий(가벼운); ти́х-оньк-ий(고요한)

2) 비교급과 최상급을 표현하는 접미사(Suffixes that Convey Comparative and Superlative Degrees)
   -ее : бо́л-ее(보다 더); ме́н-ее(보다 적은); добр-е́е(보다 친절한)
   -ай ш : велич-а́йш-ий(가장 큰, 위대한); тонч-а́йш-ий(가장 얇은)
   -ей ш : добр-е́йш-ий(가장 친절한); скор-е́йш-ий(가장 빠른)
   -ьш : бо́л-ьш-ий(보다 큰); наи-бо́л-ьш-ий(가장 큰)

(3) 동사화 접미사(Verb Suffixes)
   -а : бр-а-ть(잡다); де́л-а-ть(하다); чит-а́-ть(읽다)
   -ва : да-ва́-ть(주다); от-кры-ва́-ть(열다); с-кры-ва́-ть(숨기다)
   -е : ви́д-е-ть(보다); лет-е́-ть(날다); смотр-е́-ть(관찰하다)
   -и : говор-и́-ть(말하다); люб-и́-ть(사랑하다); прос-и́-ть(간청하다)
   -ну : гля(д)-ну́-ть(주시하다); дви(г)-ну-ть(움직이다); мо́к-ну-ть(젖다)
   -во, -ев : пир-ов-а́ть(연회를 열다); гор-ев-а́ть(슬퍼하다)
   -у, -ю : сове́т-у-ю(충고하다); пир-у́-ет(그는(그녀는) 연회를 열었다); гор-ю́-ю(나는 슬프다)
   -ыв, -ив : о-пи́с-ыв-а-ть(묘사하다); раз-гова́р-ив-а-ть(대화하다)

(4) 형동사 접미사(Participle Suffixes)
   -ащ, -ящ / -ущ, ющ : 형동사 능동 현재형의 접미사(Suffixes of the Present Active Participle)
      держ-а́щ-ий(잡고 있는); люб-я́щ-ий(사랑하고 있는);
      вед-у́щ-ий(인도하고 있는); чит-а́-ющий(읽고 있는)
   -вш, -ш : 형동사 능동 과거형의 접미사(Suffixes of the Past Active Participle)

чит-á-вш-ий(읽고 있었던); нёс-ш-ий(운반해 왔던)
-ен, -н, -т : 형동사 피동 과거형의 접미사(Suffixes of the Past Passive Participle)
у-нес-ён(옮겨졌다); про-чи́т-а-н(읽혀졌다);
про-чи́т-а-нн-ый(읽혀진); мы́-т-ый(씻겨진)
-м : 형동사 피동 현재형의 접미사(Suffixes of the Present Passive Participle)
люб-и́-м, люб-и́-м-ый(사랑 받는 사람)

4. 접두사(Prefixes)

접두사는 분리할 수 있는 것과 **분리**할 수 없는 것이 있다. 독립어로써 사용되는 접두사를 '분리 가능 접두사'라고 하며, 독립적으로 사용되지 않는 것을 '분리 불가능 접두사'라고 한다.

(1) 접두사로 사용되는 전치사 목록(List of Prepositions used Prefixes)

전치사 의미의 일부 중요한 뉘앙스만이 접두사로 표현될 수 있다. 대부분의 접두사는 단지 불완료상 동사로부터 완료상 동사를 만들기 위해 사용되며, 또한 많은 경우 단어에 부가될 때, 전치사의 본래 의미는 불투명해지는 경우가 있으며, 심지어 어떤 경우에는 그 의미가 완전히 상실되기조차 한다.

1) 분리가능 접두사(Separable Prefixes)

без(бес) ~없이, 반대, 분리(without, less, dis-, ir-, un-)
без-наде́жный(희망이 없는); без-но́гий(다리가 없는);
без-упре́чный(결점이 없는); бес-коры́стный(흥미 없는);
бес-поко́ить(걱정시키다)
단어의 첫 글자인 и가 분리가능 접두사 뒤에 올 경우 ы로 바뀐다 :
без-ынтере́сный(재미없는); без-ызве́стность(불확실)
[주] 접두사 без, вз, воз, из, низ, раз, роз는 모음과 유성자음

앞에서 마지막 자음인 з를 유지한다. 그러나 무성자음과 с앞에서 з는 с로 변한다.

예를 들어,

безбо́жник(무신론자); безвы́ходный(희망 없는); безгра́мотность(무학, 문맹); безда́рный(무능한); безнра́вственность(부도덕); бесконе́чно(영원히); беспла́тный(무료로); бессвя́зный(앞뒤의 연결이 없는); бестолко́вость(멍청함); бесфо́рменный(형태가 없는); бесхара́ктерный(온순한, 의지가 약한)

◆ в (во), ~속에, ~로, ~에(in, into, to) :

в-веде́ние(도입)

в-далеке́(먼 곳에)

в-дре́безги(산산조각으로)

во-влека́ть, во-вле́чь(끌어들이다)

◆ до, ~까지, ~전에(till, to the end, pre-) :

до-си́живать(~까지 앉아있다)

до-ста́ивать(~까지 서있다)

до-революцио́нный(혁명 전의)

◆ за, ~의 건너편에, ~의 뒤에, ~ 때문에(beyond, behind, for) :

за-гро́бный(무덤 저편에)

за-позда́лый(늦어진, ~의 뒤에)

за-че́м?(왜? 무슨 목적으로?)

* за는 동사와 결합되어 종종 행위의 시작을 나타낸다.

заговори́ть(말하기 시작하다)

заигра́ть(놀기 시작하다)

запе́ть(노래하기 시작하다)

◆ из (ис), ~(의 안)에서, ~을 떠나, ~로부터(out of, from) :
из-бира́ть(선거하다, 선택하다)
из-ве́дать(경험하다, 이해하다)
ис-хо́д(출발, 결말)
ис-чеза́ть(자취를 감추다)

◆ ме́жду, ~사이의(동사와 함께 사용되지 않는다)(inter) :
между-наро́дный(국제적인)
между-ца́рствие(재위, 궐위(闕位) 기간)

◆ на, ~위에, ~한 상태로(on, upon) :
на-веща́ть, на-вести́ть(방문하다)
на-ходи́ть, на-й-ти́(발견하다)

◆ над, ~위에서(over, super) :
над-зе́мный(지면을 떠난)
над-стро́йка(위로 증축하는 것)

◆ о, (об, обо), ~에 대하여, ~주위에(about, round) :
о-гля́дываться(주위를 둘러보다)
об-води́ть(주위를 걷게 하다, 우회시키다)
 * об 뒤에 и가 올 때 ы가 된다.
   об-ыгра́ть(승부에서 이기다)

◆ от, (ото), ~로부터(away from) :
от-гоня́ть, ото-гна́ть(쫓아내다)
от-ходи́ть, ото-й-ти́(떠나다)
 * от 뒤에 и가 올 때 ы가 된다.
   от-ыгра́ться(패배를 만회하다)

◆ по-는 대부분 불완료상 동사를 완료상 동사로 만드는데 사용된다 :
проси́ть, по-проси́ть(부탁하다, 초대하다);
у́жинать, по-у́жинать(저녁을 먹다) 등등.
* 또한 по-는 ~식으로, ~처럼, (시간의) 잠시, 잠깐(like, a little)의 뜻으로도 쓰인다.
по-ба́рски(귀족풍으로); поговори́ть(잠깐 동안 잡담을 하다).

◆ под (подо), 아래로(under, underneath) :
под-бро́сить(아래로 던지다)
под-во́дный(물밑의)
под-чёркивать, под-черкну́ть(밑줄을 긋다)
* под 뒤에 и가 올 때 ы가 된다.
под-ы́грывать(낮은 음으로 반주하다)

◆ пред (перед), 앞에, 전에(before, fore, pre-) :
пред-обе́денный(점심 전에)
пред-наме́ренный(미리 계획한)
пред-реша́ть(미리 결정하다)

◆ при-는 동사와 결합하여 움직임의 방향에 대한 생각을 표현한다.
при-езжа́ть, при-е́хать(도착하다)
при-носи́ть, при-нести́(가져오다)

◆ про, 통과하는 운동(through, past) :
про-езжа́ть, про-е́хать(통과하다)
про-лета́ть, про-лете́ть(날아가다)

◆ с (со), 분리, 하강, 수반(with, down, off) :
с-ближа́ть, с-бли́зить(접근시키다, 친하게 하다)
с-бра́сывать, с-бро́сить(뛰어내리다, 던져버리다, 떼어내다)

с-дира́ть(벗기다)

с-нима́ть, с-нять(벗다, 떼어내다)

   * с 뒤에 и가 올 때 ы가 된다.

   с-ыгра́ть(놀다)

◆ у, 이탈(away):

у-езжа́ть, у-е́хать(출발하다)

у-мира́ть, у-мере́ть(죽다)

у-та́скивать, у-тащи́ть(끌고 가다)

2) 분리 불가능 접두사(Inseparable Prefixes)

◆ воз (вз), вос (вс), 위로의 운동(up):

воз-двига́ть(건축하다)

вз-дорожа́ть(값이 오르다)

вос-то́к(동쪽)

вс-ходи́ть(오르다)

Со́лнце всхо́дит и захо́дит.(태양은 떠오르고 저문다)

◆ вы, 안에서 밖으로의 운동(out):

вы-води́ть, вы́-вести(이끌어 내다)

вы-ду́мывать, вы́-думать(생각해 내다)

вы-пада́ть, вы́-пасть(굴러 떨어지다)

   * вы는 완료상 복합어에서는 강세가 주어지지만, 불완료상 복합어에서는 강세가 없다.

◆ низ, нис, 아래로의 운동(down):

низ-води́ть, низ-вести́(끌어내리다)

нис-проверга́ть, нис-прове́ргнуть(전복시키다)

нис-ходи́ть(내려오다)

◆ пере, пре, ~을 넘어, 건너서, 다시(over, across, afresh) :
   пере-води́ть(번역하다)
   пере-да́(ва́)ть(양도하다, 보내다)
   пере-езжа́ть(건너다)
   пре-восходи́ть(능가하다)
   пре-ступи́ть(넘다, 범하다)

◆ раз, рас, 반대, 분리(dis-, di-, un-) :
   раз-гиба́ть(펴다)
   раз-дава́ть(분배하다)
   раз-дели́ть(나누다)
   рас-пуска́ть, рас-пусти́ть(풀다, 녹이다, 해산하다)

5. 모음과 자음의 변화(Variation of Vowels and Consonants)

어원이 같은 단어의 어간에서 일어날 수 있는 가장 일반적인 변화는 다음과 같다.

(1) 모음(Vowels)

о는 а로 교체될 수 있다	: хо́дит, поха́живает но́сит, вына́шивает
е는 о, и로 교체될 수 있다	: набер́у, набо́р, набира́ть за́пер, запо́р, запира́ть
и는 ой로 교체될 수 있다	: бить, бой; гнить, гной
ы는 ов로 교체될 수 있다	: рыть, ров; крыть, кро́вля
ы는 ав로 교체될 수 있다	: слыть, сла́ва
у는 ы로 교체될 수 있다	: слу́шать, слы́шать
у는 ов로 교체될 수 있다	: кую́, кова́ть
у는 ев로 교체될 수 있다	: жую́, жева́ть

(2) 삽입모음(Insertion of Vowels)

-ра-는 종종 -оро-로 변한다   : град, го́род
            храм, хоро́мы
            прах, по́рох

-ла-는 종종 -оло-로 변한다   : глава́, голова́
            вла́сть, во́лость
            хлад, хо́лодно

-ре-는 종종 -ере-로 변한다   : брег, бе́рег
            пре́док, пере́дний
            дре́во, де́рево

-ле-는 종종 -еле(-оло-)로 변한다 : плёнка, пелена́
            мле́ко, молоко́
            влеку́, волокно́

(3) 자음(Consonants)

г는 ж, з로 교체된다   : друг, дру́жеский, друзья́
д는 ж 또는 жд로 교체된다   : буди́ть, бужу́, пробужде́ние
з는 ж로 교체된다   : моро́зить, моро́женое
            ре́зать, ре́жу
к는 ч 또는 ц로 교체된다   : река́, ре́чка
            кула́к, кула́цкий
ц는 ч로 교체된다   : столи́ца, столи́чный
х는 ш로 교체된다   : смех, смеши́ть
с는 ш로 교체된다   : носи́ть, ношу́
т는 ч 또는 щ로 교체된다   : свет, свеча́, освеще́ние
ст는 щ로 교체된다   : ме́сто, помеще́ние
ск는 щ로 교체된다   : иска́ть, ищу́
д, т는 т앞에서 с로 바뀐다   : веду́, вести́, мету́, мести́, па́дать, пасть

(4) 자음의 삽입(Insertion of Consonants)

만약 어근이 б, п, в 또는 м으로 끝나는 경우, 철자 л은 종종 ю, е 앞에 삽입되고 때로는 я 앞에도 삽입된다 :

люб́ить, любл́ю, влюбл́енный
терп́еть, терпл́ю
лов́ить, ловл́ю, л́овля
корм́ить, кормл́ю, кормл́ение
дрем́ать, дремл́ю, др́емлешь, дремл́я

(5) 자음의 탈락(Deletion of Consonants)

д와 т는 л, м, н 앞에서 탈락된다 :

п́адать-пал (па-д-л 대신에); вед́у-вёл (ве-д-л 대신에);
плет́у-плёл (пле-т-л 대신에); дам (да-д-м 대신에);
гляд́еть-гл́янул (гля-д-нул 대신에).

б와 п는 때때로 н 앞에서 탈락된다 :

ѓибнуть, сѓинуть; спать-сон (со-п-н 대신에),
усн́уть (ус-п-нуть 대신에).

в는 종종 б 뒤에서 탈락된다 :

облеќать (об-в-леќать 대신에); ́облако (́об-в-лако 대신에);
об́язан (об-в-́язан 대신에); ́область (́об-в-ласть 대신에);
об́ычай (об-в-́ычай 대신에) 등등.

АЛ К-, *HUNGRY GREEDY* (열망, 갈망)

алк-а́ть | 갈망하다, 굶주리다 to be hungry, greedy, thirsty

Они́ а́лчут пи́щи.
They are hungry for food.
그들은 음식을 원한다.

а́лч-ность | 탐욕, 갈망 greediness, strong desire, eagerness

Он изве́стен свое́й а́лчностью к деньга́м.
He is known for his greediness for money.
그는 돈에 대한 탐욕으로 유명하다.

а́лч-ный | 탐욕스러운 greedy, hungry

А́лчный челове́к.
A greedy man.
탐욕스러운 사람.

а́лч-ущий | 굶주린, 갈망하는 hungry, famished

Накорми́те а́лчущих.
Feed the hungry.
굶주리는 사람에게 음식을 주어라.

АУ-, *HALLOO, ECHO* (이봐, 어이)

ау́-кать | 어이하고 외치다 to halloo, shout to each other

Де́ти ау́кают в лесу́.
The children are hallooing in the forest.
아이들이 숲에서 어이하고 외친다.

ау́-кнуть | 어이하고 외치다 to halloo, shout, cry out

Кто́-то ау́кнул.
Someone hallooed. (Someone cried out.)
누군가가 어이하고 외쳤다.

ау́-кнуться | 서로 어이하고 불러대다 to echo, halloo

Как ау́кнется, так и откли́кнется.
When one shouts, one's echo comes back.
좋게 대하면 좋게 대해지게 마련이다.

ау́-канье | 메아리 echo, halloo

И́здали доно́сится ау́канье.
The echo reaches from afar.
메아리 소리가 멀리서부터 들려온다.

БА-, *TALK, SAYING, CHATTER, TELL STORIES* (말하기)

ба́-сня
우화, 꾸민 이야기 fable

Мы прочли́ все ба́сни.
We read all the fables.
우리는 모든 우화들을 다 읽었다.

ба́-сенник
우화 작가 fabulist, fablemaker

Крыло́в изве́стный ба́сенник.
Krylov is a well-known fabulist.
끄르일로프는 유명한 우화 작가이다.

ба-сносло́вный
신화적인, 황당무계한, 믿기 어려울 정도의 fabulous

Он заплати́л за дом баснсло́вную це́ну.
He paid for the house a fabulous price.
그는 집 값으로 엄청난 가격을 지불했다.

ба́-ять
말하다, 이야기하다 to speak, talk

Об э́том ба́яли в ста́рое вре́мя.
(They) used to talk about it in ancient times.
(그들은) 옛날에 이것에 대해 언급하곤 했다.

ба-ю́кать
(아이를) 잠재우다, 달래다 to lull

Мать баю́кает ребёнка.
The mother lulls (her) child.
엄마는 아이를 잠재운다.

| у-ба-ю́кать | (자장가를 불러) 잠들게 하다 to lull to sleep

Его́ тру́дно убаю́кать.
It is difficult to lull him to sleep.
그를 재우는 것은 어렵다.

БАВ-, *AMUSE, ADD, RID* (즐거움, 부가, 제거)

| до-бав-ля́ть
| до-ба́в-ить | 보태다, 추가하다, 첨가하다 to add

К э́той су́мме ну́жно доба́вить ещё рубль.
She added (some) water to the soup.
그녀는 수프에 물을 더 넣었다.

| до-ба́в-очный | 추가의, 보충의, 부가의 additional, supplementary

Доба́вочная сто́имость.
Additional cost. Surplus value.
부가비용, 잉여가치

| за-ба́в-а | 오락, 위안, 기분전환 amusement, fun

Им всё заба́ва.
Everything is fun to them.
그들에게는 모든 것이 오락이다.

| за-ба́в-ник | 재미있는 사람, 익살꾼 entertaining person

Он большо́й заба́вник.
He is a jolly good fellow.
그는 매우 재미있는 사람이다.

| за-ба́в-ный | 재미있는, 이상한, 묘한 amusing, entertaining, funny

Како́й заба́вный анекдо́т!
What an amusing anecdote!
얼마나 재미있는 일화인가!

| за-бав-ля́ться | 즐거워하다, 기분을 풀다 to amuse oneself, play

Де́ти забавля́ются в па́рке.
The children are playing in the park.
아이들이 공원에서 즐겁게 놀고 있다.

из-бав-ля́ть
| из-ба́в-ить | 벗어나게 하다, 구제하다 to rid, relieve, spare

Изба́вьте меня́ от э́той рабо́ты.
Relieve me from this work.
나를 이 일로부터 벗어나게 해 주세요.

из-бав-ля́ться
| из-ба́в-иться | 구제되다, 벗어나다 to get rid

Мы не мо́жем от него́ изба́виться.
We cannot get rid of him.
우리는 그로부터 벗어날 수 없다.

| из-бав-и́тель | 구원자, 구제자, 해방자 liberator, deliverer, rescuer

Он её избави́тель.
He is her liberator.
그는 그녀의 구원자이다.

| при-ба́в-ка | 부가, 첨가, 증가, 보너스 augmentation, increase, raise

Я получи́л приба́вку.
I received a raise.
나는 보너스를 받았다.

БД -, БОД -, БУД -, *AWAKE, VIGIL, WATCH, BRAVE, SOUND* (깨어있음, 경계, 활력)

| бд-éние | 깨어있음, 경계 vigilance, watchfulness, evening-service |

Мы пошли́ ко всено́щному бде́нию.
We went to the evening-service. We went to the vespers.
우리는 밤 기도를 하러 갔다.

| бд-и́тельность | 주의깊음, 경계를 게을리 하지 않음 watchfulness |

Благодаря́ ва́шей бди́тельности всё це́ло.
Everything is safe, thanks to your watchfulness.
당신의 경계 덕분에 모든 것이 안전하다.

| бд-и́тельный | 방심하지 않는, 경계하고 있는 watchful, vigilant, wide-awake |

Бди́тельный наблюда́тель.
A wide-awake observer.
방심하지 않는 관찰자.

| бо́д-рость | 활기, 원기, 기력 courage, vigour |

Она́ сохрани́ла бо́дрость ду́ха.
She has preserved (her) spiritual vigour.
그녀는 정신적 원기를 유지했다.

| бо́д-рый | 원기 왕성한, 건장한, 씩씩한 healthy, hale and hearty |

Он ещё бо́дрый стари́к.
The old man is still hale and hearty.
그는 아직 원기 왕성한 노인이다.

| бо́д-рствовать | 밤을 새우다, 한시도 방심을 하지 않다 watch, to be awake |

Несмотря́ на по́здний час они́ ещё бо́дрствуют.
In spite of the late hour, they are still up.
늦은 시간에도 불구하고 그들은 아직 밤을 새우고 있다.

| буд-и́льник | 자명종 alarm clock |

У меня́ нет буди́льника.
I have no alarm clock.
나에게는 자명종이 없다.

| буд-и́ть | 깨우다, 각성시키다 to wake, awake, wake up |

Пора́ их буди́ть.
It`s time to wake them up.
그들을 깨울 때다.

| бу́д-ни | 일하는 날, 평일 weekday, weekdays |

В бу́дни мы рабо́таем.
On weekdays we work.
우리는 평일에 일한다.

| бу́д-ничный | 평일의, 나날의, 매일의 weekday, everyday, working |

На нём бу́дничная оде́жда.
He wears (his) everyday clothes.
그는 평상복을 입고 있다.

БЕГ-, *RUN, FLIGHT* (질주, 비행)

| бег | 달림, 질주, 탈주 running, course, race, trot |

Бы́стрый бег ло́шади.
A swift trot of the horse.
말의 빠른 질주

| бе́г-ать
беж-а́ть | 달리다, 급히 가다 to run |

На́до скоре́е бежа́ть за до́ктором.
It is necessary to run for the doctor right away.
의사를 부르러 빨리 달릴 필요가 있다.

Б 29

| бе́г-лый | 극히 빠른, 도주한, 탈주의 fugitive, deserter, rapid |

Э́то бе́глый солда́т.
He is a deserter.
그는 탈주병이다.

| бе́г-ство | 도주, 탈주 flight, escape |

Неприя́тель обрати́лся в бе́гство.
The enemy has turned to flight.
적이 (방향을 바꿔) 도주했다.

| бе́ж-енец | 피난민, 망명자 refugee |

За грани́цей мно́го ру́сских бе́женцев.
There are many Russian refugees abroad.
외국에는 많은 러시아 망명자들이 있다.

| из-бег-а́ть | 피하다, 면하다, 회피하다 to avoid, shun, escape |

Она́ почему́-то избега́ет встре́чи со мной.
For some reason or other she's avoiding (a meeting with) me.
그녀는 어떤 이유에서인지 나를 피한다.

| на-бе́г | 습격, 침략, 침입 invasion, inroad, attack |

Росси́я пострада́ла от тата́рских набе́гов.
Russia suffered from the Tartar invasions.
러시아는 따따르인의 침략으로 고통을 겪었다.

| по-бе́г | 탈주, 도망 escape, flight, desertion |

Кропо́ткин соверши́л сме́лый побе́г.
Kropotkin made a daring escape.
끄로뽀뜨낀은 대담한 도주를 실행했다.

| раз-бе́г | (도약을 위해) 달려오는 것, 출발 run, start |

Э́тот ров мо́жно перепры́гнуть с разбе́га.
One may jump over (across) this ditch at a run.
이 도랑은 달려오던 기세로 뛰어 넘을 수 있다.

| пере-беж-а́ть | 달려가다, 달려서 통과하다 to run across

Заяц перебежа́л доро́гу.
A rabbit ran across the road.
토끼가 길을 가로질러 달려갔다.

| под-беж-а́ть | 뛰어오다, 달려들어가 to run up, come running to

Ма́льчик подбежа́л к отцу́.
The boy came running to his father.
소년이 아버지에게로 달려 왔다.

| при-бе́ж-ище | 피난처, 은신처, 보호해 주는 사람 shelter, retreat, recourse

Она́ оста́лась без прибе́жища.
She was left without a shelter.
그녀는 의지할 곳 없이 남겨졌다.

| с-бе́г-ать | 뛰어내려가다, 달아나다 to run, run down

Мне ну́жно сбе́гать в апте́ку.
I must run down to the drug store.
나는 약국으로 뛰어 가야만 한다.

у-беж-а́ть
| у-бег-а́ть | 도망하다, 급히 떠나다 to run away, escape

Соба́ка убежа́ла со двора́.
The dog ran away from the yard.
개가 마당으로부터 급히 도망갔다.

| у-бе́ж-ище | 은신처, 피난처, 보호시설 asylum, shelter

Убе́жище для душевнобольны́х.
An asylum for the mentally deranged people.
정신 질환자들을 위한 보호시설.

БЕД-, БИД-, *POOR, BAD* (가난, 나쁜)

бед-а́ — 불행, 곤란한 일, 재해 misfortune, misery, disaster

Беда́ одна́ не прихо́дит.
Misfortune does not come alone.
불행은 혼자 오지 않는다.

бе́д-ность — 가난, 빈곤, 결핍 poverty

Бе́дность не поро́к.
Poverty is no crime.
가난은 죄가 아니다.

бе́д-ный — 가난한, 빈곤한, 불쌍한 poor

Бе́дный мужи́к.
A poor peasant.
가난한 농부.

бед-о́вый — 염치없는, 다루기 힘든, 위험한 mischievous, unmanageable

Како́й он бедо́вый!
How mischievous he is!
얼마나 그는 염치없는 사람인가!

бе́д-ствие — 재해, 재난, 재액, 참화 calamity, disaster

Наводне́ние - большо́е бе́дствие.
Flood is a great disaster.
홍수는 큰 재해이다.

бе́д-ствовать — 궁핍하다, 가난한 생활을 하다, 결핍하다 to be in need

Э́та семья́ о́чень бе́дствует.
This family is very poor.
이 가족은 매우 궁핍하다.

| по-бе́д-а | 승리 victory, triumph

Наши войска́ одержа́ли побе́ду.
Our troops won a victory.
우리 군대는 승리를 거두었다.

| по-бед-и́ть | 정복하다, 극복하다, 이기다, 승리하다 to conquer, vanquish

Победи́ть врага́ не всегда́ легко́.
It is not always easy to conquer an enemy.
적을 이기는 것이 항상 쉬운 것은 아니다.

| у-бед-и́ть | 확신시키다, 납득시키다, 설득하다 to convince, persuade

Я не могу́ его́ убеди́ть в э́том.
In this matter I cannot convince him.
나는 이것을 그에게 설득시킬 수 없다.

| у-бежд-е́ние | 설득, 확신, 신념 conviction

В э́том моё глубо́кое убежде́ние.
This is my profound conviction about it.
여기에 나의 깊은 확신이 있다.

| пред-у-бежд-е́ние | 편견, 선입견, 오해 bias, prejudice

Он челове́к без предубежде́ний.
He is a man without prejudice.
그는 편견이 없는 사람이다.

| о-би́д-а | 모욕, 무례 insult, offense

Вы мне нанесли́ го́рькую оби́ду.
You have given me grievous offense.
당신은 나에게 심한 모욕을 가했다.

| о-би́д-еть | 모욕하다, 심하게 대하다, 화나게 하다 to offend

Я его́ оби́дел свои́м замеча́нием.
I insulted (offended) him with my remark.
나는 나의 의견으로(해서) 그를 화나게 했다.

| о-бид-чик | 모욕자, 범죄자 offender, wrongdoer

Обидчика привлекли к ответственности.
The offender was put on trial.
범죄자에게 책임을 물었다.(공판에 부쳐졌다.)

| о-бйж-енный | 모욕당한, 손상된, 감정이 상한 offended, injured

У него обиженный вид.
He looks offended.
그는 모욕당한 모습이다.

БЕЛ-, *WHITE* (흰)

| бел-еть | 하얗게 보이다, 하얗게 되다 to appear white, turn white

Снег белеет на горе.
The snow looks white on the mountain.
눈이 산을 하얗게 보이게 한다.

| бел-изна | 흰, 백색 whiteness

У неё кожа необыкновенной белизны.
Her skin is of unusual whiteness.
그녀는 유난히 흰 피부를 가지고 있다.

| бел-ка | 다람쥐 squirrel

Белка прыгает на ветке.
A squirrel is jumping on a branch.
다람쥐가 나뭇가지로 뛰어 오른다.

| бел-ок | 흰자위, 단백질 white, albumen

Взбейте белок в пену.
Beat the white of an egg into a foam.
계란 흰자위를 휘저어 거품이 일게 해주세요.

| бел-ь-ё | 속옷, 내의류, 세탁물 linen, underwear |

Прáчка стирáет бельё.
The laundress washes the linen.
세탁부가 세탁물을 세탁한다.

| бел-ь-мó | 백내장 cataract, white spot in the eye |

Он торчúт, как бельмó на глазý.
He stays here like an eyesore.
그는 눈엣가시처럼 띈다.(돌출 행동을 한다.)

| бел-о-кýрый | 머리 빛이 엷은, 금발의 fair-haired, blonde |

Белокýрый мáльчик.
A fair-haired boy.
금발의 소년.

| бел-о-рýчка | 노동하지 않는 사람, 게으른 사람 lazy man or woman |

Белорýчки не лю́бят мнóго рабóтать.
Lazy people do not like to work hard.
게으른 사람은 열심히 일하는 것을 좋아하지 않는다.

| дó-бел-а | 백열화 될 때까지, 새하얗게 될 때까지 at a white heat |

Желéзо накалúлось дóбела.
The iron is heated to a white heat.
철은 새하얗게 될 때까지 작열했다.(백열화하였다.)

| нá-бел-о | 깨끗이, 말끔히 clean, fair |

Перепишúте вáше сочинéние нáбело.
Write a clean draft of your composition.
당신의 작문을 정서하세요.

| про-бéл | 여백, 공백, 결점 blank, gap, drawback, shortcoming |

Вы пúшите с ошúбками - э́то большóй пробéл.
You write with mistakes; this is a serious (great) drawback.
당신은 잘못 쓰고 있다 - 이것은 큰 결점이다.

Б 35

БЕРЕГ-, БРЕГ-, *GUARD, WATCH, SPARE, BOARD, SHORE* (수호, 경계, 보호, 기슭)

| бе́рег | 강변, 강가 shore, bank |

Наш дом на берегу́ реки́.
Our house is on the river bank.
우리 집은 강가에 있다.

| береж-ёный | 보호받고 있는, 중시되고 있는 protected, guarded |

Бережёного Бог бережёт.
Help yourself, and God will help you.
(God protects him who protects himself.)
하늘은 스스로 돕는 자를 돕는다.

| береж-ли́вый | 신중한, 검소한, 절약하는 careful, saving, frugal |

Она́ бережли́вая же́нщина.
She is a frugal woman.
그녀는 검소한 여인이다.

| бере́ч-ь | 소중히 하다, 아끼다, 보호하다 to take care of, look after |

Здоро́вье ну́жно бере́чь.
One must take care of one's health.
건강을 돌봐야 한다.

| на́-береж-ная | 부두, 방파제, 해안 도로 quay, wharf |

Они́ гуля́ли по на́бережной.
They walked along the quay.
그들은 해안 도로를 산책했다.

| при-бере́ч-ь | 저축하다, 모아두다 to keep, save, preserve |

Прибереги́ оста́тки.
Save the remnants.
남은 것을 저축해라.

БЕС-, *DEMON, DEVIL* (악마, 귀신)

бес — 악마, 사탄 demon, devil, tempter

Бес не дрéмлет.
The devil (tempter) does not sleep.
악마는 자지 않는다.

бес-и́ть — 격분시키다, 미치게 하다 to madden, drive one mad

Нéчего меня́ беси́ть.
Don't you drive me mad.
어떤 것도 나를 격분시키지 않는다.

бес-нова́ться — 격노하다, 발광하다 to storm, rage, to be mad

Стари́к беснова́лся цéлый день.
The old man raged all day long.
노인은 하루종일 격노했다.

бéш-енство — 광란, 광포, 격노 rage, madness, frenzy, fury

В бéшенстве он ри́нулся к окну́.
He rushed to the window in a frenzy.
그는 미쳐서 창문으로 돌진했다.

бéш-еный — 광기있는, 맹렬한, 엄청난 mad, rabid, raging, exorbitant

Бéшеная соба́ка укуси́ла дéвочку.
A mad dog bit the little girl.
미친 개가 소녀를 물었다.

Они́ заплати́ли за дом бéшеные дéньги.
They paid an exorbitant price for the house.
그들은 집 값으로 엄청난 돈을 지불했다.

БИ-, БОЙ-, *BATTLE, BEAT* (싸움, 울림)

| би-ть | 치다, 두들기다, 때리다 to beat, strike, whip, spank |

Некому вас бить за ваши проказы.
There is no one to whip you for your pranks.
당신의 장난질에 당신을 때릴 사람은 아무도 없다.

| би-ение | 박동, 고동, 두근거림 beating, beat, palpitation |

У неё слабое биение пульса.
Her pulse (beat) is weak.
그녀의 맥박이 약하다.

| би-тва | 대전투, 결전 battle, fight, combat |

К вечеру началась решительная битва.
A decisive battle began towards the evening.
저녁 무렵에 결정적인 전투가 시작되었다.

| раз-би-вать | |
| раз-би-ть | 깨뜨리다, 부수다 to break, smash |

Он разбил стакан.
He broke a drinking glass.
그는 컵을 깼다.

| раз-би-тый | 부서진, 깨진 broken |

В разбитое окно дует.
There is a draught from the broken window.
깨진 창문으로 바람이 분다.

| у-би-вать | |
| у-би-ть | 죽이다 to kill |

Охотник убил волка.
The hunter killed the wolf.
사냥꾼이 늑대를 죽였다.

| у-би́-й-ство | 살인, 살해 murder |

Его́ суди́ли за уби́йство.
He was tried for murder.
그는 살인죄로 재판 받았다.

| у-би́-й-ца | 살인자, 암살자 murderer, assassin |

Уби́йцу отпра́вили в Сиби́рь.
They sent the murderer to Siberia.
살인자들을 시베리아로 보냈다.

| бой | 전투, 싸움 fight |

Ви́дели ли вы бой быко́в?
Did you see a bullfight?
당신은 투우를 본적이 있나요?

| бо́й-кий | 원기 왕성한, 민첩한 bold, daring, energetic |

Бо́йкий ма́лый не пропадёт.
An energetic person won't perish.
원기 왕성한 사람은 무너지지 않는다.

| бо́й-ня | 도살장, 학살 slaughterhouse, butchery |

В го́роде две бо́йни.
There are two slaughterhouses in the city.
이 도시에는 두 개의 도살장이 있다.

| раз-бо́й | 강도질, 약탈 robbery |

Ведь э́то су́щий разбо́й.
But this is a downright robbery.
이것은 정말로 완전한 강도질이다.

| раз-бо́й-ник | 강도, 약탈자 robber, brigand |

Я чита́л расска́з о разбо́йниках.
I read the story about the brigands.
나는 약탈자에 관한 이야기를 읽었다.

БЛАГ-, *WELL, WELFARE, GOOD, FINE* (복지, 좋은, 멋진)

благ-о
좋은 일, 복지 good, welfare

Он всё сдéлает для блáга нарóда.
He will do anything for the welfare of the people.
그는 민중의 복지를 위해서 무엇이든 할 것이다.

благ-óй
좋은, 선한, 유망한 good, favourable

У нас мнóго благи́х поры́вов.
We have many good intentions.
우리는 많은 선한 의지를 가지고 있다.

благ-о-дар-и́ть
감사하다 to thank

Благодарю́ Ивáна за прия́тный вéчер.
I thank Ivan for a pleasant evening.
나는 즐거운 저녁에 대해 이반에게 감사한다.

благ-о-дáрность
감사, 감사하는 말 gratitude, thanks

Не стóит благодáрности.
(Don't mention it.) It is not worth thanks.
그것은 감사할 가치가 없다.

благ-о-дá-ть
행복, 부유, 평온 blessing, abundance, peace

Здесь такáя благодáть!
It is so peaceful here!
여기는 매우 평온하다!

благ-о-дé-тель
은인 benefactor

Вы мой благодéтель.
You are my benefactor.
당신은 나의 은인입니다.

| благ-о-надёжный | 견실한, 신뢰할 수 있는 trusty, reliable

Это благонадёжный человек.
He is a reliable man.
그는 신뢰할만한 사람이다.

| благ-о-ро́дный | 고결한, 고상한 noble

Благоро́дный посту́пок.
A noble action (conduct).
고결한 행동.

| благ-о-слови́ть | 축복하다, 정식으로 인정하다 to bless, to give one's blessing

Роди́тели благослови́ли неве́сту.
The parents gave their blessing to the bride.
부모님은 신부를 축복했다.

| благ-о-состоя́ние | 행복, 복지, 부 well-being, prosperity, condition

Благосостоя́ние страны́ улу́чшилось.
The condition of the country has improved.
나라의 복지는 개선되었다.

БЛЕСК-, БЛЕСТ-, БЛИСТ-, *GLISTEN, SHINE*
(반짝임, 빛)

| блеск | 섬광, 광채, 광택 glitter, lustre, shine

Я́ркий блеск звёзд.
The bright glitter of the stars.
별들의 빛나는 광채.

| о́т-блеск | 반사, 반영, 그림자 reflection

О́тблеск зари́ на реке́.
The reflection of the sunset on the river.
일몰이 강 위에 반사되었다.

| про́-блеск | 섬광, 번쩍임 flash, spark, ray of light

У него́ мелькну́л про́блеск наде́жды.
A spark of hope flashed through his mind.
그의 마음에 한 가닥의 희망이 아른거렸다.

| блест-е́ть | 빛나다, 반짝이다 to shine, sparkle

Вода́ блести́т на со́лнце.
Water sparkles in the sun.
물이 햇빛에 반짝인다.

| блес-ну́ть
| блеск-ну́ть | 번쩍이다, 빛나다 to sparkle, shine, flash

Блесну́ла мо́лния.
Lightning flashed.
번개가 번쩍였다.

| блест-я́щий | 빛나는, 반짝이는, 훌륭한 bright, shining, brilliant

Ива́н Петро́вич - блестя́щий ора́тор.
Ivan Petrovich is a brilliant orator.
이반 뻬뜨로비치는 훌륭한 연설가이다.

| за-блест-е́ть | 빛나기 시작하다 to begin to shine, sparkle

Огоньки́ заблесте́ли в тума́не.
Lights began to shine in the fog.
안개 속에서 등불이 빛나기 시작했다.

| блист-а́ть | 빛나다, 광채를 발하다 to shine

Она́ блиста́ла в о́бществе.
She shone in (fashionable) society.
그녀는 사회에서 빛났다.(인정을 받았다.)

| блист-а́тельный | 빛나는, 화려한, 훌륭한 splendid, brilliant

Они́ соверши́ли блиста́тельный по́двиг.
They performed a splendid feat.
그들은 빛나는 업적을 수행했다.

БЛИЗ-, *NEAR* (가까이)

близ — -에 가까이, -의 옆에 near

Близ села́ зелене́ют па́шни.
The green fields are near the village.
마을 옆의 경작지들이 푸르러졌다.

бли́з-кий — 가까운, 친밀한 near, close

Она́ моя́ бли́зкая ро́дственница.
She is my near relation.
그녀는 나의 가까운 친척이다.

близ-не́ц — 쌍둥이 twin

Э́ти сёстры — близнецы́.
These sisters are twins.
이 자매는 쌍둥이다.

бли́з-ость — 가까움, 친밀, 근접 nearness, proximity

И́вы ука́зывали на бли́зость реки́.
The willows indicated the nearness of the river.
버드나무는 강이 가까이 있음을 가리켰다.

близ-о-ру́кий — 근시안의, 선견지명이 없는 nearsighted

Близору́кому нужны́ очки́.
A nearsighted man needs glasses.
근시안인 사람들은 안경이 필요하다.

в-близ-и́ — 가까이에, 근처에 nearby, not far

Они́ живу́т вблизи́ от нас.
They live not far from us.
그들은 우리 근처에 산다.

| с-бли́ж-е́ние | 친선, 접근, 국교회복 bringing together, rapprochement

Неда́вно произошло́ сближе́ние Япо́нии с Герма́нией.
Recently a rapprochement between Japan and Germany took place.
최근에 일본과 독일이 친선을 맺었다.

| с-бли́з-иться | 가까워지다, 친해지다 to become friendly, intimate

Они́ познако́мились и сбли́зились.
They got acquainted and became intimate.
그들은 서로 알게 된 후 친해졌다.

БОГ-, *GOD, RICH, WEALTH* (신, 풍부함, 부유함)

| бог | 신, 하느님 God

Сла́ва Бо́гу, вы здоро́вы.
Thank God, you are well.
당신이 건강하다니 고맙습니다.

| бож-ество́ | 신, 숭배의 대상 deity, divinity

"Ты – божество́ моё", – сказа́ла она́.
"You are my deity", – said she.
"너는 나의 숭배의 대상"이라고 그녀가 말했다.

| бо́ж-ий | 신의, 신이 창조한 God's

Я хочу́ погляде́ть на мир Бо́жий.
I want to see the world.
나는 신이 창조한 세상을 보고 싶다.

| бог-а-де́льня | 양로원, 구빈원 almshouse, poorhouse

Вы́строили но́вую богаде́льню.
They have built a new almshouse.
새로운 양로원이 준공되었다.

| бог-о-ро́дица | 성모 Our Lady, the Virgin Mary

На стене́ виси́т ико́на Богоро́дицы.
The Ikon of Our Lady is hanging on the wall.
벽에 성모상이 걸려있다.

| на́-бож-ный | 믿음이 깊은, 경건한 pious, devout

Она́ на́божна.
She is pious.
그녀는 믿음이 깊다.

| о-бож-а́ть | 열렬히 사랑하다, 숭배하다 to adore

Её обожа́ют де́ти.
Children adore her.
아이들이 그녀를 매우 좋아한다.

| у-бо́г-ий | 가난한, 초라한, 불쌍한 wretched, humble, poor

На краю́ дере́вни стои́т убо́гая ха́та.
At the farthest end of the village there is a humble hut.
시골 변두리에 초라한 오막살이 한 채가 서 있다.

| бог-а́тый | 부유한, 풍부한 rich, wealthy

Бога́тый бе́дному не ве́рит.
The rich do not trust the poor.
부자들은 가난한 이들을 믿지 않는다.

| бог-аты́рь | 영웅호걸, 용사 giant, hero

Из были́н мы узнаём о ру́сских богатыря́х.
In the bylinas we learn about the Russian giants.
고대 영웅 서사시에서 우리는 러시아 영웅호걸에 대해 알게 될 것이다.

| раз-бог-ате́ть | 부유해지다, 부자가 되다 to grow rich, become wealthy

В коро́ткое вре́мя он разбогате́л.
In a short time he became wealthy.
짧은 시간 안에 그는 부자가 되었다.

Б 45

БОЛ-, *ILL, HURT, PAIN, ACHE* (병, 상처, 고통, 통증)

| бол-ь | 아픔, 통증 pain, ache |

Зубна́я боль мучи́тельна.
A toothache is tormenting,
치통은 고통스럽다.

| бол-е́знь | 병, 질환 illness, disease |

Он не мог прийти́ по боле́зни.
He could not come because of illness.
그는 병 때문에 올 수 없었다.

| бол-е́ть | 병을 앓다, 아프다 to be ill, sick |

Он боле́ет ко́рью.
He has the measles.
그는 홍역에 걸렸다.

| бол-ь-ни́ца | 병원 hospital |

Меня́ отвезли́ в городску́ю больни́цу.
They took me to the city hospital.
(그들은) 나를 도시의 병원으로 옮겼다.

| бол-ь-но́й | 병든, 약한, 환자 sick, ill, patient |

Больно́й поправля́ется.
The patient is recovering.
환자의 건강이 회복되고 있다.

| за-бол-ева́ть | |
| за-бол-е́ть | 발병하다, 병에 걸리다 to fall ill, to be ill |

Вчера́ она́ заболе́ла.
Yesterday she fell ill.
어제 그녀는 발병했다.

БОЛТ-, *CHATTER, TALK, DANGLE*
(재잘거림, 이야기, 매달다)

| болт-а́ть | 쓸데없는 말을 하다, 지껄이다 to chat, prattle |

Весь ве́чер болта́ли об э́том происше́ствии.
The entire evening they prattled about this incident.
저녁 내내 이 사건에 대해 이야기했다.

| болт-ли́вый | 말이 많은, 수다스러운 talkative |

Ваш друг сли́шком болтли́в.
Your friend is too talkative.
너의 친구는 지나치게 수다스럽다.

| болт-овня́ | 수다, 잡담 prattle, gossip |

Она́ занима́ется то́лько болтовнёй.
She does nothing but gossip.
그녀는 오직 수다에만 관심을 기울인다.

| болт-у́н | 수다쟁이, 허풍쟁이 chatterbox, chatterer |

От э́того болтуна́ все бегу́т.
Everyone avoids this chatterbox.
모든 사람들이 이 수다쟁이를 피한다.

| про-болт-а́ться | 무심코 말하다, 비밀을 누설하다 to babble, to blab |

Я случа́йно проболта́лся.
Inadvertently I blabbed out.
나는 우연히 비밀을 누설했다.

Б 47

БОЛ-, БОЛЬ-, *MORE, LARGE, GREAT* (큰, 많은)

бо́ль-ший | 보다 큰 larger, greater

В саду́ я провожу́ бо́льшую часть дня.
I spend the greater part of the day in the garden.
나는 하루의 많은 시간을 정원에서 보낸다.

боль-шо́й | 큰, 많은, 뛰어난 large, great, big

Мы потеря́ли большо́е состоя́ние.
We have lost quite a fortune.
우리는 많은 재산을 잃었다.

боль-шинство́ | 대다수, 대부분 majority

Большинство́ призна́ло э́тот зако́н.
The majority adopted this law.
대다수가 이 법을 인정했다.

боль-шеви́к | 볼세비키 Bolshevik

Большевики́ пра́вят Росси́ей.
The Bolsheviks rule Russia.
볼세비키들이 러시아를 통치했다.

бо-я́рин | 대귀족 nobleman

Шу́йский был боя́рином.
Shuisky was a nobleman.
슈이스끼는 대귀족이었다.

бо-я́рский | 대귀족의 nobleman's, of nobility

Боя́рская Ду́ма собира́лась ре́дко.
The Council of Nobility met rarely.
귀족회의는 가끔 소집되었다.

| бо-я́рство | 대귀족, 대귀족 계급 nobility, old nobility |

Боя́рство выступа́ло про́тив царя́.
The nobility used to come out against the tsar.
대귀족은 황제에 반대하곤 했다.

БОС-, *BARE* (발가벗은)

| бос-о́й | 맨발의 barefoot |

Ле́том крестья́не ча́сто хо́дят босы́ми.
In summer the peasants often go barefoot.
여름에 농부들은 종종 맨발로 다닌다.

| бос-ико́м | 맨발로 barefoot |

Де́ти перешли́ ре́чку босико́м.
The children crossed the stream barefoot.
아이들은 맨발로 작은 강을 건넜다.

| бос-я́к | 방랑자, 떠돌이 hobo, tramp |

По костю́му э́то был типи́чный бося́к.
Judged from his clothes, he was a typical tramp.
옷차림으로 보아 이 사람은 전형적인 방랑자였다.

БР-, БЕР-, БИР-, БОР-, *TAKE, SEIZE, CLIMB, ELECT, COLLECT* (잡다, 오르다, 선택하다)

| бр-ать | 잡다, 받다 to take |

Он был вы́нужден брать взя́тки.
He was forced to take bribes.
그는 어쩔 수 없이 뇌물을 받았다.

| бер-у́ | 택하다, 배우다 (I) take, I am taking |

Я беру́ уро́ки ру́сского языка́.
I am taking lessons in Russian.
나는 러시아어 수업을 듣고 있다.

| вз-бир-а́ться | 오르다 to climb, ascend |

Мы с трудо́м взбира́емся на го́ру.
We ascend the mountain with difficulty.
우리는 힘겹게 산에 오른다.

| взо-бр-а́ться | 오르다 to climb |

Ма́льчики взобра́лись на черда́к.
The boys climbed into the garret.
소년들은 다락방으로 올라갔다.

| вы-бир-а́ть | 고르다, 선택하다 to choose, select, elect |

Рабо́чие выбира́ют делега́тов.
The workmen are electing the delegates.
노동자들은 대표들을 선출하고 있다.

| вы́-бр-ать | 선택하다 to choose, elect |

Мы ещё не вы́брали председа́теля.
We have not yet elected the chairman.
우리는 아직 의장을 뽑지 않았다.

| за-бо́р | 울타리, 담장 fence, hedge |

Не пры́гай че́рез забо́р.
Don't jump over the fence.
담장 위로 넘어가지 말아라.

| с-бо́р-ник | 선집 collection, anthology |

На столе́ лежи́т сбо́рник стихотворе́ний.
The anthology of verse is lying on the table.
책상에 시선집이 놓여 있다.

| со-бр-а́ние | 회합, 회의 meeting |

За́втра состои́тся собра́ние в клу́бе.
Tomorrow there will be a meeting at the club.
내일 클럽에서 회합이 있을 것이다.

БРАТ-, *BROTHER* (형제)

| брат | 형제 brother |

У меня́ нет бра́та.
I have no brother.
나는 형제가 없다.

| бра́т-ский | 형제의 brotherly, brother's |

Бра́тская любо́вь крепка́.
Brotherly love is strong.
형제의 사랑은 강하다.

| бра́т-ство | 형제애 brotherhood, fraternity |

Свобо́да, ра́венство и бра́тство.
Liberty, equality, and fraternity.
자유, 평등, 형제애.

| брат-а́ться | 친하게 사귀다, 화목하다 to fraternize |

Он не хо́чет с ни́ми брата́ться.
He does not want to fraternize with them.
그는 그들과 사이좋게 지내길 원하지 않는다.

БРЕД-, БРОД-, *WANDER* (유랑하다)

бред — 헛소리, 격분, 광란 delirium, raving, frenzy

Тяжёлый бред душил больного.
An oppressive delirium was suffocating the sick man.
극도의 흥분상태가 환자를 질식시켰다.

бред-ить — 헛소리하다, 열중하다 to rave, to be delirious

Он только этим и бредит.
He simply raves about it.
그는 오로지 이것에만 열중한다.

бред-ни — 몽상, 환상, 헛소리 nonsense, dreams, ravings

Всё это бредни.
All this is nonsense.
이 모든 것이 난센스이다.

брод-ить — 돌아다니다, 배회하다 roam, ramble, to wander

Он бродил по целым дням.
He was roaming for days.
그는 온종일 배회했다.

брес-ти
бред-ти — 돌아다니다, 배회하다 to wander, roam, drags her

Старуха едва бредёт.
The old woman hardly go slowly feet.
노파는 간신히 걷고 있다.

брод-яга — 방랑자 tramp, vagabond

Бродяга шатается из города в город.
A tramp wanders from city to city.
방랑자는 이 도시 저 도시 떠돌아다닌다.

| брод-я́жничать | 방랑하다, 배회하다 to prowl, tramp |

Безрабо́тные ста́ли бродя́жничать.
The unemployed began to prowl about.
실업자들은 배회하기 시작했다.

| брод-я́жничество | 방랑, 부랑 prowling, vagrancy |

Его́ арестова́ли за бродя́жничество.
He was arrested for vagrancy.
그를 부랑죄 명목으로 체포했다.

| с-бро́д | 불량배, 폭도, 하층민 rabble, mob, riff-raff |

На окра́ине го́рода живёт вся́кий сбро́д.
All kinds of riff-raff live on the outskirts of the city.
온갖 하층민들이 도시 변두리에 살고 있다.

БРОС-, БРАС-, *THROW, TOSS* (던지다)

| брос-а́ть | 던지다, 내버리다 to throw, cast, fling |

Не броса́йте камне́й в чужо́й огоро́д.
Don't throw stones into a stranger's truck garden.
(Don't cast aspersions upon other people.)
남의 채소밭에 돌을 던지지 마라.(남을 비방하지 마라.)

| бро́с-ить | 내던지다, 그만두다 to throw, give up |

Он бро́сил слу́жбу.
He gave up the position.
그는 직장을 그만두었다.

| вы-бра́с-ывать | 던지다, 버리다 to throw out, cast, reject |

Не выбра́сывай всего́ без разбо́ру.
Don't throw out everything indiscriminately.
선별하지 않고 마구잡이로 버리지 마라.

Б 53

| вы́-брос-ить | 던지다, 버리다 to throw out, away

Да, я уже́ всё вы́бросил.
But I have already thrown away everything.
나는 이미 모든 것을 내다버렸다.

| на-бра́с-ывать | 스케치하다, 윤곽을 그리다 to sketch, jot, outline

Он всегда́ на́скоро набра́сывает эски́з.
He always jots down (his) sketch in a hurry.
그는 항상 빨리 스케치한다.

| на-брос-а́ть | 던지다, 흩뿌리다 to sketch, throw on, scatter

Ско́лько со́ру наброса́ли на у́лицу!
How much rubbish they have thrown on the street!
그들이 거리에 얼마나 많은 쓰레기를 버렸는가!

| на-брос-ить | 급히 입다, 걸치다 to throw on, over

Да́ма набро́сила шаль на пле́чи.
The lady threw a shawl over her shoulders.
귀부인은 어깨에 숄을 걸쳤다.

| раз-бра́с-ывать | 뿌리다, 흩뜨리다 to throw about, scatter

Не разбра́сывайте кни́ги.
Do not scatter the books.
책들을 흩뜨리지 마라.

| раз-брос-а́ть | 뿌리다, 흩뜨리다 to throw about, scatter

Ива́н разброса́л все ве́щи и ушёл.
Ivan had scattered all his things and gone away.
이반은 모든 물건을 흩뜨리고 나서 가버렸다.

БУЙ-, БУ-, *RAGE, STORM* (격렬, 폭풍)

бу́й-ный
사나운, 격렬한 stormy, raging, violent

Бу́йным ве́тром снесло́ кры́шу.
The raging wind tore off the roof.
강렬한 바람이 지붕을 날려버렸다.

бу́й-ство
난폭, 소란 boisterousness, turbulence

Солда́та наказа́ли за бу́йство.
The soldier was punished for his boisterousness.
군인은 소란을 피운 죄로 처벌받았다.

бу́й-ство-вать
소란을 피우다, 날뛰다 to rage, storm, behave violently

Пья́ный всё вре́мя бу́йствовал.
The drunken man was violent all the time.
취객이 줄곧 소란을 피웠다.

бу-нт
반란, 폭동 revolt, uprising

Он зовёт их на бунт.
He calls them to a revolt.
그는 그들을 폭동에 불러모았다.

бу-нтова́ть
반란을 일으키다 to revolt, rebel

Они́ не хотя́т бунтова́ть.
They do not want to rebel.
그들은 반란을 일으키기를 원하지 않는다.

бу-нтовщи́к
반역자, 폭도 rebel, mutineer

Бунтовщики́ разби́ли о́кна.
The rebels broke the windows.
폭도들이 창문을 깨뜨렸다.

| бу-шева́ть | 사나워지다, 격노하다 to storm, rage |

Мо́ре бушева́ло.
The sea raged.
바다가 거칠어졌다.

БУР, *STORM* (폭풍)

| бу́р-я | 폭풍 storm |

Разрази́лась си́льная бу́ря.
A driving storm broke out.
강렬한 폭풍이 급격하게 일어났다.

| бур-ли́ть | 거세지다, 물결이 일다 to storm, boil, bubble |

Ручéй бурли́т в ущéлье.
A stream bubbles in the gorge.
시냇물이 협곡에서 거세 진다.

| бу́р-ный | 격렬한, 격한 stormy, violent, heated |

Бу́рное заседа́ние до́лго продолжа́лось.
The stormy heated conference lasted a long time.
격렬한 회의가 오랫동안 지속되었다.

БЫ-, *BEING, EXISTENCE* (존재)

| бы-ть | 살다, 존재하다 to be, exist |

Быть и́ли не быть, вот в чём вопро́с.
To be, or not to be: that is the question.
사느냐, 죽느냐, 그것이 문제로다.

бы-ти́е
존재, 실재, 기원 existence, being, life, genesis

Мона́х чита́л кни́гу Бытия́.
The monk was reading Genesis.
수도사는 창세기를 읽었다.

бы-ль
사실, 실화 fact, true tale

Э́то быль, а не ска́зка.
This is a true tale, not a fairy tale.
이것은 동화가 아니라 실화이다.

бы-ли́на
고대 러시아 영웅서사시 bylina, Russian folklore, ballad

Мы чита́ли ру́сские были́ны.
We were reading the Russian ballads.
우리는 고대 러시아 영웅서사시를 읽었다.

бы-т
생활 상태, 세태 풍속 existence, mode of life, life

Они́ изуча́ют крестья́нский быт.
They are studying the peasant life.
그들은 농민의 생활을 연구하고 있다.

при-бы́-тие
도착 arrival

Всего́ час до прибы́тия парохо́да.
It's only an hour before the arrival of the boat.
기선이 도착하기 한 시간 전이다.

со-бы́-тие
사건 event

В Евро́пе происхо́дят ва́жные собы́тия.
Important events are taking place in Europe.
유럽에서 중요한 사건들이 일어나고 있다.

у-бы-ва́ть
감소되다, 가라앉다 to diminish, subside

Вода́ ста́ла убыва́ть.
The water began to subside.
물이 줄어들기 시작했다.

ВАГ-, *WEIGHT, DARE* (중요성, 과감)

| от-ва́г-а | 대담성, 용감 daring, audacity, hardihood. |

Го́рцы изве́стны свое́й отва́гой .
The mountaineers are known for their daring.
산악인들은 용감함으로 알려져 있다.

| от-ва́ж-ный | 대담한, 용감한 daring, courageous |

Степа́н – отва́жный матро́с.
Stephen is a courageous sailor.
스테판은 용감한 선원이다.

| от-ва́ж-иться | 감행하다, 모험하다 to dare, venture, risk. |

Неприя́тель не отва́жится на при́ступ.
The enemy will not venture an assault.
적군은 공격을 감행하지 않을 것이다.

| ва́ж-ный | 중요한 important, grave, significant. |

Э́то о́чень ва́жный вопро́с.
It is a very important question (matter).
이것은 매우 중요한 문제이다.

| ва́ж-ничать | 뽐내다, 과시하다 to be proud, to put on airs. |

Он ва́жничает свои́м чи́ном.
He is putting on airs because of his rank.
그는 자신의 관등을 과시한다.

| ва́ж-ность | 중요, 중대성 importance, significance, consequence |

Кака́я в э́том ва́жность!
It's of no consequence!(What does it matter!)
무엇이 중요하단 말인가!

| у-важ-а́ть | 존경하다, 존중하다 to respect, esteem |

Вас все уважа́ют.
Everybody respects you.
모든 사람이 당신을 존경한다.

| у-важ-е́ние | 존경, 경의 respect, deference |

Мы отно́симся к ней с уваже́нием.
We treat her with respect.
우리는 그녀를 존경으로 대한다.

| у-важ-и́тельный | 정당한 이유에 의한, 근거 있는 excusable, important, justifiable |

Он не мог зайти́ к вам по уважи́тельной причи́не.
He could not call on you for a justifiable reason.
그는 정당한 이유로 당신을 방문하지 못했다.

ВАЛ-, *ROLL, SURGE, BULWARK, HEAP*
(회전, 상승, 성채, 더미)

| вал | 성벽, 제방 rampart, embankment |

За ва́лом начина́ются око́пы.
The trenches begin beyond the rampart.
성벽너머로 참호가 시작한다.

| вал-и́ть | 마구 몰려들다, 떼지어 모이다 to throng, to heap, overturn |

Наро́д вали́т толпо́й.
The people come in a throng.
사람들이 쇄도하고 있다.(몰려든다.)

| вал-я́ться | 빈둥거리다 to roll about, loll, to wallow

Он валя́ется в посте́ли до обе́да.
He lolls in bed until dinner.
그는 점심 때까지 침대에서 빈둥거린다.

| на-по-ва́л | 일격에, 당장에 outright, on the spot

Его́ уби́ли напова́л.
He was killed outright.
그는 즉시했다.

| об-ва́л | 붕괴, 산사태 avalanche, landslide

По́сле землетрясе́ния произошёл обва́л.
After the earthquake there was a landslide.
지진 후에 산사태가 일어났다.

| пере-вал-и́ть | (시간, 연령이) 지나다, 경과하다 to pass, get across

Ему́ уже́ перевали́ло за шестьдеся́т.
He is already past sixty.
그는 이미 60세가 넘었다.

| про-ва́л-ивать | 거부하다, 쫓아버리다 to reject, send off, chase out

Прова́ливай да́льше!
Get along with you!(Get away!)
꺼져라!(가버려라!)

| про-вал-и́ться | 떨어지다, 실패하다 to fail, fall through, collapse

Учени́к провали́лся на экза́мене.
The student failed in his examination.
학생은 시험에 떨어졌다.

| раз-ва́л | 붕괴, 분열, 불화 collapse, disintegration, discord

В их семье́ полне́йший разва́л.
In their family everything is at sixes and sevens.
그들 가족은 매우 혼란스럽다.

| с-вáл-ка | 싸움, 더미 fight, heap

Емý подбúли глаз в свáлке.
He got a black eye in the fight.
그는 싸움에서 패배했다.

ВАР-, *BOIL, HEAT, COOK* (비등, 열, 요리)

| вар | 타르 tar

Вáром поправля́ют доро́ги.
The roads are repaired with tar.
길들을 타르로 보수하고 있다.

| вар-éнье | 잼 jam, preserve

Онá не лю́бит малúнового варéнья.
She does not like raspberry jam.
그녀는 산딸기 잼을 좋아하지 않는다.

| вар-úть | 끓이다 to cook

Когдá вы нау́читесь варúть кáшу?
When will you learn to cook the gruel?
언제 당신은 죽 끓이는 법을 배울 겁니까?

| пó-вар | 요리사 cook

У них пóвар францýз.
Their cook is a Frenchman.
그들의 요리사는 프랑스인이다.

| пище-вар-éние | 소화 digestion

Он страдáет расстрóйством пищеварéния.
He suffers from indigestion.
그는 소화불량으로 고생한다.

| само-ва́р | 싸모바르 tea-urn, samovar

Самова́р на столе́, пора́ пить чай.
The samovar is on the table, it's time to drink tea.
싸모바르가 준비되었다, 차 마실 시간이다.

BE-, *WAFT, BLOW, FAN* (바람)

| ве́-ять | 바람이 불다 to waft, blow softly

В откры́тое окно́ ве́ет прохла́дой.
Cool air blows softly through the open window.
시원한 바람이 열린 창문으로 불어온다.

| ве́-ялка | 키(곡물을 까부르는 도구) winnowing machine

Ве́ялка в амба́ре.
The winnowing machine is in the barn.
키가 창고에 있다.

| ве́-яние | 바람이 부는 것, 사조, 영향 breeze, influence, idea

Но́вые ве́яния чу́вствуются да́же в прови́нции.
New ideas are felt even in the province.
새로운 경향이 지방에서조차 느껴진다.

| ве́-ер | 부채 fan

У неё дорого́й ве́ер.
She has an expensive fan.
그녀는 비싼 부채를 가지고 있다.

| ве́-тер | 바람 wind

Ду́ет си́льный ве́тер.
A strong wind blows.
강한 바람이 분다.

| ве-тряно́й | 바람에 움직이는 wind, windy

На горе́ стои́т ветряна́я ме́льница.
There is windmill on the hill.
언덕 위에 풍차가 서있다.

| вы-ве́-тривать | 풍화시키다, 환기하다 to weather, to air

Переме́на температу́ры выве́тривает по́чву.
A change in temperature weathers the soil.
기온의 변화는 땅을 풍화시킨다.

| по-ве́-трие | 전염병, 유행병 epidemic, infection

Тепе́рь пове́трие на о́спу.
Now there is an epidemic of smallpox.
지금 천연두 전염병이 유행하고 있다.

| по-ве́-ять | 불다 시작하다, 느껴지다, 충만하다 to begin to blow, spread

В ко́мнате пове́яло за́пахом цвето́в.
A fragrance of flowers permeated the room.
꽃 향기가 방안에 가득하다.

| про-ве́-тривать | 바람을 맞게 하다, 널다 to air

Служа́нка прове́тривает оде́жду.
The maid is airing the clothes.
하녀는 옷을 널고 있다.

ВЕД-(see : ВЕТ-), *KNOW* (알다)

| ве́д-ать | 알다, 감지하다 to know, be aware

Хозя́ин не ве́дал, что гость не обе́дал.
The host did not know the guest had no dinner.
주인은 손님이 점심을 먹지 않았다는 것을 알지 못했다.

| вéд-омость | 통지서, 보고서 journal, list, report |

Где тамóженная вéдомость?
Where is the customs report?
어디에 세관통지서가 있습니까?

| вéд-ьма | 마녀, 여자 마법사 witch |

Онá зла, как вéдьма.
She is angry as a witch.
그녀는 마녀처럼 사악하다.

| вéж-ливый | 정중한, 예의바른 polite |

Вéжливый молодóй человéк.
A polite young man.
예의바른 청년.

| не-вéж-а | 무식한 사람 ignoramus |

Невéжа не умéет держáть себя́ в óбществе.
An ignoramus does not know how to behave in society.
무식한 사람은 사회에서 어떻게 행동해야 하는지 모른다.

| раз-вéд-ка | 답사, 탐험, 조사 search, exploration, reconnaissance |

Мы отпрáвились на резвéдку.
We were off to start an exploration.
우리는 답사를 떠났다.

| с-вéд-ение | 알림, 보도, 정보, 지식 knowledge, information |

Они́ не имéют свéдений о брáте.
They have no information about their brother.
그들은 남동생에 관한 정보를 갖고 있지 않다.

| с-вид-éтель | 목격자, 증인 witness |

Он был свидéтелем э́того преступлéния.
He was a witness in this crime.
그는 이 범행의 목격자였다.

| ве́-сть | 통보, 소식, 정보 news, message, information

Мы получи́ли прия́тные ве́сти.
We received pleasant news.
우리는 유쾌한 소식을 받았다.

| со́-ве-сть | 양심 conscience

Его́ му́чили угрызе́ния со́вести.
He was conscience stricken.
그는 양심의 가책으로 괴로워했다.

| добро-со́-ве-стный | 양심적인, 성실한, 정직한 conscientious

Он добросо́вестный рабо́тник.
He is a conscientious worker.
그는 성실한 일꾼이다.

| из-ве́-стие | 보도, 소식, 뉴스 news, information

К нам ре́дко дохо́дят изве́стия о ней.
We rarely receive news of her.
우리에게 그녀에 대한 소식은 거의 오지 않는다.

| по́-ве-сть | 이야기 story, narrative, tale

Я прочёл э́ту по́весть.
I have read this story.
나는 이 중편소설을 다 읽었다.

ВЕЛ-, ВОЛ-, *COMMAND, WILL, ORDER*
(명령, 의지, 지시)

| вел-е́ть | 명령하다, 지시하다 to order, give orders, command

Вели́ слуге́ принести́ вино́.
Give orders to the servant to bring some wine.
하인에게 포도주를 가져오라고 지시해라.

B 65

| по-вел-е́ние | 명령 command, order |

По высоча́йшему повеле́нию пригово́р был отменён.
By Imperial order the sentence (verdict) was annulied.
황제의 칙령에 따라 판결은 무효가 되었다.

| по-вел-и́тель | 명령자, 통치자 master, sovereign, commander |

На ка́ждого исполни́теля по три повели́теля.
For every executive there are three sovereigns (masters).
각각의 실행(기관)에 세 명의 통치자가 있다.(감독자가 너무 많다.)

| во́л-я | 의지, 자유 freedom, liberty |

Во́ля ва́ша, а я с ва́ми не согла́сен.
As you like, but I do not agree with you.
당신 의지대로, 그러나 나는 당신에게 동의하지 않는다.

| во́л-ь-ный | 자유로운, 임의의 free, voluntary |

Э́то сли́шком во́льный перево́д.
This translation is too free.
이것은 지나친 의역이다.

| до-во́л-ь-но | 충분하다, 넉넉하다 enough, suffice, content |

Дово́льно говори́ть об э́том.
Enough of this talk.
이것에 대한 언급은 충분하다.

| из-во́л-ить | 원하다, 희망하다 to desire, grant, deign |

Чего́ изво́лите?
What do you wish?(What can I do for you?)
무엇을 원하십니까?

| поз-во́л-ить | 허락, 허가하다, ~하게 하여 주십시오 to allow, permit, let |

Позво́льте мне познако́мить вас.
Let me introduce you.
내가 당신을 소개하겠습니다.

| удо-во́л-ь-ствие | 만족, 기쁨, 즐거움 pleasure, joy, enjoyment

С больши́м удово́льствием.
With great pleasure.
기꺼이. (대단히 좋습니다).

| вел-ик-а́н | 거인 giant

В ци́рке пока́зывали велика́на.
In the circus they were showing a giant.
서커스에 거인이 출연했다.

| вел-и́к-ий | 위대한, 대(大) great

Наступи́л вели́кий пра́здник Па́схи.
There came the great Easter holiday.
대부활제가 시작되었다.

| вел-ич-а́вый | 당당한, 훌륭한, 장엄한 majestic, stately

Велича́вый вид Казбе́ка.
A majestic view of the Kazbek.
까즈벡 봉우리의 웅장한 모습.

| вел-и́ч-ие | 위대함, 장엄, 위엄 grandeur, solemnity

Вели́чие церко́вной слу́жбы.
The grandeur of the church service.
교회의 장엄한 예배.

| вел-ь-мо́жа | 귀인, 고관 courtier

Вельмо́жа прово́дит мно́го вре́мени при дворе́.
A courtier spends much time at the court.
고관은 법정에서 많은 시간을 보낸다.

ВЕР-, *TRUST, FAITH* (믿음, 신뢰)

вер-а
믿음, 신앙, 종교 faith, religion

Христиа́нская ве́ра распространена́ по всему́ ми́ру.
Christianity is spread throughout the world.
기독교는 전세계에 퍼져 있다.

вер-ить
믿다, 신뢰하다 to trust, believe

Мно́гие ве́рят не в Бо́га, а в судьбу́.
A lot of people don't believe in God, but in fate.
많은 사람들이 신을 믿지 않고 운명을 믿는다.

вер-ный
성실한, 충실한, 진실한 faithful

Соба́ка - ве́рный друг челове́ка.
The dog is man's faithful friend.
개는 사람의 충실한 친구이다.

вер-оя́тно
아마, 필시 probably, likely

Вы вероя́тно бу́дете здесь за́втра.
You will probably be here tomorrow.
아마도 당신은 내일 여기에 있을 것이다.

до-вер-ие
신용, 신뢰, 신임 trust, confidence

У меня́ к нему́ по́лное дове́рие.
I have complete faith (confidence) in him.
나는 그를 전적으로 신뢰한다.

суе-вер-ный
미신의, 미신적인 superstitious

Суеве́рный всего́ бои́тся.
A superstitious person is afraid of everything.
미신에 사로잡힌 사람은 모든 것을 두려워한다.

| увéр-енность | 확실, 확신 assurance, certainty

Я не могу́ сказа́ть с уве́ренностью, что э́то тако́е.
I cannot say with certainty that it is so.
나는 이것이 그렇다고 확실하게 말할 수 없다.

ВЕРТ-, ВРАТ-, ВОРОТ-, *TURN, TWIST*
(돌리다, 꼬다)

| верт-е́ть | 회전시키다, 뜻대로 하다 to turn, twirl, twist

Она́ ве́ртит им, как хо́чет.
She can twist him around her little finger.
그녀는 그를 마음대로 할 수 있다.

| верт-е́ться | 회전하다, 속이다, 얼버무리다 to turn round, spin

Сло́во ве́ртится на языке́.
The word is on the tip of my tongue.
말이 혀끝에서 맴돈다.

| вер-ну́ть | 되돌려 주다, 되찾다 to return

Он верну́л нам кни́гу.
He returned the book to us.
그는 우리에게 책을 되돌려 주었다.

| за-вёрт-ывать
| за-вер-ну́ть | 싸다, 포장하다 to wrap, roll, muffle up

Прика́зчик завёртывал (заверну́л) паке́т.
The salesman wrapped the parcel.
판매원은 꾸러미를 포장했다.

B 69

| врат-а́ | 문, 대문, 출입구 gate, gates |

Отвори́лись Ца́рские врата́.
The holy gates of the sanctuary opened.
성전의 문이 열렸다.

| вращ-а́ть | 회전시키다 to turn, revolve |

Стано́к враща́ет колесо́.
The lathe turns the wheel.
선반이 바퀴를 회전시킨다.

| вращ-а́ться | 회전하다, 교제하다, 어울리다 to revolve, rotate, mix, mingle |

Я враща́юсь в образо́ванном о́бществе.
I mingle in educated (intellectual) society.
나는 교양있는 사람들과 사귄다.

| воз-вращ-а́ть | |
| воз-врат-и́ть | 되돌리다, 돌려주다 to return, pay back |

Мы ско́ро возврати́м вам долг.
We shall soon return (pay back) our debt to you.
우리는 곧 당신에게 빚을 갚겠다.

| об-ращ-а́ть | 돌리다, 변화시키다, 변경하다 to turn, change, transform |

Не обраща́йте на него́ внима́ния.
Don't pay (turn) any attention to him.
그에게 신경쓰지 마십시오.

| об-рат-и́ть | 돌리다, 변화시키다, 변경하다 to turn, change, convert |

Обрати́те внима́ние на ва́ши оши́бки.
Pay attention to your mistakes.
당신 실수에 주의를 하십시오.

| об-ращ-е́ние | 순환, 유통, 회전, 사용 circulation, rotation, usage |

Э́та моне́та вы́шла из обраще́ния.
This coin has been out of circulation.
이 주화는 사용되지 않는다.

раз-врáт
타락, 방탕, 음탕 debauch, perversity, corruption

Э́то су́щий развра́т.
This is a veritable debauch.
이것은 완전한 타락이다.

раз-врáт-ник
방탕한 사람, 도락가 libertine, depraved person

Он преврати́лся в развра́тника.
He turned into a libertine.
그는 방탕한 사람으로 변했다.

раз-вращ-áть
타락시키다 to corrupt

Дурно́й приме́р развраща́ет.
A bad example corrupts one.
나쁜 예가 사람을 타락시킨다.

вóрот
옷깃 collar

У него́ высо́кий во́рот.
He wears a high collar.
그는 깃이 높은 옷을 입고 있다.

воро́т-а
문, 대문, 출입구 gate, gates

Воро́та откры́ты на́стежь.
The gates are wide open.
문은 활짝 열려있다.

ворот-и́ть
돌려주다, 되돌아오게 하다 to return, call back

Про́шлого не воро́тишь.
One cannot call back the past.
과거는 되돌릴 수 없다.

ворот-ни́к
옷깃 collar

Я купи́л воротники́.
I bought the collars.
나는 옷깃을 샀다.

| водо-ворóт | 소용돌이 whirlpool

Лóдка попáла в водоворóт.
The boat was caught in a wirlpool.
보트는 소용돌이에 빠졌다.

| косо-ворóт-ка | (앞가슴이 비스듬히 트인) 러시아 (남성) 셔츠 Russian shirt

На нём былá косоворóтка.
He wore a Russian shirt.
그는 러시아 셔츠를 입었다.

| об-орóт | 회전, 선회, 전이, 변환 turn

Дéло прúняло плохóй оборóт.
The affair took a turn for the worse.
사건은 악화되어 갔다.

| пере-ворóт | 대변동, 혁명 overturn, revolution

В Россúи произошёл переворóт.
In Russia there was a revolution.
러시아에서 혁명이 일어났다.

| по-ворóт | 회전, 길모퉁이, 변천, 전환 turn, bend, loop, crossroad

На поворóте мы встрéтили знакóмых.
We met (our) acquaintance at the turn in the road.
우리는 길모퉁이에서 아는 사람들을 만났다.

BEPX-, *TOP, ABOVE, SUPER-* (정상, 위쪽, 최상의)

| верх | 상부, 정점, 정상 top, summit

Верх горы́ слúшком крут.
The top of the mountain is too steep.
산 정상은 매우 험하다.

| ве́рх-ний | 위의, 상부의 upper |

Мы живём на ве́рхнем этаже́.
We live on the upper floor.
우리는 위층에 산다.

| верх-о́м | 말을 타고, 걸터앉아 horseback, astride |

Я люблю́ ката́ться верхо́м.
I like horseback riding.
나는 말타는 것을 좋아한다.

| верх-у́шка | 정상, 상층부 top, summit |

Мо́лния разби́ла верху́шку де́рева.
The lighting smashed the tree top.
번개가 나무 꼭대기를 부러뜨렸다.

| верш-и́на | 정상, 정점, 절정 summit, peak |

Мы подняли́сь на сне́жную верши́ну.
We ascended the snow-clad summit.
우리는 눈 덮인 정상을 올라갔다.

| со-верш-е́нство | 완성, 완전 perfection |

Она́ зна́ет ру́сский язы́к в соверше́нстве.
She knows the Russian language to perfection.
그녀는 러시아어를 완벽하게 안다.

| со-верш-и́ть | 하다, 행하다, 완수하다 to perform, commit, accomplish |

Он соверши́л преступле́ние.
He committed a crime.
그는 범죄를 저질렀다.

ВЕСЕЛ-, *JOYFUL, CHEER, ENJOY* (즐거운)

| весел-и́ть | 즐겁게 하다, 유쾌하게 하다 to cheer, enjoy, amuse |

Что кого́ весели́т, тот про то и говори́т.
One speaks of those things which one enjoys.
사람들은 즐겼던 것에 관해 이야기한다.

| весёл-ый | 즐거운, 유쾌한, 재미있는 gay, cheerful |

Весёлое лицо́.
A cheerful face.
쾌활한 얼굴.

| весе́л-ье | 즐거움, 쾌활, 명랑함 joy, gaiety |

В до́ме цари́ло весе́лье.
Gaiety reigned in the house.
집에는 즐거움이 가득했다.

| весел-ь-ча́к | 쾌활한 사람, 익살꾼 merry chap, merrymaker |

Мой дя́дя большо́й весельча́к.
My uncle is a great merrymaker.
삼촌은 대단한 익살꾼이다.

| на-весел-е́ | 거나하게 취해서 tipsy, in one's cups |

Вы сего́дня навеселе́.
You are tipsy today.
당신은 오늘 얼큰하게 취했다.

| раз-весел-и́ть | 즐겁게 하다, 쾌활하게 하다 to amuse, cheer up |

Как вас развесели́ть?
How can I cheer you up?
어떻게 당신을 즐겁게 할 수 있을까요?

BET-(see : ВЕД-), *UTTER, SAY, SPEAK* (말하다, 이야기하다)

| за-ве́т | 유언, 유훈, 성약 testament, will, bequest |

Храни́те заве́ты пре́дков.
Keep the bequest of the ancestors.
조상의 유훈을 간직해라.

| о-бе́т | 맹세, 서약 promise |

Она́ дала́ обе́т пойти́ в монасты́рь.
She has made a vow to enter a convent.
그녀는 수녀원에 들어가겠다는 맹세를 했다.

| от-ве́т | 답, 회답, 해답 answer, reply |

Я ещё не получи́л отве́та.
I have not yet received the reply.
나는 아직 회답을 받지 못했다.

| при-ве́т | 인사 greeting |

Она́ шлёт вам приве́т.
She sends greetings to you.
그녀가 당신에게 안부를 전했다.

| со-ве́т | 조언, 충고 advice, counsel |

Да́йте ему́ хоро́ший сове́т.
Give him good advice.
그에게 좋은 충고를 해주어라.

| со-ве́т-чик | 조언자 adviser, counsellor, guide |

Вы плохо́й сове́тчик.
You are a poor adviser.
당신은 서투른 조언자이다.

| об-ещ-а́ть | 약속하다 to promise

Я обеща́л Та́не пойти́ с ней в кино́.
I promised Tanya to go to the show with her.
나는 따냐에게 영화 보러 갈 것을 약속했다.

| от-веч-а́ть
| от-ве́т-ить | 대답하다, 회답하다 to answer, reply

Ра́зве так мо́жно отвеча́ть учи́телю?
Is that any way to answer a teacher?
정말로 선생님께 그렇게 대답해도 될까요?

| со-вещ-а́ться | 협의하다, 상담하다 to confer, consult, deliberate

Они́ до́лго совеща́лись.
They deliberated a long time.
그들은 오랫동안 협의를 했다.

| ве́ч-е | 고대 슬라브인의 민회 moot, meeting

Славя́нское ве́че бы́ло наро́дным собра́нием.
The Slavic moot used to be a popular assembly.
슬라브인의 민회(民會)는 국민 의회였다.

ВИ-, *WEAVE* (짜다)

| ви-ть | 짜다, 뜨다, 감다 weave, twist, spin

Весно́й пти́цы вьют гнёзда.
In spring the birds make their nests.
봄에 새들은 둥지를 튼다.

| вь-ю́га | 눈보라 blizzard, snowstorm.

На дворе́ во́ет вью́га.
The blizzard howls outside.
마당 밖에서는 눈보라가 강하게 몰아쳤다.

| вь-юн | 덩굴 groundling, vine, convolvulus

Он вьётся, как вьюн.
He twists like a groundling. 그는 덩굴처럼 꼬여있다.
He clings to one like a vine.(He courts favor by a cringing demeanor.)
그는 굽실거려 환심을 얻는다.

| вь-ю́чный | 짐을 싣는, 운송용의 burden, pack

Ло́шадь - вью́чное живо́тное.
The packhorse is a beast of burden.
말은 짐 나르는 짐승이다.

| вь-ю́шка | 난로의 바람문 damper, valve

Не забу́дь откры́ть вью́шку в печи́.
Don't forget to open the damper in the stove.
난로의 바람문 여는 것을 잊지 마라.

| раз-ви́-тие | 발달, 발전 development

Культу́рное разви́тие страны́.
The cultural development of the country.
나라의 문화적 발전.

| раз-ви́-ть | 발달시키다, 전개하다 to develop, evolve

Я хочу́ разви́ть э́то де́ло.
I want to develop this business.
나는 이 일을 발전시키고 싶다.

| с-ви́-ть | 꼬다, 엮다, 엮어서 만들다 to wind, coil, wreath, build

Де́вочка свила́ себе́ вено́к.
The little girl has made a wreath for herself.
어린 소녀는 혼자 힘으로 화환을 만들었다.

B 77

ВИД-, *SEE* (보다)

| вид | 경치, 조망 view, aspect |

Отсю́да прекра́сный вид.
The view is beautiful from here.
이곳으로부터 보이는 경치는 아름답다.

| ви́д-еть | 보다, 보인다 to see |

Они́ ви́дят всё в ро́зовом све́те.
They see everything through rose-colored glasses.
그들은 모든 것을 낙관한다.

| вид-не́ться | (주로 멀리있는 것이) 보이다 to be seen, appear |

Вдали́ виднее́тся дере́вня.
A village has appeared in the distance.
멀리 마을이 보였다.

| ви́д-ный | 눈에 띄는, 훌륭한, 중요한 prominent, noticeable |

Петро́в занима́ет ви́дное положе́ние.
Petrov occupies a prominent place.
뻬뜨로프는 중요한 지위를 차지하고 있다.

| воз-не-на-ви́д-еть | 증오하다, 미워하다 to hate, begin to hate |

Она́ его́ возненави́дела.
She began to hate him.
그녀는 그를 미워하기 시작했다.

| за-ви́д-овать | 부러워하다, 질투하다 to envy, to be envious |

Почему́ вы ему́ зави́дуете?
Why do you envy him?
어째서 당신은 그를 부러워합니까?

| за-ви́с-тливый | 부러워하는, 질투하는 envious, jealous |

Зави́стливое о́ко ви́дит далёко.
An envious eye sees far.
질투에 사로잡힌 눈은 멀리 본다.

| за́-вис-ть | 선망, 질투 envy, grudge |

Её гло́жет за́висть.
She is pining away with envy.
그녀는 질투로 괴로워한다.

| при-вид-е́ние | 환영, 유령 vision, apparition, ghost |

В старину́ ве́рили в привиде́ния.
In times of yore they believed in ghosts.
옛날에는 유령을 믿었다.

| с-вид-а́ние | 만남, 모임, 약속 meeting, appointment |

Я спешу́ на свида́ние.
I am hurrying to an appointment. (I am in a hurry, I have an appointment.)
나는 모임에 가기 위해 서두른다.

ВИН-, *BLAME* (비난, 책망)

| вин-а́ | 죄, 잘못, 책임 blame, fault |

Чья э́то вина́?
Whose fault is it?
이것은 누구의 과실입니까?

| вин-и́ть | 고소, 고발하다, 비난하다 to accuse |

Напра́сно вы меня́ вини́те.
You are accusing me unjustly.
당신은 나를 부당하게 고소하고 있다.

| вин-ова́тый | 죄가 있는, 잘못된 guilty |

Он не призна́л себя́ винова́тым.
He did not admit that he was guilty.
그는 자신의 죄를 인정하지 않았다.

| вин-о́вник | 범죄자, 장본인 culprit, author, cause |

Па́вел сего́дня вино́вник торжества́.
Paul is the cause of today's celebration.
빠벨은 오늘 축제의 주인공이다.

| из-вин-е́ние | 용서, 사과 pardon, excuse |

Прошу́ извине́ния.
I beg your pardon.(Excuse me.)
미안합니다.

| не-ви́н-ный | 죄없는, 순진한 innocent, not guilty |

Он оказа́лся неви́нным.
He was found innocent.
그는 무죄가 밝혀졌다.

| об-вин-я́ть |
| об-вин-и́ть | 고소하다, 비난하다 to accuse |

Его́ обвиня́ли (обвини́ли) в пяти́ преступле́ниях.
He was accused (found guilty) of five crimes.
그는 5가지 죄로 고소되었다.

ВИС-, ВЕС-, *HANG* (걸리다)

| вис-е́ть | 걸리다, 매달리다 to hang |

Ва́ши пальто́ вися́т в пере́дней.
Your coats are hanging in the entrance hall.
당신 코트들은 현관에 걸려 있습니다.

| вѝс-елица | 교수대 gallows |

Его приговори́ли к ви́селице.
He was sentenced to be hanged on the gallows.
그는 교수형 선고를 받았다.

| за-ви́с-еть | 의존하다, ~ 나름이다 to depend |

Э́то от меня́ не зави́сит.
It does not depend on me.
이것은 내게 달려있지 않다.

| вес | 중량, 무게, 위신 weight, importance |

Э́то челове́к с ве́сом.
He is a man of importance.
그는 권위 있는 인물이다.

| вы́-вес-ка | 간판 sign |

На у́лицах я́ркие вы́вески.
There are bright signs on the streets.
거리에는 반짝이는 간판이 있다.(네온 사인이 반짝인다.)

| за́-на-вес | (무대의) 막 curtain |

За́навес шевели́тся от ве́тра.
The curtain is flapping in the wind.
무대의 막이 바람에 펄럭거렸다.

| ве́ш-алка | 옷걸이 hanger, clothes peg |

В пере́дней не́сколько ве́шалок.
There are several hangers in the hall.
옷걸이 몇 개가 현관에 있다.

| ве́ш-ать | 걸다, 달아매다 to hang |

Ни в чём неповѝнных люде́й ве́шали.
Completely innocent people were hanged.
완전히 무고한 사람들이 교수형에 처해졌다.

ВЛАД-, *POWER, RULE* (권력, 통치)

| влад-е́лец | 소유자, 주인 owner |

Владе́лец э́того име́ния – мой ро́дственник.
The owner of this estate is my relative.
이 영지의 소유자는 나의 친척이다.

| влад-е́ние | 소유, 부동산, 소유지 domain |

У него́ обши́рные владе́ния.
He has a large domain.
그는 넓은 소유지를 가지고 있다.

| влад-е́ть | 영유하다, 지배하다 to possess, rule, own |

А́нглия владе́ет И́ндией.
England rules India.
영국은 인도를 통치하고 있다.

| влад-ы́ка | 군주, 소유자, 통치자 master, owner, ruler |

Поме́щик был полновла́стным влады́кой крестья́н.
The landlord was the absolute master of the peasants.
지주는 농민의 절대적인 통치자였다.

| вла́с-твовать | 통치하다, 지배하다 to lord, dominate, rule |

Дикта́тор вла́ствует над страно́й.
A dictator rules the country.
독재자가 나라를 지배하고 있다.

| влас-ть | 권력, 권위, 정부 power, authority |

Сове́тская власть учреди́ла колхо́зы.
The Soviet authorities have founded the collective farms.
소비에트 정부는 집단농장을 만들었다.

| **о́б-лас-ть** | 주(州), 지방 province, region

Приморская область на берегу Тихого Океана.
The Maritime province is on the Pacific coast.
쁘리모르스까야 주는 태평양 연안에 있다.

ВОД-, *WATER* (물)

| **вод-а́** | 물 water

Дайте мне стакан воды.
Give me a glass of water.
나에게 물 한잔을 주시오.

| **во́д-ка** | 보드카 vodka

Водка - крепкий напиток.
Vodka is a hard liquor.
보드카는 독한 술이다.

| **вод-о-во́з** | 물 운반인 water carrier

Водовоз проехал по улице.
The water carrier passed along the street.
물 운반인이 거리를 따라 지나갔다.

| **вод-о-па́д** | 폭포 waterfall, falls

Ниагарский водопад великолепен.
The Niagara Falls are magnificent.
나이아가라 폭포는 장엄하다.

| **вод-о-про-во́д** | 수도 water pipe, plumbing

У нас испортился водопровод.
Our plumbing is out of order.
우리집 수도가 고장났다.

| на-вод-не́ние | 홍수, 범람 flood |

Наводне́ние причиня́ет мно́го бе́дствий.
A flood causes many hardships.
홍수는 많은 재해를 일으킨다.

| под-во́д-ный | 물 밑의, 수중의 submarine, subaqueous |

Подво́дная ло́дка пошла́ ко дну́.
The submarine sank.
잠수함은 밑바닥으로 잠수했다.

ВОД-, ВЕД-, *LEAD* (이끌다, 나르다)

| вод-и́ть | 인도하다, 데리고 다니다 to lead |

Ма́льчик во́дит слепо́го за́ руку.
The boy leads the blind man by the hand.
소년은 장님을 손을 잡고 인도한다.

| вожд-ь | 지도자 leader |

Ле́нин был вождём пролетариа́та.
Lenin was the leader of the proletariat.
레닌은 프롤레타리아의 지도자였다.

| вы́-вод | 결론, 결말 conclusion |

Я сде́лал неблагоприя́тный вы́вод.
I have made an unfavorable conclusion.
나는 불리한 결론을 내렸다.

| пере-во́д | 번역 translation |

Э́та кни́га - перево́д с ру́сского.
This book is a translation from the Russian.
이 책은 러시아로부터 번역된 것이다.

по-вод
동기, 원인, 이유 ground, reason, cause

Война загорелась без всякого повода.
The war broke out for no reason.
전쟁은 아무런 이유도 없이 발발했다.

раз-вод
이혼 divorce

Он уже получил развод.
He has already been granted a divorce.
그는 이미 이혼을 승인 받았다.

вес-ти
вед-ти
이끌다, 안내하다, 잘 다루다 to lead, conduct, manage

Не легко вести такое большое дело.
It is not easy to manage such a big business.
그러한 큰 일을 처리하는 것은 쉽지 않다.

в-вед-ение
도입, 서론 introduction

Ваше введение слишком кратко.
Your introduction is too brief.
당신의 서론은 너무 짧다.

за-вед-ение
시설, 시설물 institution

Я учусь в высшем учебном заведении.
I am studying in an institution of higher learning.
나는 고등 교육기관에서 공부하고 있다.

за-вес-ти
데려가다 to lead, bring, take

Вы завели меня далеко в парк.
You led me too far into the park.
당신은 나를 멀리 있는 공원으로 데려갔다.

от-вес-ти
데려가다 to take

Я отведу её домой.
I shall take her home.
나는 그녀를 집으로 데리고 갈 것이다.

B 85

| по-вед-éние | 행동, 행위, 행실 demeanor, conduct

Ученикá наказáли за дурнóе поведéние.
The pupil was punished for misdemeanor.
학생은 나쁜 품행으로 처벌 받았다.

| про-из-вед-éние | 작품, 저술 work, writing

Онá прочлá все произведéния Толстóго.
She has read all the works of Tolstoy.
그녀는 똘스또이의 전 작품을 읽었다.

| про-из-вод-и́ть
| про-из-вес-ти́ | 행하다, 일으키다, 주다 to make

Э́та пьéса произвелá на меня́ хорóшее впечатлéние.
This play made a good impression on me.
이 희곡은 나에게 좋은 인상을 주었다.

ВОЗ-, ВЕЗ-, *CARRY* (나르다)

| вез-ти́
| воз-и́ть | 운송하다, 운반하다 to take, carry, bring

Крестья́нин везёт гусéй на я́рмарку.
The peasant brings the geese to the fair.
농민은 시장으로 거위를 가져왔다.

| воз | 짐수레, 마차 한 대분의 짐 cart

Мужи́к прóдал воз сéна.
The peasant sold a cartload of hay.
농부는 건초 한 수레를 팔았다.

| воз-ня́ | 소란, 소음 racket, noise |

Что э́то там за возня́?
What is that racket?
이거 무슨 소란이야?

| вы-воз-и́ть | 수출하다 to export |

Росси́я выво́зит хлеб за грани́цу.
Russia exports grain (abroad).
러시아는 곡물을 외국으로 수출한다.

| из-во́з-чик | 마부 cabman |

Позови́те изво́зчика.
Call a cabman.
마부를 부르세요.

| паро-во́з | 기관차 engine, locomotive |

О́коло ста́нции показа́лся парово́з.
An engine appeared at the station.
기관차가 역 부근에 나타났다.

| пере-во́з | 운반, 운송 transport, transportation |

Фи́рма уплати́ла за перево́з това́ра.
The concern paid for the transportation of goods.
회사는 상품 운송 값을 지불했다.

ВОЛОК-, ВЛЕК-, ВЛАК-, *PULL, DRAG, FIBRE*
(당기다, 끌다, 실, 섬유)

| волок-и́та | 여자 꽁무니를 따라 다니는 사람 dangler |

Он ста́рый волоки́та.
He is an old dangler.
그는 여자 꽁무니를 따라 다니는 늙은이이다.

B 87

| волок-но́ | 섬유 fiber

Э́то льняно́е волокно́ для пря́жи.
This linen fiber is for weaving.
이 아마(亞麻)실은 방적용이다.

| на́-волочк-а | 베갯잇 pillowcase

Принеси́те мне чи́стую на́волочку.
Bring me a clean pillowcase.
나에게 깨끗한 베갯잇을 갖다 주시오.

| про́-волок-а | 철사 wire

На столбе́ виси́т про́волока.
A wire is hanging on the pole.
철사가 기둥에 걸려있다.

| волоч-и́ть | 끌다, 끌고 가다 to drag

От уста́лости я едва́ волочи́л но́ги.
I could hardly drag my feet because of weariness.
나는 피곤해서 간신히 다리를 질질 끌고 갈 수 밖에 없었다.

| волоч-и́ться | 꽁무니를 쫓아 다니다 to run after

Офице́ры волочи́лись за ней.
The officers were running after her.
장교들은 그녀 꽁무니를 쫓아 다녔다.

| влеч-е́ние | 애착, 동경, 성향, 기질 inclination, proclivity

У меня́ большо́е влече́ние к му́зыке.
I have a proclivity to music.
나는 음악에 대한 강한 애착을 가지고 있다.

| влеч-ь | 수반하다, 초래하다 to bring, involve

Э́то влечёт за собо́ю неприя́тности.
It may bring annoyance.
이것은 불쾌함을 초래할 것이다.

| при-влек-а́ть | 끌어당기다, 유인하다, 기소하다 to attract, prosecute |

Его́ привлека́ют к отве́тственности.
He is being prosecuted.
그에게 책임을 물어 기소하였다.

| раз-влек-а́ть | 즐겁게 해주다 to amuse, entertain |

И́гры развлека́ют дете́й.
Games amuse children.
게임은 아이들을 즐겁게 해준다.

| у-влек-а́ть | 매혹시키다, 열중하게 하다 to attract, fascinate |

Их увлека́ет теа́тр.
The theatre fascinates them.
그들은 연극에 매혹되었다.

| влач-и́ть | (짐을) 끌다, 지내다, 살아가다 to drag, lead |

Он влачи́т жа́лкое существова́ние.
He leads a wretched existence.
그는 간신히 목숨을 이어간다.

| о́б-лак-о | 구름 cloud |

Не́бо покры́то облака́ми.
The sky is overcast.
하늘은 구름으로 뒤덮였다.

ВЫС-, *HIGH* (높은)

| выс-о́кий | 높은 high, tall |

Како́е высо́кое зда́ние!
What a high building!
얼마나 높은 건물인가!

| вы́с-окоме́рие | 거만, 오만 haughtiness, arrogance

Его презира́ли за высокоме́рие.
He was despised for his arrogance.
거만함 때문에 그를 무시하였다.

| вы́с-ок-опа́рный | 허풍떠는, 과장된 pompous

Статья́ напи́сана высокопа́рным сло́гом.
The article is written in a pompous style.
기사는 과장된 문체로 쓰여졌다.

| вы́с-ота́ | 높이, 고도 height, altitude

Он оказа́лся на высоте́ положе́ния.
He rose to the occasion.
그는 충분히 요구에 응할 수 있었다.

| вы́с-ь | 높은 곳, 산의 정상 height

Жа́воронок лети́т в высь.
The lark soars upwards.
종달새는 높이 날아올랐다.

| воз-выш-а́ть |
| воз-вы́с-ить | 높이다, 고양하다, 승진시키다 to raise, promote

Его́ возвы́сили до генера́льского чи́на.
He was promoted to the rank of general.
그는 장군 계급까지 진급했다.

| воз-выш-е́ние | 높은 곳, 향상, 융성 elevation

На возвыше́нии стои́т кре́пость.
There is a fortress on the elevation.
높은 곳에 요새가 있다.

| по-выш-е́ние | 상승, 승진 promotion

Он получи́л повыше́ние.
He received a promotion.
그는 승진했다.

ВЯЗ-, УЗ-, *TIE, BIND* (매다, 묶다)

вя́з-анка | 다발, 단, 묶음 bundle

Он принёс вя́занку дров.
He brought a bundle of wood.
그는 장작 다발을 가지고 왔다.

вяз-а́ть | 묶다, 매다, 뜨개질하다 to knit

Научи́ меня́ вяза́ть чулки́.
Teach me how to knit stockings.
양말 뜨개질하는 법을 가르쳐 주세요.

вя́з-нуть | 빠지다 to stick

В дождь мы вя́знем в грязи́.
When it rains, we stick in the mud.
비가 내릴 때, 우리는 진창에 빠졌다.

вяз-ь | 결합문자 ornamental lettering

Письмо́ напи́сано славя́нской вя́зью.
The document is written in Slavic ornamental lettering.
편지(그 문서)는 슬라브어 결합문자로 쓰여졌다.

за-вя́з-ка | 발단 plot

Завя́зка рома́на интере́сна.
The plot of the novel is interesting.
소설의 발단은 흥미롭다.

об-яз-а́тельство | 약속, 계약, 약정 promise, pledge

Я взял с него́ пи́сьменное обяза́тельство.
I took a written pledge from him.
나는 그로부터 문서로된 약정서를 받았다.

B 91

об-я́з-ывать
об-яз-а́ть | 어쩔 수 없이 ~하다, 강제하다 to bind legally, oblige

Э́то ни к чему́ не обя́зывает.
There is nothing binding in that.
이것은 아무 것도 강요하지 않는다.

раз-вя́з-ка | 종말, 결말 climax

Де́ло идёт к развя́зке.
The affair is coming to a head.
사건은 결말에 가까워져 간다.

у́з-ел | 매듭, 묶음 knot

Она́ завяза́ла у́зел на платке́.
She tied a knot in her handkerchief.
그녀는 손수건에 매듭을 묶었다.

у́з-ник | 죄인, 수인 prisoner

У́зника сего́дня освободи́ли.
The prisoner was released today.
죄인은 오늘 풀려났다.

у́з-ы | 족쇄, 속박, 구속 ties

Его́ тяготя́т у́зы родства́.
He is weary of his family ties.
그는 친족관계의 구속에 부담을 느꼈다.

ГАД-, *GUESS* (추측)

гад-а́лка   여자 점쟁이 fortuneteller

Тётя была́ у гада́лки.
Our aunt was at the fortuneteller's.
아주머니는 점쟁이 집에 갔었다.

гад-а́ть   점치다, 예측하다 to tell fortunes

В старину́ ча́сто гада́ли.
In old days they often told fortunes.
옛날에는 자주 점을 쳤다.

гад-а́ние   점술, 점, 추측 fortunetelling, divination

Она́ ве́рила в гада́ние.
She believed in fortunetelling.
그녀는 점술을 믿었다.

до-га́д-ываться
до-гад-а́ться   추측하다, 알아차리다 to guess

Я сам догада́лся, что он музыка́нт.
I myself guessed that he was a musician.
나는 그가 음악가라는 것을 알아 맞췄다.

до-га́д-ка   추측, 억측 conjecture, guess

Пошли́ ра́зные дога́дки.
Various conjectures were abroad.
다양한 추측이 난무했다.

| за-га́д-ка | 수수께끼 riddle

Отгада́йте э́ту зага́дку.
Guess this riddle.
이 수수께끼를 풀어보십시오.

| за-га́д-очный | 수수께끼의 mysterious

Кака́я зага́дочная исто́рия!
What a mysterious incident!
얼마나 수수께끼 같은 사건인가!

| у-гад-а́ть | 짐작, 추측하다, 알아맞히다 to guess

Угада́йте, от кого́ цветы́.
Guess from whom are these flowers.
누가 이 꽃을 보냈는지 알아 맞추어보십시오.

ГАД-, *REPTILE* (파충류의, 비열한)

| гад | 파충류 reptile

В тропи́ческих стра́нах мно́го вся́ких га́дов.
In tropical countries there are all kinds of reptiles.
열대지방 나라들에는 온갖 종류의 파충류가 많이 있다.

| га́д-кий | 혐오스러운, 흉악한, 추악한 mean, base

Вы соверши́ли га́дкий посту́пок.
You have done a mean trick.
당신은 추악한 행위를 했다.

| га́д-ость | 추악한 행위, 비열한 행위 baseness, meanness

Он спосо́бен на вся́кие га́дости.
He is capable of all sorts of meanness.
그는 온갖 종류의 비열한 짓을 저지를 수 있다.

ГИБ-, ГН-, ГУБ-, *PERIL, BEND, BOW* (위험, 구부림)

ги́-бель
멸망, 파멸 destruction, peril

Мы бы́ли на краю́ ги́бели.
We were on the verge of destruction.
우리는 파멸하기 직전에 있다.

ги́б-кий
구부리기 쉬운, 유연한 flexible, pliable, willowy

У меня́ в рука́х ги́бкий прут.
I hold a willowy rod.
내 손에는 잘 휘는 회초리가 있다.

ги́б-кость
유연함, 융통성 suppleness, subtlety

Он отлича́ется ги́бкостью ума́.
He is noted for his subtlety.
그는 융통성 있는 사고로 유명하다.

ги́б-нуть
멸망하다, 파멸하다 to perish

Мно́гие ги́бнут в тю́рьмах.
Many perish in prisons.
많은 사람들이 감옥에서 파멸한다.

гн-уть
구부리다, 굽히다 to bend

Крестья́нин гнёт спи́ну всю жизнь.
The peasant works hard all his life.
농민들은 평생 힘들게 일한다.(농민들은 평생 허리를 구부리고 있다.)

из-ги́б
굴절, 굴곡 curve, bent

По э́той доро́ге мно́го изги́бов.
There are many curves along this road.
이 길은 매우 구불구불하다.

| на-гн-у́ться | 숙이다, 구부리다 to bend, stoop |

Мать нагну́лась к ребёнку.
The mother bent down to her child.
어머니는 아이에게로 몸을 구부렸다.

| по-ги́б-ель | 파멸, 영락 destruction, peril, undoing |

Э́то бы́ло его́ поги́белью.
This was his undoing.
이것이 그의 파멸(의 원인)이었다.

| с-гиб-а́ть | 구부러뜨리다, 꺾다 to bend |

Рабо́тник сгиба́ет дугу́.
The laborer is bending a bow.
노동자는 활을 당겼다.

| со-гн-у́ть | 구부러뜨리다, 꺾다 to bend, twist, curve |

Сталь мо́жно согну́ть, не лома́я.
One may bend the steel without breaking it.
강철은 부러뜨리지 않고도 구부릴 수 있다.

| губ-и́тель | 파괴자 destroyer, undoer |

Он настоя́щий губи́тель серде́ц.
He is a veritable lady-killer.
그는 진짜 영혼을 파괴하는 사람이다.(그는 바람둥이이다.)

| губ-и́ть | 망치다, 죽이다, 파멸시키다 to ruin, destroy, kill |

Моро́з гу́бит жа́тву.
Frost kills the crop.
추위가 수확을 망쳐 버렸다.

| по-губ-и́ть | 망치다, 죽이다, 파멸시키다 to ruin, undo |

Его́ погуби́ла пра́здность.
Idleness ruined him.
게으름이 그를 파멸시켰다.

ГЛАВ-, ГОЛОВ-, *HEAD, CHIEF* (머리, 우두머리)

глав-á | 머리, 우두머리, 장(長) head, chief, principal, chapter

Егó брат главá фи́рмы.
His brother is the head of firm. 그의 형은 회사 사장이다.

Мы прочли́ пéрвую глáву.
We have read the first chapter. 우리는 첫 번째 장을 읽었다.

глáв-ный | 주된, 주요한 chief, main, primary

Глáвной тéмой разговóра былá войнá.
War was the main topic of conversation.
전쟁이 대화의 주된 주제였다.

за-глáв-ие | 제목, 표제 heading, title

Заглáвие кни́ги сли́шком дли́нно.
The title of the book is too long.
책의 제목이 너무나 길다.

о-глáв-лéние | 목차, 목록 table of contents, index

Посмотри́те в оглавлéние.
Look into the table of contents.
목차를 보십시오.

голов-á | 머리, 두뇌 head

У меня́ боли́т головá.
I have a headache.
나는 머리가 아프다.

голов-о-кружéние | 어지러움, 현기증 dizziness

Онá страдáет головокружéнием.
She suffers from dizziness.
그녀는 현기증으로 고생하고 있다.

| ГОЛОВО-ЛО́МНЫЙ | 두통거리의, 해결하기 힘든 puzzling, difficult to solve |

Учи́тель за́дал головоло́мную зада́чу.
The teacher gave a difficult problem.
선생님은 어려운 과제를 내주었다.

| из-голо́в-ие | 머리 맡 head of the bed |

Ико́на виси́т у изголо́вья.
An ikon hangs at the head of the bed.
머리 맡에 성상화가 걸려 있었다.

ГЛАД-, *SMOOTH, PAT* (매끄러운, 적절한)

| гла́д-ить | 다림질하다 to iron, press |

Сестра́ гла́дит платки́.
My sister irons the handkerchiefs.
나의 여동생은 손수건을 다림질한다.

| гла́д-кий | 매끄러운, 평평한 smooth, even |

Лёд на реке́ гла́дкий, как стекло́.
The ice on the river is as smooth as glass.
강 위의 얼음은 마치 유리처럼 매끈하다.

| глад-ь | 넓고 평평한 표면 smooth surface, stillness |

Кака́я гладь на́ море сего́дня!
How smooth the sea is today!
오늘 바다는 얼마나 평온한가!

| за-гла́ж-ивать | 매끈하게 하다, 속죄하다 to smooth, make up, make amends |

Он загла́живает свою́ вину́.
He is making amends for his fault.
그는 속죄하고 있다.

| раз-гла́ж-ивать
| раз-гла́д-ить | 주름을 펴다, 고르게 하다 to smooth

Де́вочка разгла́дила измя́тое пла́тье.
The little girl smoothed out a crumpled dress.
소녀는 옷 주름을 폈다.

ГЛАД-, ГОЛОД-, *HUNGER* (굶주림)

| глод-а́ть | 갉아먹다 to gnaw, nibble

Соба́ка гло́жет кость.
The dog gnaws the bone.
개는 뼈를 갉아먹었다.

| го́лод | 기아, 기근 hunger, famine

В э́той стране́ свире́пствовал го́лод.
Famine ravaged (in) this country.
이 나라에 기근이 몰아닥쳤다.

| голод-а́ть | 굶다, 굶주리다 to starve, to be hungry

Безрабо́тные голода́ют.
The unemployed are starving.
실업자들은 굶주리고 있다.

| голо́д-ный | 굶주린, 기근의 hungry

Послы́шался вой голо́дного во́лка.
The howl of a hungry wolf was heard.
굶주린 늑대의 울음소리가 들렸다.

| про-голод-а́ться | 시장기를 느끼다 to be hungry

Я о́чень проголода́лась.
I am very hungry.
나는 몹시 배가 고프다.

ГЛАЗ-, *EYE* (눈)

глаз	눈 eye

У неё прекрáсные глазá.
She has beautiful eyes.
그녀는 아름다운 눈을 가지고 있다.

глаз-éть	멍하니 바라보다, 응시하다 to stare

Толпá зевáк глазéла на аэроплáн.
A crowd of idlers stared at the airplane.
일군의 사람들이 비행기를 멍하니 바라보았다.

глáз-ки	작고 귀여운 눈 eyes

Нéчего вам стрóить глáзки.
You must not make eyes (at me).
윙크를 해도 당신에게 도움이 되지 않는다.(나에게 추파를 던지지 마세요.)

глаз-нóй	눈의 eye

Мне нáдо пойтú к глазнóму врачý.
I have to go to an oculist.
나는 안과의사에게 가야만 한다.

за-глаз-á	뒤에서, 보이지 않는 곳에서 behind one's back, amply

Про когó не говорят заглазá?
Is there anyone of whom they don't talk behind his back.
(그들이) 등 뒤에서 말하지 않는 사람이 누가 있는가?

с-глáз-ить	흉악한 눈으로 사람을 노려보며 저주하다 to cast an evil spell

Крестьянка говорит, что её ребёнка сглáзили.
The peasant woman says that someone has cast an evil spell on her child.
농사꾼 여자가 누군가가 자신의 아이를 저주했다고 말한다.

ГЛАС-, ГОЛОС-, *VOICE* (목소리)

глас | 목소리, 가락 voice, tune

Глас наро́да, глас Бо́жий.
The voice of the people is the voice of God.
민중의 목소리는 신의 목소리이다.

глас-и́ть | 알리다, 전하다, 말하다 to say, run, go

Так гласи́т статья́ зако́на.
It is said so in the legal statute.
법규에 그렇게 나와 있다.

гла́с-ный | 모음의, 공개의, 공공연한 vowel, public

Ученики́ произно́сят гла́сные зву́ки.
The pupils are pronouncing the vowel sounds.
학생들은 모음을 발음한다.

глаша́-тай | 포고자, 전령관, 선포자 town-crier

Глаша́таи бы́стро разнесли́ весть.
The town-criers spread the news swiftly.
포고자들은 새소식을 빠르게 유포시켰다.

при-глаш-а́ть
при-глас-и́ть | 초대하다, 초빙하다 to invite

Пригласи́те их на чай.
Invite them to tea.
그들을 다과회에 초대하십시오.

при-глаш-е́ние | 초대, 초대장 invitation

Мы получи́ли приглаше́ние на бал.
We have received the invitation to the ball.
우리는 무도회에 초대받았다.

| со-глáс-ие | 동의, 일치 consent, agreement

Он не хóчет дать своегó соглáсия.
He does not want to give his consent.
그는 동의하기를 원치 않았다.

| со-глаш-áться
| со-глас-и́ться | 동의하다, 일치하다 to agree

Все согласи́лись с орáтором, с егó тóчкой зрéния.
Everyone agreed with the speaker, with his point of view.
모두들 연사와 그의 관점에 동의했다.

| вóз-глас | 환성 ejaculation, outcry

Послы́шались вóзгласы и восклицáния.
There were heard ejaculations and exclamations.
환성과 외침이 들렸다.

| едино-глáс-но | 만장일치로 unanimously

Резолю́цию при́няли единоглáсно.
The resolution was unanimously passed.
결과는 만장일치로 통과되었다.

| о-глáс-ка | 공시, 공고 publicity

Э́то извéстие не подлежи́т оглáске.
This information is not to be made public.
이 소식은 공시되지 않았다.

| гóлос | 목소리, 음성 voice

У Шаля́пина великолéпный гóлос.
Shaliapin has a magnificent voice.
샬랴삔은 환상적인 목소리를 가지고 있다.

| голос-и́стый | 큰소리의, 높은 목소리의 loud-voiced, vociferous

В лесу́ раздавáлось пéние голоси́стых птиц.
A loud singing of the birds resounded in the forest.
숲 속에서 새들이 지저귀는 노랫소리가 울렸다.

| голос-овáть | 투표하다 to vote |

Мы все голосовáли за предложéние Николáя.
All of us voted for Nicholas' proposal.
우리 모두는 니꼴라이의 제안에 대해 찬성투표를 했다.

ГЛУХ-, ГЛОХ-, *DEAF* (귀머거리의)

| глух-óй | 귀머거리의 deaf |

Глухóму с немы́м нéчего говори́ть.
It's no use for the deaf to talk with the dumb.
벙어리와 귀머거리에게는 말해도 소용이 없다.

| глух-о-немóй | 농아자 deaf-mute |

На углý дом для глухонемы́х.
On the corner there is a home for deaf-mutes.
모퉁이에 농아자를 위한 집이 있다.

| глуш-и́ть | 귀를 멍멍하게 하다 to deafen |

Грозá нерéдко глýшит людéй.
Thunder frequently deafens people.
천둥은 종종 사람들의 귀를 멍멍하게 한다.

| глуш-ь | 벽지, 인적이 드문 곳 solitary, remote place |

Они́ живýт в глуши́.
They live in a remote place.
그들은 인적이 드문 곳에 산다.

| о-глуш-áть | |
| о-глуш-и́ть | 귀머거리로 만들다, 귀를 멍하게 만들다 to deafen |

Пýшечный вы́стрел оглуши́л меня́.
The gunfire deafened me.
대포 발사소리에 내 귀가 멍해졌다.

| глóх-нуть | 귀먹다 to grow deaf |

Он стал глóхнуть.
He began to get hard of hearing.
그는 귀먹기 시작했다.

| о-глóх-нуть | 귀머거리가 되다 to become deaf |

Бáбушка оглóхла.
The grandmother became deaf.
할머니는 귀머거리가 되었다.

ГЛЯД-, *GLANCE, LOOK* (보다)

| гляд-éть | 보다, 주시하다 to look, glance |

Он глядéл на меня в упóр.
He stared at me.
그는 나를 직시했다.

| вы́-гляд-еть | ~처럼 보이다 to look |

Вы хорошó вы́глядите.
You look well.
당신은 좋아 보입니다.

| за-гляд-ывать | 언뜻보다, 엿보다, 대충 살펴보다 to look in, peep in |

Не заглядывайте в книгу.
Don't look in your book.
책을 대충 살펴 보지 마십시오.

| за-гля-нýть | 잠깐 들르다 to call, drop in |

Загляни́те к нам вéчером.
Come to see (Call on) us tonight.
저녁 때 들러주세요.

| о-гля́д-ываться | |
| о-гля-ну́ться | 주위를 둘러보다, 회고하다 to look back, look round, turn round |

Она́ ча́сто огля́дывается.
She often looks back.
그녀는 종종 회상을 한다.

Не успе́ли огляну́ться, как ле́то прошло́.
We had hardly turned round when the summer was gone.
눈깜짝할 사이에 여름이 다 지나갔다.

| вз-гляд | 시선, 견해, 의견 look, view, outlook, vision |

У вас здра́вый взгляд на ве́щи.
You have a sound judgement (outlook).
당신은 사려 분별이 있다.

| о-гля́д-ка | 뒤돌아보는 것, 깊은 주의 looking back |

Он бежа́л без огля́дки.
He ran without looking back (turning his head).
그는 곁눈질하지 않고 달렸다.

ГН-, ГОН-, *CHASE, DRIVE* (뒤쫓다, 몰다)

| гн-ать | |
| гон-я́ть | 쫓다, 몰아내다, 몰다 to chase, drive, spur on, bucket |

Изво́зчик го́нит ло́шадь.
The cabman buckets his horse.
마부가 말을 마구 몬다.

Де́вушка гоня́ет кур с огоро́да.
The girl chases the chickens out of the truck garden.
처녀는 닭들을 채소밭에서 쫓아내고 있다.

Г 105

| гон-е́ние | 압박, 박해 persecution, oppression

Раско́льники подверга́лись гоне́нию.
The dissenters were subjected to persecution.
분리파 신자들은 박해를 당했다.

| го́н-ка | 경주 race, regatta

За́втра состои́тся гребна́я го́нка.
The regatta will be tomorrow.
조정 경기가 내일 열릴 것이다.

| вы́-гн-ать | 쫓아내다, 추방하다 to drive out, turn out

Хозя́ин вы́гнал рабо́тника.
The boss has turned out the clerk.
주인은 점원을 해고했다.

| до-гон-я́ть
| до-гн-а́ть | 따라잡다 to catch up, overtake

Вы иди́те, я вас догоню́.
Go, I will catch up with you.
가십시오, 내가 당신을 따라잡겠습니다.

| из-гн-а́ние | 추방, 유형 exile

За свои́ убежде́ния он жил в изгна́нии.
For his convictions he lived in exile.
그는 자신의 신념 때문에 망명생활을 했다.

| обо-гн-а́ть | 추월하다, 앞지르다 to leave behind, outdistance, pass by

Нас обогна́л автомоби́ль.
An automobile passed us by.
차 한 대가 우리를 추월했다.

| по-го́н-я | 추적, 추구 chase, pursuit

В пого́не за деньга́ми Заха́ров потеря́л здоро́вье.
In his pursuit of money Zakharov has lost his health.
돈을 추구하다가 자하로프는 건강을 잃었다.

ГНЕВ-, *ANGER* (화)

| гнев | 분노, 분개 anger |

В припа́дке гне́ва писа́тель уничто́жил ру́копись.
In a paroxysm of anger the writer has destroyed his manuscript.
분노의 발작 속에서 작가는 원고를 없애버렸다.

| гне́в-аться | 분노하다, 격분하다 to be angry, to fume |

Нача́льник напра́сно гне́вался.
The chief was angry for nothing.
상사는 공연히 화를 냈다.

| гне́в-ный | 노한, 격노한 angry |

Муж бро́сил гне́вный взгляд на жену́.
The husband looked angrily at his wife.
남편은 아내를 성난 눈길로 쳐다보았다.

ГНЕТ-, *PRESS* (누르다)

| гнес-ти́ | 압박하다, 누르다 to oppress |

Меня́ гнетёт нужда́.
Poverty oppresses me.
가난이 나를 억누른다.

| гнёт | 억압, 압박 oppression |

Наро́д изнемога́ет под гнётом ра́бства.
The people are exhausted under the oppression of slavery.
노예제로의 억압 하에서 사람들은 지쳐버렸다.

| у-гнет-а́ть | 억압하다, 압박하다 to oppress

Заво́дчик угнета́ет рабо́чих.
The factory owner oppresses his workers.
공장주는 노동자들을 억압한다.

| у-гнет-ённый | 억압, 압박을 당하고 있는, 의기 소침한 oppressed

Я заста́л дру́га в угнетённом состоя́нии.
I found my friend very depressed.
나는 친구가 의기소침해 있음을 알았다.

ГНИ-, ГНОЙ -, *ROT* (썩다)

| гни-ло́й | 부패한, 썩은 rotten, foul

Тут па́хнет гнило́й ры́бой .
There is a smell of rotten fish here.
여기에서 생선 썩은 냄새가 난다.

| гни-ть | 썩다, 부패하다 to rot, decay

Се́но гниёт от сы́рости.
The hay rots in the dampness.
건초는 습기로 썩고 있다.

| с-гни-ва́ть | 썩다, 부패하다 to rot, decay

Ко́рень де́рева сгнива́ет.
The root of the tree is decaying.
나무 뿌리가 썩고 있다.

| гной | 고름 pus, matter

Из ра́ны сочи́тся гной.
The wound is festering.
상처가 곪고 있다.

ГОВОР-, *TALK* (이야기, 담화)

| гóвор | 이야기, 말소리 talk, conversation |

На у́лице слы́шен гóвор.
Talking is heard in the street.
거리에서 말소리가 들렸다.

| говор-и́ть | 말하다, 이야기하다 to speak, talk |

Мы говори́м по-ру́сски.
We speak Russian.
우리는 러시아어로 말한다.

| говор-у́н | 수다쟁이 chatterer, chatterbox |

Э́тот студе́нт стра́шный говору́н.
This student is a veritable chatterbox.
이 대학생은 진짜 수다쟁이다.

| вы́-говор | 질책, 발음 reprimand, rebuke, pronunciation |

Оте́ц сде́лал вы́говор сы́ну.
The father reprimanded his son.
아버지는 아들을 질책했다.

| до-говóр | 계약, 조약 treaty, agreement |

Договóр подпи́сан.
The treaty is signed.
조약이 서명 되었다.

| зá-говор | 음모, 모의 plot, conspiracy |

Зáговор раскры́т.
The plot is discovered.
음모가 폭로되었다.

| за-говóр-щик | 음모자, 모반자 conspirator

Заговóрщика поймáли.
They caught the conspirator.
음모자가 붙잡혔다.

| от-говóр-ка | 변명, 핑계, 구실 excuse, pretext

Вы не отдéлаетесь отговóрками.
You cannot get away with (your) excuses.
당신은 핑계로 모면할 수 없다.

| по-говóр-ка | 관용구, 속담, 격언 saying, adage, proverb

Рýсский язы́к богáт поговóрками.
The Russian language is rich in adages.
러시아어는 격언이 많다.

| раз-говóр | 담화, 회화, 대담 talk, conversation

В гости́ной шёл оживлённый разговóр.
In the drawing-room there was animated talk.
응접실에서는 활기에 찬 대화가 나누어지고 있었다.

| у-говóр | 설득, 약속, 협정 agreement, understanding

Такóв был наш уговóр.
Such was our understanding.
우리의 설득은 그러했다.

| с-говор-и́ться | 협의하다, 협정하다, 합의하다 to agree, make arrangement

Мы наконéц сговори́лись.
Finally we made the arrangements.
마침내 우리는 합의했다.

ГОД-, *YERA, TIME, WEATHER, FIT, GOOD*
(년, 시간, 날씨, 적당한, 좋은)

| год | 년 year |

В э́том году́ ра́нняя весна́.
The spring is early this year.
올해 봄은 이르다.

| год-ово́й | 1년의, 연 1회의 yearly, annual |

Купе́ц подсчи́тывал годово́й дохо́д.
The merchant was figuring out the yearly profit.
상인은 세입을 결산했다.

| год-овщи́на | (해마다 돌아오는) 기념일, 축일 anniversary |

В годовщи́ну сме́рти Пу́шкина устро́или конце́рт.
On the anniversary of Pushkin's death they had a concert.
뿌쉬낀 서거 기념일에 음악회가 개최되었다.

| по-го́д-а | 일기, 날씨 weather |

Сего́дня прекра́сная пого́да.
The weather is beautiful today.
오늘 날씨는 화창하다.

| год-и́ться | 적당하다, 쓸모있다 to suit, fit, do |

Э́то никуда́ не годи́тся.
This isn't any good at all.
이것은 아무짝에도 쓸모가 없다.

| го́д-ный | 적당한, 쓸모 있는, 유효한 fit, suitable |

Э́та минера́льная вода́ годна́ для питья́.
This mineral water is fit (good) for drinking.
이 탄산수는 마실 수 있다.

Г 111

| вы́-год-а | 이익, 벌이 profit, gain, advantage, benefit

Наше изобретéние принóсит нам вы́году.
Our invention brings us profit.
우리의 발명은 이익을 가져다 준다.

| у-гожд-а́ть
| у-год-и́ть | 기쁘게 하다, 만족을 주다 to please, gratify

На весь свет не угоди́шь.
You cannot please the entire world.
온 세상을 만족시킬 수는 없다.

На всех и сóлнце не угождáет.
Even the sun cannot please everybody.
태양조차도 모든 사람을 만족시킬 수는 없다.

ГОЛ-, *NAKED* (나체의)

| гó-л-ый | 발가벗은, 나체의 naked, bare

Мы спáли на гóлой землé.
We slept on the bare ground.
우리는 맨 땅에서 잤다.

| гол-ь | 빈민, 거지 bareness, poverty, poor people

Голь на вы́думки хитрá.
Necessity is the mother of invention.
궁하면 통한다.(필요는 발명의 어머니)

| гол-о-лéдица | 살얼음, 서리 sleet, rime

На дворé стоя́ла гололéдица.
Outside the ground was covered with ice.
마당에는 살얼음이 끼었다.

ГОР-, ГРЕ-, *HILL, MOUNT, HEAT, BURN, BITTER, WOE*
(언덕, 산, 열, 타다, 쓴, 슬픔)

гор-а́
산, 고지 mountain

Вдали́ видне́ется крута́я гора́.
A steep mountain is seen in the distance.
멀리 가파른 산이 보인다.

гор-носта́й
담비, 담비가죽 ermine

Горноста́й - це́нное живо́тное.
The ermine is a valuable animal.
담비는 값비싼 동물이다.

го́р-ный
산의, 산지의 mountainous, mountain

Го́рные ручьи́ быстры́.
The mountain streams are rapid.
계곡의 물줄기는 빠르게 흐른다.

го́р-ничная
하녀, 여종 maid

Го́рничная метёт пол.
The maid is sweeping the floor.
하녀는 마루를 청소하고 있다.

при-го́р-ок
작은 산, 언덕 hillock

На приго́рке берёзовая ро́ща.
On the hillock there is a grove of birches.
작은 언덕 위에는 자작나무 숲이 있다.

гор-е́ть
타다, 빛나다 to burn

Ого́нь в ками́не гори́т я́рко.
The fire in the fireplace burns brightly.
벽난로에 불꽃이 활활 타올랐다.

| гор-я́чий | 뜨거운, 따뜻한, 열렬한 hot |

Да́йте мне стака́н горя́чего ча́ю.
Let me have a glass of hot tea.
따뜻한 차 한 잔 주십시오.

| гор-я́чка | 열병 high fever |

Наш знако́мый заболе́л горя́чкой.
Our friend (acquaintance) has been stricken with a high fever.
우리 친구가 열병에 걸렸다.

| до-гор-а́ть | 다 타버리다, 다 타다 to burn low, burn out |

Костёр догора́ет.
The bonfire is burning low.
모닥불이 꺼져간다.

| раз-га́р | 한창, 절정, 최고조 heat, climax, full swing |

Бал был в по́лном разга́ре.
The ball was in full swing.
무도회가 아주 한창이었다.

| раз-гор-е́ться | 타오르다, 더워지다 to blaze, get hot |

Щёки разгоре́лись от волне́ния.
(His) cheeks blazed with excitement.
두 뺨이 흥분으로 달아올랐다.

| у-га́р | 가스, 탄산가스 중독 smoke, fume |

От уга́ра разболе́лась голова́.
The fumes gave me a headache.
가스로 인해 머리가 몹시 아파졌다.

| у-гор-е́лый | 탄산가스에 중독 된, 정신이 나간 frenzied, like a madman |

Он вы́скочил из до́му, как угоре́лый.
He rushed out of the house like a madman.
그는 정신나간 사람처럼 집을 뛰쳐나갔다.

| гре-ть | 따뜻하게 하다, 데우다 to warm, heat |

Ма́льчик гре́ет ру́ки у пе́чки.
The boy warms his hands at the stove.
소년은 난로 가에서 손을 녹였다.

| под-о-гре́-ть | 데우다, 다시 데우다 to warm up |

Пора́ подогре́ть у́жин.
It's time to warm up the supper.
저녁식사를 데워야 할 시간이다.

| со-гре́-ться | 따뜻해지다 to get warm |

Я ника́к не могу́ согре́ться.
I simply cannot get warm.
나는 결코 흥분하지 않는다.

| го́р-е | 슬픔, 비애, 고통, 유감 grief, sorrow, misfortune |

Слеза́ми го́рю не помо́жешь.
Tears won't help one in sorrow.(There is no use crying over spilt milk.)
눈물로 슬픔은 가시지 않는다.

| гор-ева́ть | 슬퍼하다, 상심하다 to grieve, mourn |

Она́ горю́ет по поко́йной ма́тери.
She mourns for her dead mother.
그녀는 어머니의 죽음을 애도했다.

| гор-емы́чный | 불운한, 불쌍한 wretched, miserable |

Житьё на́ше горемы́чное.
Our wretched existence (life).
불행한 우리의 삶.

| го́р-ечь | 쓴 맛, 쓰라림, 비애 bitter taste, bitterness |

У меня́ го́речь во рту́.
I have a bitter taste in my mouth.
나는 입 안이 쓰다.

Г 115

| гóр-ь-кий | 쓴, 슬픈 bitter |

Хрен гóрек на вкус.
The horse-radish tastes bitter.
고추냉이는 쓴맛이 난다.

| гор-чи́ца | 겨자 mustard |

Я не ем горчи́цы.
I don't eat mustard.
나는 겨자를 안 먹는다.

| о-гор-чáть | 슬프게 하다, 괴롭히다 to distress, vex |

Не огорчáй старикóв.
Don't vex the old people.
나이든 사람을 괴롭히지 마라.

| о-гор-чéние | 애상, 비탄, 고뇌 regret, concern, distress, sorrow |

С глубóким огорчéнием мы узнáли о вáшей потéре.
With deep regret we have learned of your bereavement.
깊은 애도로 당신의 사별에 대해 알게 되었다.

ГОРЛ-, *THROAT* (목, 인후)

| гóрл-о | 목, 인후 throat |

У неё боли́т гóрло.
She has a sore throat.
그녀는 목이 아프다.

| горл-áнить | 크게 소리지르다, 아우성치다 to brawl, roar, vociferate |

Толпá пья́ных горлáнит.
The drunken crowd is roaring.
취객들은 크게 소리를 질렀다.

| горл-овóй | 인후의, 후두의 throat

У негó горловáя болéзнь.
He has a throat ailment.
그는 목에 병이 났다.

| о-жерéл-ье | 목걸이 necklace

На ней дорогóе ожерéлье.
She wears an expensive necklace.
그녀는 값비싼 목걸이를 차고 있다.

ГОТОВ-, *READY* (준비가 된)

| готóв-ить | 준비하다, 마련하다 to prepare, make ready

Этот институ́т готóвит врачéй.
This institute prepares physicians.
이 대학은 의사를 양성한다.

| готóв-ый | 준비가 되어있는, 완전히 다 된 ready

Я готóв, пойдёмте.
I am ready, let`s go.
준비 다 됐습니다, 갑시다.

| за-готов-и́тельный | 준비의, 조달의 supplying, purveying

Заготови́тельный комитéт заседáет.
The purveying committee is holding a conference.
공급위원회는 회의 중이다.

| на-готóв-е | 준비가 되어, 대기하여 prepared, in readiness

Бу́дьте наготóве.
Be prepared.(Be on the lookout.)
준비하고 있어라.(경계하고 있어라.)

| под-готóв-ка | 사전준비, 준비 preparation

Студéнты зáняты подготóвкой к экзáменам.
The students are preparing (studying) for (their) examinations.
학생들은 시험 준비를 하고 있다.

| при-готов-ля́ть
| при-готóв-ить | 준비하다, 마련하다, 채비하다, 양성하다 to prepare

Репети́тор хорошó приготóвил студéнта к экзáмену.
The tutor prepared the student well for the exam.
가정교사는 대학생에게 시험준비를 잘 시켰다.

ГРАД-, ГОРОД-, *TOWN, ENCLOSURE* (도시, 담)

| гóрод | 도시, 군 city, town

Москвá – столи́чный гóрод.
Moscow is the capital city.
모스크바는 수도입니다.

| город-овóй | 경찰, 시의 policeman

Городовóй стóит на углý ýлицы.
A policeman stands on the street corner.
경찰이 길모퉁이에 서 있다.

| город-скóй | 도시의, 마을의 municipal, public

В городскóм садý игрáла мýзыка.
A band played in the municipal garden.
도시공원에서 음악 연주가 있었다.

| горож-áнин | 도시인, 도시 주민 city, dweller

Горожáне мáло знакóмы с сéльским бы́том.
City dwellers are little familiar with village customs (life).
도시 주민들은 농촌생활을 거의 알지 못한다.

| о-горо́д | 야채 밭, 채소밭 vegetable garden, truck garden

Вокру́г огоро́да была́ и́згородь.
There was a fence around the vegetable garden.
야채 밭 주위로 울타리가 쳐있었다.

| пере-горо́д-ка | 칸막이, 장벽 partition

За перегоро́дкой стоя́ла крова́ть.
Behind the partition there was a bed.
칸막이 뒤에 침대가 있었다.

| гражд-ани́н | 시민, 공민 citizen

Граждани́н Ло́мов произно́сит речь.
Citizen Lomov is making a speech.
시민 로모브가 연설을 하고 있다.

| гражд-а́нство | 시민권, 공민권 citizenship

Он получи́л пра́во гражда́нства.
He was admitted to citizenship.
그는 시민권을 받았다.

| о-гра́д-а | 담, 울타리, 담장 fence, wall

У кла́дбища нет никако́й огра́ды.
The cemetery is not fenced.
공동묘지는 담장이 쳐있지 않다.

| пре-гра́д-а | 장애물, 고장, 방해 barrier, hindrance, obstacle

Воображе́ние прегра́д не зна́ет.
Imaginations knows no obstacles.
상상에는 장애물이 없다.

ГРЕБ-, ГРАБ-, ГРОБ-, *DIG, GRAB* (파다, 빼앗다)

греб-ень | 빗 comb

Ей нужен гребень.
She needs a comb.
그녀는 빗이 필요하다.

грес-ти | (배를) 젓다 to row

Гребите к берегу.
Row towards the shore.
물가로 배를 저어 가십시오.

вы-греб-ать | 긁어내다 to rake out

Я выгребаю золу из печи.
I am raking the ashes out of the stove.
난로에서 재를 긁어내는 중이다.

по-греб-ать | 묻다, 매장하다 to bury

Крестьяне погребают деньги.
The peasants bury their money.
농부들은 자신의 돈을 묻어 두곤 한다.

граб-ёж | 강도, 강탈 robbery, holdup

Грабёж среди бела дня.
A holdup in broad daylight.
백주대낮의 강도질.

граб-ить
о-граб-ить | 강도질하다, 강탈하다 to rob

Их вчера ограбили.
They were robbed yesterday.
그들은 어제 강탈당했다.

| **гра́б-ли** | 갈퀴, 써레 rake

Садо́вник принёс гра́бли.
The gardener brought the rake.
정원사는 갈퀴를 가져 왔다.

| **гроб** | 관, 묘 coffin

В це́ркви стои́т чёрный гроб.
There is a black coffin in the church.
교회에 검은 관이 있다.

| **гроб-овщи́к** | 관 만드는 사람, 장의사 coffin maker

Чита́ли ли вы расска́з о гробовщике́?
Have you read the story about the coffin maker?
장의사에 관한 이야기를 들어본 적이 있습니까?

| **гроб-ни́ца** | 묘, 무덤, 고분 tomb

Ви́дели ли вы гробни́цу Вашингто́на?
Did you see Washington's tomb?
워싱턴의 묘를 본적이 있습니까?

| **за-гро́б-ный** | 내세의, (목소리) 음침한 sepulchral, beyond the grave

Он произнёс э́то загро́бным го́лосом.
He said this in a sepulchral voice.
그는 이것을 음침한 목소리로 말했다.

ГРЕМ-, ГРОМ-, *THUNDER, ROAR* (뇌성, 으르렁거림)

| **грем-е́ть** | 울려 퍼지다, 울리다 to roar, rumble

За холмо́м гремя́т пу́шки.
The guns rumble beyond the hill.
대포가 언덕 너머에서 울렸다.

| грем-у́чий | 울려퍼지는, 으르렁거리는 rattle, ring |

Мы ви́дели грему́чую змею́.
We saw a rattlesnake.
우리는 방울뱀을 보았다.

| по-грем-у́шка | 소리내는 완구, 딸랑이 rattle |

Ребёнок забавля́ется погрему́шкой.
The child plays with a rattle.
어린애는 딸랑이를 가지고 논다.

| гром | 우뢰 소리, 뇌성, 굉음 thunder |

Гром гря́нул, и пошёл дождь.
A thunder-clap was heard, and it began to rain.
우뢰 소리가 울렸고, 비가오기 시작했다.

| гром-и́ть | 파괴하다, 분쇄하다 to ruin, destroy |

Войска́ громи́ли неприя́теля.
The troops were destroying the enemy.
군대는 적을 물리쳤다.

| гро́м-кий | 큰소리의, 우렁찬 loud |

Она́ заговори́ла гро́мким го́лосом.
She spoke loudly.(She spoke in a loud voice.)
그녀는 큰소리로 말했다.

| гром-о-отво́д | 피뢰침 lightning-rod |

На кры́ше громоотво́д.
There is a lightning-rod on the roof.
지붕에는 피뢰침이 있다.

| по-гро́м | 조직적 학살, 파괴, 유린 pogrom, massacre, devastation |

Во вре́мя погро́ма уби́ли его́ дя́дю.
His uncle was killed during the pogrom.
그의 아저씨는 학살 기간에 실해당했다.

| раз-гро́м | 파괴, 분쇄, 궤멸 destruction, havoc

В канцеля́рии полне́йший разгро́м.
There is complete havoc in the office.
사무실은 너무 혼란스럽다.

ГРЕХ-, *SIN* (죄)

| грех | 죄, 잘못 sin, transgression, fault

Не вспомина́й грехо́в ю́ности мое́й.
Don't dwell (remind me of) upon the sins of my youth.
나의 젊은 시절 죄를 상기시키지 마라.

| греш-и́ть | 죄를 범하다, 과실을 범하다 to sin, do wrong

Уме́й греши́ть, уме́й и ка́яться.
If you know how to sin, you must know how to repent.
죄를 뉘우치는 데 인색하지 마라.

| гре́ш-ный | 죄가 있는 sinful

Гре́шный челове́к, пью.
I drink, sinful man that I am.
나는 죄인이어서, (한 잔) 마신다.

| по-гре́ш-ность | 착오, 오류, 과실, 오차 error, mistake

В стати́стике погре́шность неизбе́жна.
In statistics errors are unavoidable.
통계학에서 오차는 불가피하다.

ГРОЗ-, *AWE, THREAT, ROAR* (두려움, 위협, 포효)

| гроз-а́ | 뇌우 thunderstorm |

Гро́зы у нас быва́ют ча́сто.
We have frequent thunderstorms.
우리는 뇌우를 자주 경험한다.

| гроз-и́ть | 위협하다, 위협하는 손짓을 하다 to hreaten, randish |

Мать грози́ла сы́ну па́льцем.
The mother shook her finger at her son.
어머니는 손가락으로 아들을 위협했다.

| гро́з-ный | 준엄한, 무서운, 위협적인 threatening, menacing, terrible |

Он гро́зно посмотре́л на меня́.
He looked menacingly at me.
그는 나를 무섭게 쳐다봤다.

| у-гро́з-а | 위협, 협박 threat, menace |

Ва́ши угро́зы меня́ не страша́т.
Your threats do not frighten me.
당신의 협박이 나를 위협하지는 못한다.

| у-грож-а́ть | 협박하다, 위협하다 to threaten, menace |

Он угрожа́л (тем), что не придёт.
He threatened not to come.
그는 오지 않겠다고 위협했다.

ГРУБ-, *COARSE* (조잡한, 거친)

| груб-ия́н | 무례한 자, 난폭자 rude fellow, ruffian |

Како́й-то грубия́н толкну́л её.
A ruffian pushed her.
어떤 무례한 사람이 그녀를 밀었다.

| гру́б-ость | 거침, 조잡 rudeness, coarseness |

Его́ не те́рпят за гру́бость.
He is not tolerated for his rudeness.
무례함 때문에 사람들은 그를 관대하게 다루지 않는다.

| гру́б-ый | 거친, 조잡한, 무례한, 난폭한 rude, coarse |

У дикаре́й гру́бые нра́вы.
The savages have rude customs.
야만인들은 미개한 풍습을 갖고 있다.

| о-груб-е́ть | 굳어지다, 거칠어지다 to become coarse, callous |

Он огрубе́л, живя́ на да́льнем се́вере.
Living in the far north, he became coarse.
먼 북극지방에 살면서 그는 거칠어져 갔다.

ГРУЗ-, *WEIGHT* (무게, 짐)

| груз | 화물, 짐 freight, cargo, load |

Мы получи́ли большо́й груз.
We received a large cargo.
우리는 많은 화물을 받았다.

| груз-о-ви́к | 화물자동차, 트럭 truck |

Грузовики́ отпра́влены в Росси́ю.
The trucks were sent to Russia.
트럭들은 러시아로 보내졌다.

| на-груж-а́ть | 짐을 싣다, 적재하다 to load |

Уже́ нагружа́ют парохо́д.
They are already loading the steamer.
증기선은 이미 짐을 실었다.

ГУЛ-, *STROLL* (산책)

| гул-я́ние | 산책, 거니는 것 promenade, walk |

Сёстры пошли́ на гуля́ние.
The sisters went for a walk on the promenade.
자매는 산책 나갔다.

| гул-я́ть | 산책하다, 산보하다 to walk |

Ня́ня гуля́ет с детьми́.
The nurse walks with the children.
유모는 아이들과 산책하고 있다.

| про-гу́л-иваться | 거닐다, 산책하다 to saunter, walk |

Они́ прогу́ливаются по на́бережной.
They are sauntering along the quay.
그들은 부두를 따라 거닐었다.

| про-гу́л-ка | 산보, 산책 hike, picnic |

Дава́йте устро́им прогу́лку.
Let`s have a picnic.
산보 갑시다.

| раз-гу́л | 폭음, 방탕, 탈선 revelry, riot |

В каза́рме пья́ный разгу́л.
There was a drunken riot in the barracks.
병영에서는 술로 인한 난동이 있었다.

ГУСТ-, *THICK* (빽빽한, 짙은)

| густ-е́ть | 짙어지다, 진해지다 to thicken |

Варе́нье густе́ет.
The jam is getting thick (syrupy).
쨈은 점점 걸쭉해졌다.

| густ-о́й | 짙은, 무성한, 진한 thick, dense |

Мы забра́лись в густо́й лес.
We came into a dense forest.
우리는 울창한 숲 속으로 잠입했다.

| густ-ота́ | 밀집, 농후, 조밀 density, thickness |

По густоте́ населе́ния э́тот го́род на пе́рвом ме́сте.
In density of population this city ranks first.
인구밀도 상 이 도시가 1위이다.

| гу́щ-а | 찌꺼기, 잔재, 밀림 dregs, grounds |

Она́ вы́бросила кофе́йную гу́щу.
She threw out the coffee grounds.
그녀는 커피찌꺼기를 버렸다.

ДА-, *GIVE* (주다)

да-нь
공물, 연공, 조공 tribute, contribution

Рýсские дóлго платúли дань татáрам.
For a long time the Russians paid tribute to the Tartars.
오랫동안 러시아인은 따따르인에게 조공을 바쳤다.

дá-тельный
여격의 dative

Окончáние дáтельного падежá легкó запóмнить.
It is easy to remember the ending of the dative case.
여격 어미는 기억하기 쉽다.

да-ть
주다, 증여하다 to give

Мне нéчего вам дать.
I have nothing to give you.
나는 너에게 아무 것도 줄 것이 없다.

воз-да-вáть
주다, 갚다, 되돌려주다, 보답하다 to reward, render, return

Есть лю́ди, котóрые воздаю́т добрóм за зло.
There are people who render good for evil.
악을 선으로 갚는 사람들이 있다.

вы́-да-ча
교부, 발행, 지급 distribution, giving out

На пóчте вы́дача пи́сем до пяти́ часóв.
At the postoffice the letters are given out until five o'clock.
우체국에서 편지 교부는 5시까지이다.

| за-да́-ча | 문제, 과제, 임무 problem, question |

Тру́дно реши́ть э́ту зада́чу.
It is difficult to solve this problem.
이 문제를 해결하는 것은 어렵다.

| от-да-ва́ть | |
| от-да́-ть | 돌려주다, 갚다, 되돌리다 to give, render, return |

Солда́т отдаёт честь полко́внику.
The soldier (returns a salute) salutes the colonel.
군인은 대령에게 경례를 한다.

На́до отда́ть ему́ до́лжное.
One must render him his due.
그를 정당히 평가해야만 한다.

| по-да-ва́ть | 내놓다, 제출하다 to present, serve |

Официа́нт подаёт ку́шанье.
The waiter serves the food.
식당 종업원은 음식을 내 놓는다.

| по-да́-тель | 제출자, 지참자, 전달자 bearer |

Пода́тель э́того письма́ – мой хоро́ший знако́мый.
The bearer of this letter is a good friend of mine.
이 편지를 전달한 사람은 나의 친한 친구이다.

| по-да-я́ние | 동냥, 희사 charity, alms |

Ни́щий проси́л подая́ние.
The beggar asked for alms.
거지는 동냥했다.

| по́д-да-нный | 국민, 공민 subject, citizen |

Я - америка́нский по́дданный.
I am an American citizen.
나는 미국 국민이다.

Д 129

| пре́-да-нность | 충성, 성실성 loyalty, devotion |

Он изве́стен свое́й пре́данностью де́лу.
He is known for his devotion to the cause.
그는 일에 대한 성실성으로 알려졌다.

| при-да́-ное | 지참금, 지참품 dowry |

Неве́ста получи́ла бога́тое прида́ное.
The bride got a rich dowry.
신부는 많은 지참금을 받았다.

| про-да-ва́ть |
| про-да́-ть | 팔다, 판매하다 to sell |

На́ша ба́бушка продала́ име́ние.
Our grandmother sold her estate.
우리 할머니는 소유지를 팔아 버렸다.

| рас-про-да́-жа | 재고 판매, 할인 판매 sale |

В магази́не за́втра больша́я распрода́жа.
Tomorrow there will be a big sale in the store.
내일 상점에서 대규모 할인 판매가 있을 것이다.

| с-да́-ча | 인도, 교부, 거스름돈 change |

Я уже́ получи́ла сда́чу.
I have already received the change.
나는 이미 거스름돈을 받았다.

| у-да́-ча | 성공 success, good luck |

Жела́ю вам уда́чи.
I wish you success.(I wish you good luck.)
당신의 성공을 빕니다.

| да-р | 선물, 재능 gift, present |

Тала́нт - дар с не́ба.
Talent is a gift from heaven.
재능은 하늘이 준 선물이다.

| да-рова́ние | 증여, 하사, 재능 gift, talent, endowment

У него́ музыка́льное дарова́ние.
He has a talent for music.
그는 음악적 재능을 갖고 있다.

| да́-ром | 무료로, 염가로 nothing, gratis

Мне э́то и да́ром не на́до.
I don't want this even for nothing.
이것은 내게 공짜로 준다 해도 필요 없다.

| благо-да-ри́ть | 감사하다 to thank

Благодарю́ вас за любе́зность.
I thank you for your kindness.
당신의 호의에 감사드립니다.

| по-да-ри́ть | 주다, 수여하다 to give, make a present

Подари́те мне э́ту кни́гу.
Give me this book as a present.
나에게 이 책을 주십시오.

| по-да́р-ок | 선물 present

Я пода́рков не даю́.
I do not give presents.
나는 선물을 주지 않는다.

ДАВ-, *FORMER, OLD, PRESS, CRUSH*
(이전의, 오래된, 누르다)

| да́в-ний | 옛날의, 오래 전의 long, old

Мы знако́мы с да́вних пор.
We have known each other for a long time.
우리는 오래 전부터 알고 지냈다.

Д   131

| дав-но́ | 옛날에, 오래 전부터, 오랫동안 long

Давно́ ли вы здесь?
How long have you been here?
당신은 여기에 오랫동안 계셨습니까?

| да́в-ность | 오래된 것, 시효 remoteness, antiquity, long lapse of time

По да́вности я не по́мню э́того происше́ствия.
Because of a lapse of time I do not remember this accident.
오래되어서 나는 이 사건을 기억하지 못한다.

| и́з-дав-на | 옛날부터 long ago, long since

Э́тот поря́док заведён и́здавна.
This order was established long ago.
이 규율은 오래 전에 제정된 것이다.

| не-да́в-но | 최근, 요사이 recently

Неда́вно здесь был пожа́р.
There was a fire here recently.
최근에 이곳에 화재가 있었다.

| дав-и́ть | 누르다, 압축하다 to press, oppress, hurt

У меня́ да́вит грудь.
My chest hurts.
나는 가슴이 답답하다.

| да́в-ка | 혼잡, 붐빔 crowd, press, jam

В да́вке я потеря́л кошелёк.
I have lost my purse in the crowd.
나는 혼잡 속에서 지갑을 잃어버렸다.

| дав-ле́ние | 중압, 압박, 압력 pressure

Баро́метр осно́ван на возду́шном давле́нии.
The barometer is based on the atmospheric pressure.
기압계는 기압에 근거를 두고 있다.

| за-дав-и́ть | 압살하다, 치어 죽이다 to run over, crush |

Кого́-то задави́ли автомоби́лем.
Somebody was crushed by an automobile.
누군가 차에 치어 죽었다.

ДВ-, *TWO* (둘)

| дв-а | 둘, 두 개 two |

Одолжи́те мне два рубля́.
Lend me two roubles.
나에게 2루블만 빌려 주십시오.

| дв-а́жды | 2번, 2회, 2배 twice |

Два́жды два – четы́ре.
Twice two is four.
2 더하기 2는 4이다.

| дв-ена́дцать | 열 둘 twelve |

В году́ двена́дцать ме́сяцев.
There are twelve months in a year.
일 년은 12달로 되어있다.

| дв-о́е | 두 사람, 두 개 two |

Нас бы́ло дво́е.
There were two of us.
우리는 모두 두 사람이었다.

| дв-о́йка | 2, 2번, 2점 two, two marks, pair |

Учени́к получи́л дво́йку.
The pupil got the grade of two.
학생은 2점을 받았다.

Д 133

| дв-ой ни́к | 분신 double |

Он мой двойни́к.
He is my double.
그는 나의 분신이다.

| дв-ою́родный | 사촌의 cousin |

Мой двою́родный брат в Пари́же.
My cousin is in Paris.
내 사촌형은 빠리에 있다.

| дв-ух-эта́жный | 2층으로 지은, 2층의 two-storeyed |

Мы живём в двухэта́жном до́ме.
We live in a two-storeyed house.
우리는 2층 집에 살고 있다.

ДВЕР-, ДВОР-, *DOOR, COURT, YARD* (마당, 구내)

| двер-ь | 문 door |

Закро́йте дверь.
Shut the door.
문을 닫아주세요.

| пред-две́р-ие | 앞마당, 시작, 발단 beginning, entrance |

Матема́тика - преддве́рие астроно́мии.
Mathematics leads to (precedes) astronomy.
수학은 천문학의 시작이다.

| двор | 마당, 뜰 courtyard, yard |

Они́ игра́ли на дворе́.
They were playing in the yard.
우리는 마당에서 놀았다.

| двор-е́ц | 궁전, 궁궐 palace |

Царь постро́ил дворе́ц.
The tsar has built a palace.
짜리는 궁전을 세웠다.

| двор-е́цкий | 청지기, 집사 butler |

Дворе́цкий ждал нас у вхо́да.
The butler was awaiting us at the entrance.
집사는 입구에서 우리를 기다렸다.

| дво́р-ник | 문지기, 수위, 청소부 janitor |

Дво́рник подмета́л ле́стницу.
The janitor was sweeping the stairway.
수위는 계단을 청소했다.

| двор-яни́н | 귀족, 양반 nobleman, gentleman |

Дворя́не игра́ли ви́дную роль в ста́рой Росси́и.
The nobility played an important role in old Russia.
고대 러시아에서 귀족은 중요한 역할을 했다.

| при-дво́р-ный | 궁중의, 궁정의 court |

Он – придво́рный врач.
He is a court physician.
그는 궁중 의사이다.

во-двор-я́ть
| во-двор-и́ть | 정주시키다, 가져오다 to install, settle, bring about, establish |

Годуно́в хоте́л водвори́ть поря́док в стране́.
Godunov wanted to establish order in the country.
고두노프는 나라에 질서를 세우려고 했다.

Д 135

ДВИГ-, *MOVE* (움직이다)

ДВИ́Г-АТЬ
움직이다, 흔들어 움직이다 to move

Не дви́гайте рука́ми.
Don't move (your) hands.
손을 움직이지 마십시오.

ДВИЖ-Е́НИЕ
운동, 움직임, 교통 movement, traffic, motion

О́коло вокза́ла большо́е движе́ние.
There is much traffic near the station.
역 근처에는 교통량이 많다.

ДВИ́Ж-ИМЫЙ
움직일 수 있는, 가동의 movable

Нало́г на дви́жимое иму́щество упла́чен.
The tax on the movable property has been paid.
동산에 대한 세금이 지불되었다.

ДВИ́-НУТЬ
움직이다, 앞으로 밀다 to move, push

Он дви́нул стул.
He moved (pushed) the chair.
그는 의자를 밀었다.

ЗА-ДВИ́Ж-КА
빗장, 폐쇄장치 latch, bolt, bar

Дверь за́перта на задви́жку.
The door is latched.
문은 빗장이 걸려 있다.

ПО́-ДВИГ
공적, 공훈, 위업 exploit, feat, deed

Вы соверши́ли геро́йский по́двиг.
You have done a heroic deed.
당신은 영웅적인 공적을 수행했다.

| на-двиг-а́ться | 다가가다, 닥쳐오다 to draw near, approach

Надвига́ется гроза́.
The thunderstorm is approaching.
뇌우가 다가오고 있다.

ДЕ-, *DO, WORK, MAKE* (하다, 일하다, 만들다)

| де́-ло | 일, 용무, 사건, 문제 business, affair, matter, concern

Како́е вам до э́того де́ло?
What does it matter to you?
그것이 당신과 무슨 관계가 있습니까?

| де́-лать | 하다, 행하다 to do, make

Что он здесь де́лает?
What is he doing here?
그는 여기서 무엇을 하고 있습니까?

| де-лово́й | 사무적인, 업무의 business

У них делово́й разгово́р.
They are having a business talk.
그들은 업무 상담 중이다.

| де́-льный | 유능한, 민완의, 진지한 capable, clever

Он о́чень де́льный рабо́тник.
He is a capable worker.
그는 매우 유능한 노동자이다.

| пере-де́-лка | 개조, 개작, 변경 repair, alteration

Необходи́мо отда́ть пла́тье в переде́лку.
It is necessary to alter the dress.
옷을 고치러 보내야만 한다.

Д 137

| де́-йствовать | 행동하다, 작동하다, 효력이 있다 to act, work, function

Так де́йствовать нельзя́.
It is impossible to act this way.
그렇게 행동하는 것은 불가능하다.

| де́-ятель | 사업가, 활동가, 일꾼 worker, public man, statesman

Его́ зять — изве́стный полити́ческий де́ятель.
His son-in-law is a prominent politician.
그의 사위는 유명한 정치가이다.

| со-де́-йствие | 협력, 조력, 조성 assistance, help, cooperation

Окажи́те ему́ соде́йствие.
Give him (your) assistance.
그를 도와주십시오.

ДЕН-, *DAY* (하루, 날)

| ден-ь | 날, 낮, 하루 day

Мы рабо́таем ка́ждый день.
We work everyday.
우리는 매일 일한다.

| дн-ева́ть | 하루를 보내다 to spend all one's time

Он дню́ет иночу́ет там.
He spends all his time there.
그는 거기서 온종일을 보낸다.

| днев-ни́к | 일기, 일지 diary

Она́ ведёт дневни́к.
She keeps a diary.
그녀는 일기를 쓴다.

138 러시아어 어휘집

| еже-дн-е́вный |매일의, 일상의 daily

Мы получа́ем ежедне́вную газе́ту.
We get a daily newspaper.
우리는 일간신문을 받아본다.

| по-дён-ный | 일급의, 매일매일 day, by the day, time-work

Она́ хо́дит на подённую рабо́ту.
She works by the day.
그녀는 일급(日給) 노동을 다닌다.

| по-полу́-дн-и | 오후 afternoon

Я приду́ к вам в три часа́ пополу́дни.
I shall come to you at three o'clock in the afternoon.
나는 오후 3시에 당신에게 갈 것입니다.

ДЕРЕВ-, ДРЕВ-, ДРОВ-, *WOOD, TREE* (나무, 목재)

| де́рев-о | 나무, 수목, 목재 tree

Како́е высо́кое де́рево!
What a tall tree!
얼마나 키 큰 나무인가!

| дерев-е́нский | 시골의, 농촌의 village, country

Э́то дереве́нские ребя́та.
These are the village children.
이들은 시골 아이들이다.

| дере́в-ня | 마을, 농촌, 시골 village

Они́ живу́т в дере́вне.
They live in the village.
그들은 시골에서 산다.

Д 139

| дерев-я́нный | 나무의, 목재의 wooden |

Мы стро́им деревя́нный сара́й.
We are building a wooden barn.
우리는 나무로 된 헛간을 짓는다.

| дре́в-о | 나무 tree |

Дре́во позна́ния добра́ и зла.
The tree of knowledge.
선악을 분별하는 나무(善惡果)

| древ-е́сный | 나무의, 목질의 wood |

Из древе́сной коры́ де́лают бума́гу.
They make paper from the (wood) bark.
종이는 나무 껍질로 만들어진다.

| дров-а́ | 장작 logs, firewood |

Дрова́ горя́т я́рко.
The logs burn brightly.
장작이 활활 탄다.

| дро́в-ни | 썰매 sled |

Крестья́нин е́дет на дро́внях.
The peasant is riding in a sled.
농민은 썰매를 타고 간다.

| дре́в-ний | 고대의, 오래된 ancient |

Они́ изуча́ют дре́внюю исто́рию.
They are studying ancient history.
그들은 고대사를 연구하고 있다.

| дре́в-ность | 고대, 태고, 유적, 유물 antiquity |

В дре́вности не зна́ли желе́за.
In (remote) antiquity they did not know iron.
고대에는 철을 알지 못했다.

| из-древ-ле | 옛적부터, 오래 전부터 in olden days, since time immemorial

Славя́не и́здревле отлича́лись гостеприи́мством.
Since time immemorial the Slavs have been noted for their hospitality.
옛날부터 슬라브인들은 손님환대로 유명하다

ДЕРЖ-, *HOLD, RULE* (쥐다, 지배)

| держ-а́ва | 국가, 강국, 주권 power, state

А́нглия – вели́кая держа́ва.
England is a great power.
영국은 강국이다.

| держ-а́ть | (손으로) 쥐고 있다, 붙잡고 있다 to hold

Мать де́ржит ребёнка на рука́х.
The mother holds the child in her arms.
어머니는 두 팔로 아이를 안고 있다.

| вы́-держ-ать | 지탱하다, 견디다, 합격하다 to stand, pass

Моя́ сестра́ вы́держала экза́мен.
My sister passed the examination.
나의 누이는 시험에 합격했다.

| за-держ-а́ть | 만류하다, 체포하다, 중지하다 to detain, stop

Поли́ция задержа́ла подозри́тельного челове́ка.
The policemen have detained a suspicious person.
경찰은 수상한 사람을 체포했다.

| под-де́рж-ка | 지탱, 지원, 협력 support, encouragement

Он рассчи́тывает на ва́шу подде́ржку.
He counts on your support.
그는 당신의 지원을 기대한다.

| само-держ-а́вие | 전제, 독재정치 autocracy, absolutism

Революционе́ры вели́ борьбу́ про́тив самодержа́вия.
The revolutionaries struggled against autocracy.
혁명가들은 독재정치에 반대하는 투쟁을 벌였다.

| со-держ-а́ть | 함유, 부양, 유지하다, 경영하다 to support, keep, maintain

Она́ соде́ржит свои́х роди́телей.
She supports her parents.
그녀는 자신의 부모님을 부양한다.

ДИВ-, *WONDER* (놀라움)

| ди́в-о | 기이한 일, 기적 marvel, wonder

Что за ди́во?
What wonder?
실로 놀라운 일이다.

| ди́в-ный | 놀라운, 경이로운 wonderful, delightful

Пе́ред ни́ми откры́лся ди́вный вид.
A wonderful view spread before them.
그들 앞에 놀라운 광경이 펼쳐졌다.

| у-див-ля́ться
| у-див-и́ться | 놀라다, 경탄하다 to wonder, be amazed

Мы все удиви́лись его́ све́жему ви́ду.
We were all surprised at his fresh appearance.
우리 모두는 그의 생기 있는 모습에 놀랐다.

| у-див-ле́ние | 놀람, 경탄 amazement, astonishment, surprise |

Он посмотре́л на неё с удивле́нием.
He looked at her in amazement.
그는 놀라움으로 그녀를 보았다.

ДИК-, *WILD* (야생의, 야만의)

| дик-а́рь | 야만인, 미개인 savage |

Дикари́ встреча́ются и тепе́рь.
One comes across savages even now.
심지어 오늘날에도 미개인이 눈에 띈다.

| ди́к-ий | 미개의, 야생의 wild |

На о́зере мно́го ди́ких у́ток.
There are many wild ducks on the lake.
호수에 야생 오리들이 많이 있다.

| ди́к-ость | 미개, 야만, 야생 savagery, brutality |

Остро́вский описа́л ди́кость купе́ческих нра́вов.
Ostrovsky described (presented) the brutality of the life of the merchants.
오스뜨롭스끼는 상인들의 야만적 기질을 묘사했다.

| дич-ь | 들새, 엽조, 헛소리 game, nonsense |

Они́ охо́тятся за ди́чью.
They are hunting game.
그들은 들새를 사냥했다.
Что за дичь!
What nonsense!
무슨 헛소리!

ДОЛГ-, *DEBT* (빚)

| ДОЛГ | 의무, 부채, 빚 debt |

Я ужé заплати́л долг.
I have already paid (my) debt.
나는 이미 빚을 갚았다.

| ДОЛЖ-НИ́К | 채무자, 빚쟁이 debtor |

Тепе́рь он не должни́к.
Now he is no longer a debtor.
이제 그는 더 이상 채무자가 아니다.

| ДО́ЛЖ-НОСТЬ | 임무, 직위 position, employment |

Она́ получи́ла хоро́шую до́лжность.
She has secured a good position.
그녀는 좋은 직위를 얻었다.

| за-ДОЛЖ-а́ться | 빚지다, 꾸다 to be indebted, to run into debt |

Мы о́чень задолжа́лись.
We have run into debt.
우리는 많은 빚을 졌다.

| о-ДОЛЖ-е́ние | 친절, 은혜 favor, service |

Пожа́луйста, сде́лайте мне одолже́ние.
Please do me a favor.
부탁드립니다.

ДОЛГ-, ДЛИН-, *LONG* (긴)

| ДО́ЛГ-ИЙ | 오래, 긴 long |

До́лгое путеше́ствие нас утоми́ло.
The long journey has fatigued us.
우리는 오랜 여행으로 피곤했다.

| ДОЛГ-ОТА́ | 길이, 경도 longitude |

На како́й долготе́ нахо́дится Ленингра́д?
What is the longitude of Leningrad?
레닌그라드는 어느 경도에 위치해 있습니까?

| ПРО-ДОЛЖ-А́ТЬСЯ | 계속되다 to continue, go on |

Конце́рт продолжа́лся до полу́ночи.
The concert went on until midnight.
콘서트는 자정까지 계속 되었다.

| ДЛИН-А́ | 길이, 키 length |

Он растяну́лся во всю длину́.
He sprawled his full length.
그는 길게 드러누웠다.

| ДЛИ́Н-НЫЙ | 긴 long |

В Сан-Франци́ско о́чень дли́нный мост.
The bridge in San Francisco is very long.
샌프란시스코에는 매우 긴 다리가 있다.

| ДЛИ́-ТЕЛЬНЫЙ | 오래 끄는, 긴, 오래 계속되는 lengthy, protracted, lingering |

Дли́тельный пери́од боле́зни.
A lingering illness. A protracted period of illness.
숙환(宿患).

ДОБ-, *FIT* (알맞은)

| у-до́б-ный | 알맞은, 편리한 convenient, favorable |

Воспо́льзуемся удо́бным слу́чаем.
Let us take advantage of the favorable opportunity.
좋은 기회를 이용하라.

| у-до́б-ство | 편리, 쾌적, 쾌적한 시설 convenience, comfort |

У них кварти́ра со все́ми удо́бствами.
They have an apartment with all the conveniences.
그들은 모든 편리한 시설이 완비된 아파트를 갖고 있다.

| по-до́б-ный | 비슷한, 유사한 similar, like |

Я ничего́ подо́бного не ви́дела.
I have never seen anything like it.
나는 그와 비슷한 것을 전혀 본적이 없다.

| с-до́б-ный | 맛을 낸 rich dough |

К за́втраку по́дали сдо́бные бу́лки.
For breakfast they served sweet buns.
아침식사로 맛있는 흰 빵이 나왔다.

ДОБР-, *GOOD, KIND* (좋은, 친절한)

| до́бр-ый | 선량한, 친절한, 훌륭한 good, kind |

Его́ лю́бят за до́брый нрав.
They like him for his kindness.
친절한 성격 때문에 그는 사람들의 사랑을 받는다.

| добр-одéтель | 덕, 선행, 미덕 virtue

Добродéтель не всегдá торжествýет.
Virtue is not always triumphant.
선이 항상 승리하는 것은 아니다.

| добр-отá | 선량, 인자, 친절 kindness, goodness

Я признáтелен за вáшу добротý.
I am grateful for your kindness. I appreciate your kindness.
나는 당신의 친절에 감사 드립니다.

| добр-о-сóвестный | 양심적인, 성실한, 정직한, 진지한 conscientious

Онá добросóвестная студéнтка.
She is a conscientious student.
그녀는 정직한 학생이다.

| у-добр-éние | 시비, 비료 fertilizer

Эта пóчва нуждáется в удобрéнии.
This soil needs fertilizing.
이 토지는 비료가 필요하다.

ДОМ-, *HOME, HOUSE* (집)

| дом | 집, 가옥 home, house

У нас сóбственный дом.
We have our own home.
우리는 자기 집을 갖고 있다.

| дом-áшний | 집의, 가정의 domestic, homemade

Кóшка - домáшнее живóтное.
The cat is a domestic animal.
고양이는 애완 동물이다.

| дом-овóй | 집 귀신, 가신 house spirit

В домовы́х и тепéрь ещё вéрят.
Even now some believe in house spirits.
요즘에도 집 귀신을 믿는 사람들이 있다.

| дом-осéд | 집에만 틀어박혀 있는 사람 stay-at-home

Мой муж – домосéд.
My husband is a stay-at-home person.
내 남편은 집에만 틀어박혀 있다.

ДР-, ДАР-, ДИР-, ДОР-, ДЫР-, *TEAR, BREAK*
(찢다, 부수다)

| др-áка | 싸움, 주먹다짐 fight

На ми́тинге произошлá дрáка.
There was a fight at the meeting.
집회에서 싸움이 일어났다.

| др-áться | 서로 싸우다, 때리다 to fight

Пéтя дерётся с Кóлей.
Peter is fighting (scuffling) with Kolya.
뼤짜는 꼴랴와 싸우고 있다.

| др-ачýн | 싸움꾼 fighter, bully, squabbler

Вáнька – большóй драчýн.
Vanya is a great bully.
바냐는 탁월한 싸움꾼이다.

| у-дáр | 타격, 일격, 공격 blow

Он нанёс ей си́льный удáр.
He dealt her a severe blow.
그는 그녀를 세게 때렸다.

| у-дар-е́ние | 역점, 악센트 accent, stress

Ударе́ние (лежи́т) на второ́м сло́ге.
The accent falls on the second syllable.
역점이 두 번째 음절에 떨어진다.

| у-дар-я́ть
| у-да́р-ить | 때리다, 치다, 충격을 주다 to beat, strike, ring, toll

Уда́рили в ко́локол.
They tolled the bell.(The bells tolled.)
종이 울렸다.

| при-ди́р-ка | 생트집, 나쁜 버릇 faultfinding, cavil, quibble

Э́то не бо́льше, как приди́рка.
This is merely a quibble.
이것은 단지 트집잡기에 불과하다.

| раз-дир-а́ть | 잡아 찢다, 분열시키다 to tear, break

Её слёзы раздира́ют мне се́рдце.
Her tears break my heart.
그녀의 눈물이 나의 마음을 찢어 놓는다.

| вз-дор | 엉터리, 무의미, 시시한 것 nonsense

По́лно говори́ть вам вздор.
Stop talking nonsense.
시시한 말은 그만해라.

| за-до́р | 열정, 격정 fervor, heat, energy

Он рабо́тал с ю́ношеским задо́ром.
He worked with youthful fervor.
그는 젊음의 열정으로 일했다.

| раз-до́р | 불화, 반목, 알력 discord, quarrel

Ме́жду ни́ми раздо́р.
A discord rose between them.
그들 사이에는 불화가 있다.

Д 149

| дыр-а́ | 구멍, 갈라진 틈, 결함 hole

Я заштóпала дырý.
I have darned the hole.
나는 구멍을 꿰맸다.

| дыр-я́вый | 구멍이 뚫린, 파열된 torn, ragged

На ней бы́ло дыря́вое пла́тье.
She wore a ragged dress.
그녀는 해진 옷을 입고 있었다.

| обо-др-а́нец | 누더기를 입은 사람 tramp

Ко мне подошёл ободра́нец.
A tramp came up to me.
나에게 부랑자가 다가왔다.

ДРАЗ-, *TEASE* (괴롭히다, 놀리다)

| драз-ни́ть | 약올리다, 자극하다 to tease

Не дразни́те соба́ку.
Don't tease the dog.
개를 약올리지 마십시오.

| раз-драж-а́ть | 짜증나게 하다, 자극하다 to irritate

Шум раздража́ет меня́.
The noise irritates me.
소음이 나를 자극한다.

| раз-драж-е́ние | 흥분, 격분, 자극, 초조 exasperation, irritation

В поры́ве раздраже́ния он наговори́л де́рзостей.
In a moment of exasperation he made impertinent remarks.
흥분한 나머지 그는 무례하게 지껄였다.

ДРОГ-, *SHUDDER, TREMBLE* (떨다)

| дро́г-нуть | 떨다, 전율하다 to shudder, tremble, hesitate |

У него́ не дро́гнет рука́ уби́ть её.
His hand will not hesitate to kill her.(He will make no scruple to kill her.)
그는 태연히 그녀를 죽였다.

| дрож-а́ть | 떨다, 전율하다 to tremble, shake, shiver |

Переста́ньте дрожа́ть.
Stop shivering.
그만 떠십시오.

| дрож-ь | 떨림, 오한, 전율 trembling, shiver, shudder |

Меня́ охвати́ла дрожь.
I shiver.
나는 오한이 난다.

вз-дра́г-ивать
| вз-дро́г-нуть | 몸을 떨다, 전율하다 to start, wince |

Она́ вздро́гнула от испу́га.
She started in fear.
그녀는 놀라움으로 전율했다.

| про-дро́г-нуть | (몸이) 얼다, 떨다 to be chilled, to be chilled to the marrow |

Мы промо́кли и продро́гли.
We got wet and were chilled to the marrow.
우리는 흠뻑 젖었고 뼈 속까지 얼었다.

ДРУГ-, ДОРОГ-, *FRIEND, DEAR, ROAD*
(친구, 소중한, 길)

| друг | 친구, 벗 friend |

Ста́рый друг лу́чше но́вых двух.
An old friend is better than two new ones.
새 친구가 옛 친구만 못하다.

| дру́ж-ба | 우정, 친선 friendship |

Ме́жду ни́ми завяза́лась те́сная дру́жба.
An intimate friendship sprang up between them.
그들 사이에 긴밀한 우정이 생겨났다.

| дру́ж-еский | 친구의, 정다운, 다정한 friendly |

Вот вам дру́жеский сове́т.
Here is my friendly advice to you.
자, 여기 당신한테 주는 나의 다정한 충고가 있습니다.

| друж-и́на | 친위병, 민병 bodyguard |

Князь пиру́ет с дружи́ной.
The prince feasts with his bodyguard.
제후는 친위병과 함께 주연을 베풀었다.

| друж-и́ть | 친교가 있다, 친교를 맺게 하다 to be friends with |

С Оле́гом мы дру́жим с са́мого де́тства.
Oleg and I have been friends since childhood.
올레그와 나는 어릴적부터 친구이다.

| дорог-о́й | 고가의, 비싼, 귀중한, 소중한 dear |

Дорого́й мой друг.
My dear friend.
나의 소중한 친구.

| дорож-а́ть | 값이 오르다, 비싸지다 to rise in price |

Тепе́рь всё дорожа́ет.
Now everything is rising in price.
지금 모든 가격이 오르고 있다.

| дорож-и́ть | 높이 평가하다, 귀중히 여기다 to value, prize |

Я дорожу́ ва́шим внима́нием.
I value (appreciate) your attention (favor).
나는 당신의 배려를 높이 평가한다.

| драг-о-це́нный | 고가의, 귀중한, 경애하는 precious |

Кольцо́ с драгоце́нным ка́мнем.
The ring with a precious stone.
보석 반지.

| доро́г-а | 길, 도로, 여행 road |

Мы е́здили по большо́й доро́ге.
We were driving along the highway.
우리는 큰 길을 따라 가고 있었다.

| доро́ж-ный | 길의, 도로의, 여행의 traveling |

Захвати́те ваш доро́жный костю́м.
Take your traveling suit.
여행복을 가져 가십시오.

ДУ-, ДУХ-, ДЫХ-, *BLOW, BREATH, SPIRIT*
(불다, 호흡, 정신)

| ду-нове́ние | (바람이) 부는 것 whiff, breath |

Дунове́ние ветерка́ разбуди́ло меня́.
A whiff of wind awoke me.
바람이 불어 나는 깼다.

| ду-ть | 바람이 불다, (숨을) 내쉬다 to blow |

Здесь ду́ет.
There is a draught here.
여기는 외풍이 있다.

| на-ду-ва́ть | |
| на-ду́-ть | 부풀게 하다, 속이다, 기만하다 to deceive, fool |

Адвока́т наду́л своего́ клие́нта.
The lawyer deceived his customer.
변호사는 자신의 고객을 속였다.

| о-ду-ва́нчик | 민들레 dandelion |

Одува́нчик растёт в по́ле.
A dandelion grows in the field.
민들레는 들판에서 자란다.

| дух | 정신, 영혼 spirit, mind |

Он сохрани́л бо́дрость ду́ха.
He has preserved his mental vigour.
그는 정신의 활력을 유지하고 있다.

| дух-о́вный | 정신적인, 영적인 spiritual |

Нельзя́ жить одно́й духо́вной пи́щей.
One cannot live on spiritual food alone.
정신적인 양식으로만 살 수는 없다.

| душ-а́ | 영혼, 마음 soul |

Говори́ли о бессме́ртии души́.
They spoke about the immortality of the soul.
영혼의 불사에 대해 언급되었다.

| душ-и́ть | 질식시키다, 억압하다 to choke, suffocate |

Меня́ ду́шат слёзы.
Tears choke me.
눈물이 나를 질식시킨다.

| дых-а́ние | 호흡작용, 호흡 breathing |

У неё захвати́ло дыха́ние.
She was out of breath.
그녀는 숨을 헐떡였다

| о́т-дых | 휴식 rest |

Им необходи́м о́тдых.
They must have a rest.
그들은 휴식해야만 한다.

| от-дых-а́ть |
| от-дох-ну́ть | 쉬다, 휴식하다 to rest |

Порабо́тали, пора́ и отдохну́ть.
You have done the work, now it's time to rest.
일했으니, 이제는 쉴 시간이다.

| о-душ-евля́ть |
| о-душ-еви́ть | 격려하다, 고무하다 to animate, inspire |

Поэ́ты ча́сто одушевля́ют приро́ду.
Poets often animate nature.
시인은 종종 자연에 생명을 불어 넣는다.

ДУМ-, *THOUGHT* (생각)

| ду́м-а | 생각, 사고, 고려 thought, meditation |

До́лгая ду́ма, ли́шняя скорбь.
A long meditation brings unnecessary sadness.
오랜 숙고가 불필요한 슬픔을 가져왔다.

| дӯм-ать | 생각하다, 궁리하다 to think, ponder

О чём вы дӯмаете?
What are you thinking about?
당신은 무엇에 대해 생각하십니까?

| вы́-дум-ать | 고안하다, 생각해 내다 to invent, devise

Я не вы́думал э́того.
I did not invent it.
나는 이것을 생각해 내지 못했다.

| за-дӯм-чивость | 생각에 잠김, 명상 thoughtfulness, musing

Она́ ходи́ла в задӯмчивости.
She walked about musing.
그녀는 생각에 잠긴 채 걷고 있었다

| об-дӯм-ать | 깊이 생각하다, 숙고하다 to think, consider

Э́тот вопро́с на́до обдӯмать.
We must consider this matter.
이 문제는 숙고해야만 한다.

| при-дӯм-ать | 생각해 내다, 고안하다 to devise, concoct, invent

Придӯмали ли вы что́-нибудь?
Have you concocted anything?
당신은 무엇이든 고안한 것이 있습니까?

ДУР-, *FOOL* (바보)

| дӯр-а | 바보 (여자) foolish woman

Что за дӯра!
What a fool!(What a foolish woman!)
바보 같으니!

| дур-а́к | 바보 (남자) fool |

Он уж не тако́й дура́к.
He is not such a fool.
그는 그렇게 바보는 아니다.

| дур-но́й | 나쁜, 불쾌한, 불길한 bad, poor |

Не подава́йте дурно́го приме́ра.
Don't give a bad example.
나쁜 예를 주지 마십시오.

| дур-и́ть | 장난하다, 우둔한 짓을 하다 to fool |

Вы всё дури́те.
You are still fooling.
당신은 여전히 우둔한 짓을 한다.

| дур-ь | 어리석은 짓, 우행 rubbish, foolishness |

Его́ голова́ наби́та ду́рью.
His head is stuffed with foolishness.
그의 머리는 부질없는 일로 가득 차 있다.

| о-дур-е́ть | 바보가 되다, 우둔해지다 to grow stupid |

От ста́рости он совсе́м одуре́л.
Because of age he has grown quite stupid.
나이를 먹으면서 그는 완전히 우둔해졌다.

| с-ду́р-у | 어리석게도, 무모하게 out of stupidity |

Она́ сболтну́ла сду́ру.
She blabbed out of stupidity.
그녀는 무분별하게 재잘거렸다.

E

ЕД-, ЯД-, *FOOD, POISON* (식량, 독)

ед-á | 음식물, 먹는 것, 식사 food

Едá емý не впрок.
The food does not do him any good.
먹는 것은 그에게 어떤 이익도 되지 않는다.

éд-кий | 부식성의, 자극성의, 신랄한 biting, sharp, caustic

Он извéстен своéй éдкой ирóнией.
He is known for his caustic irony.
그는 신랄한 아이러니로 유명하다.

съе-дóб-ный | 식용이 되는, 먹을 수 있는 edible

Э́ти грибы́ съедóбны.
These mushrooms are edible.
이 버섯들은 식용이다.

е-сть | 먹다 to eat

Онá совсéм перестáла есть.
She has stopped eating.(She has completely lost her appetite.)
그녀는 완전히 식욕을 잃었다.

об-éд | 정찬 dinner

Обéд на столé.
The dinner is on the table.
정찬이 식탁에 차려져 있다.

| об-éд-ня | 예배, 미사 mass

В церкви служат обедню.
They are saying mass in the church.
교회에서는 예배가 드려지고 있다.

| надо-ед-áть
| надо-é-сть | 싫증나게 하다, 귀찮게 하다 to weary, tire, annoy

Вы мне уже надоели своей критикой.
I'm sick of your criticism.(You've bored me with it.)
나는 이미 당신의 비판에 싫증이 났다.

| надо-éд-ливый | 싫증이 나는, 귀찮은 tiresome, annoying

Какой вы надоедливый человек!
What a tiresome person you are!
당신은 얼마나 귀찮은 사람인가!

| яд | 독, 독물 poison

Вместо лекарства ей дали яд.
Instead of medicine they gave her poison.
약 대신에 그녀에게 독이 주어졌다.

| яд-овитый | 독이 있는, 유독한, 악의 있는 poisonous, venomous

Ядовитая змея ползла по траве.
A venomous snake was crawling in the grass.
독사가 풀밭에서 기어가고 있었다.

| я́-ства | 음식, 식사, 진수성찬 food, viands

На блюдах подали вкусные яства.
Tasty viands were served on platters.
맛있는 음식이 접시에 담아져 내놓아졌다.

E 159

ЕДИН-, ОДИН-, *ONE, UNIT* (하나, 단일체)

| един-éние | 합동, 연합, 단결, 일치 unity |

В единéнии сила.
In unity there is power.
단결된 힘으로.(단결 속에 힘이 있다.)

| един-и́ца | 1, 1점, 단위 unit |

До́ллар - де́нежная едини́ца.
The dollar is a monetary unit.
달러는 화폐 단위이다.

| един-и́чный | 단독의, 유일한, 드문 unique |

Это едини́чный слу́чай.
This case is unique.
이것은 유일한 경우이다.

| еди́н-ство | 유일, 단일, 동일, 일치, 통일 unity, union, concord, unanimity |

Вам изве́стно еди́нство на́ших стремле́ний.
You know the unanimity of our aspirations.
당신은 우리의 일치된 염원을 알고 있다.

| объедин-и́ть | 통일하다, 연합시키다, 단결시키다 unite, unify |

Опа́сность их объедини́ла.
Danger united them.
위험이 그들을 단결시켰다.

| у-един-е́ние | 혼자 사는 것, 고독, 은둔 solitude, retirement |

Он жил в уедине́нии.
He lived in solitude.(He lived a solitary life.)
그는 은둔해서 살았다.

| одн́н | 하나, 한 개, 한 사람 one, single |

Оди́н в по́ле не во́ин.
One soldier does not make a regiment.
혼자서는 아무 것도 할 수 없다.

| один-о́кий | 단 하나의, 고립된, 쓸쓸한, 고독한 one, alone, solitary, lonely |

В овра́ге стои́т одино́кий до́мик.
There is a lonely little house in the ravine.
골짜기에 쓸쓸한 작은 집이 있다.

| один-о́чество | 미혼, 독신, 독신생활, 고독 solitude, single life, loneliness |

Я обречён на одино́чество.
I am doomed to loneliness.
나는 독신으로 살 운명이다.

| одн-а́жды | 언젠가, 어느 날, 어느 때 once |

Одна́жды она́ чуть не утону́ла.
Once she was almost drowned.
언젠가 그녀는 거의 익사할 뻔했다.

ЕЗД-, *RIDE* (타다)

| езд-а́ | 타고 다니는 것, 여행 ride, riding, driving |

Меня́ утомля́ет верхова́я езда́.
Horseback riding tires me.
승마는 나를 피곤하게 한다.

| е́зд-ить | 타고 가다, 자주 가다 to ride, drive |

Мы е́здим в го́род ка́ждый день.
We drive (go) to the city everyday.
우리는 매일 도시에 간다.

| езд-óк | 승마자, 기수 rider, horseman

Вы прекрáсный ездóк.
You are an excellent horseman.
당신은 훌륭한 기수이다.

| é-хать | 타고 가다, 가다, 오다, 여행하다 to ride, travel

Они́ éхали по желéзной дорóге.
They went (travelled) by train.
그들은 기차로 갔다.

вы-езж-áть
| вы́-е-хать | (타고) 출발하다, 이전하다, 가다 to go away, leave, move out

Мы выезжáем из э́той квартúры.
We are moving out of this apartment.
우리는 이 아파트로부터 이사한다.

| на-éзд-ница | 여자 승마자, 곡마사 equestrienne

Цирковáя наéздница упáла с лóшади.
The circus equestrienne fell down (off her horse.)
써커스 여자 곡마사가 말에서 떨어졌다.

| подъ-éзд | 도착, 현관, 입구 porch, entrance

Швейцáр стоя́л у подъéзда.
The porter stood at the entrance.
수위는 입구에 서 있었다.

| при-éзд | 도착 arrival, coming

Мы ждём приéзда отцá.
We are expecting (the arrival of) our father.
우리는 아버지의 도착을 기다리고 있다.

| про-éзд | 통과, 통행 passage, fare

Я заплачý за ваш проéзд.
I am going to pay for your passage.
내가 당신의 통행료를 지불할 것이다.

| у-е́зд | 지역, 군 district |

В на́шем уе́зде мно́го иностра́нцев.
There are many foreigners in our district.
우리 지역에는 외국인이 많이 있다.

ЕМ-, ИМ-, Я-, *POSSESS, HAVE* (소유하다, 가지다)

| за-ём | 부채, 빌린 돈, 차관 loan |

В ба́нке мо́жно сде́лать заём.
One can get a loan at the bank.
은행에서는 돈을 빌릴 수 있다.

| за-и́м-ствовать | 차용하다, 전용하다 to imitate, borrow |

Он мно́го заи́мствовал от Го́голя.
He borrowed a great deal from Gogol.
그는 고골로부터 많은 것을 차용했다.

| за-н-им-а́ть |
| за-н-я́-ть | 빌리다, 차용하다 to borrow |

Займи́те пять до́лларов у дру́га.
Borrow five dollars from a friend.
친구한테 5달러를 빌리십시오.

| им-е́ть | 갖다, 소유하다 to have |

Он име́ет о вас дурно́е мне́ние.
He has a poor opinion of you.
그는 당신에 대해 좋지 않은 견해를 갖고 있다.

| им-е́ние | 영지, 소유지 estate |

Их име́ние про́дано с то́рга.
Their estate was auctioned off.
그들의 소유지는 경매에 부쳐졌다.

| им-у́щество | 소유물, 재산, 자산 property, belongings |

Всё её иму́щество сгоре́ло.
She lost all her belongings in the fire.
그녀의 모든 재산은 다 타버렸다.

| вн-им-а́ние | 주의, 주목, 배려 attention |

Обрати́те внима́ние на э́то.
Pay attention to this.
이것에 주의를 기울이십시오.

| вос-при-н-им-а́ть | 지각하다, 감득하다, 파악하다 to take, perceive, to be receptive |

Ребёнок бы́стро воспринима́ет впечатле́ния.
A child is very susceptible to impressions.
어린애는 인상에 매우 민감하다.

| на-ём | 고용하는 것, 임차 rent, hiring, lease |

Э́та ко́мната сдаётся в наём.
This room is for rent.
이 방은 임대용이다.

| на-н-им-а́ть | |
| на-н-я́-ть | 고용하다, 빌다 to hire |

В конто́ре нанима́ют слу́жащих.
In the office they are hiring employees.
사무실에서는 사무원을 고용하고 있다.

Нам на́до наня́ть прислу́гу.
We must hire a maid.
우리는 하녀를 고용해야만 한다.

| подъ-ём | 향상, 증진, 발달, 고양 ascent, rise |

На́ гору был круто́й подъём.
The ascent up the hill was steep.
산으로 오르는 길은 가팔랐다.

| под-н-им-а́ть |
| под-н-я́-ть | 들어올리다, 높이다, 끌어올리다 to lift, raise, heave

Я поднима́ю тя́жесть.
I am lifting a heavy load.
나는 무거운 짐을 들어올린다.

Ему́ бы́ло хо́лодно, и он по́днял воротни́к.
He was cold, and the turned up (raised) his collar.
추워서 그는 옷깃을 세웠다.

| при-ём | 수령, 수납, 영접, 면회, 접수 reception, office hours

У до́ктора приём с девяти́ часо́в утра́.
The physician's office hours start at nine in the morning.
의사는 아침 9시부터 접수를 시작한다.

| при-н-им-а́ть |
| при-н-я́-ть | 받다, 영접하다, 접수하다 to receive, entertain

Они́ ча́сто принима́ют госте́й.
They often entertain visitors.
그들은 종종 손님을 맞이한다.

Его́ при́няли раду́шно.
He received a hearty welcome.
그는 환대를 받았다.

| при-я́-тель | 우인, 친구 friend

Э́то мой прия́тель.
This is my friend.
이 사람은 내 친구이다.

| при-я́-тный | 기분이 좋은, 즐거운, 유쾌한 pleasant

Мы получи́ли прия́тную но́вость.
We received pleasant news.
우리는 즐거운 소식을 받았다.

| СН-ИМ-а́ТЬ
| СН-Я́-ТЬ | 떼어내다, 벗다, 촬영하다 to take, take off

Он снял пиджа́к и пове́сил его́ в шкаф.
He took off his jacket and hung it in the closet.
그는 재킷을 벗어서 장롱에 걸었다.

| СН-И́М-ОК | 사진 photograph, snapshot

Э́тот сни́мок неуда́чен.
This is a bad (poor) photograph.
이 사진은 성공적이지 못하다.

ЖАД-, *GREED* (탐욕)

| жáд-ничать | 탐내다, 욕심내다 to be greedy |

Нéчего вам жáдничать.
You don't have to be greedy.
당신은 욕심을 낼 필요가 없다.

| жáд-ность | 탐욕, 강한 흥미 greed, avidity, cupidity |

Он ел с жáдностью.
He ate greedily (with greed).
그는 탐욕스럽게 먹었다.

| жáд-ный | 탐욕스러운, 갈망하는, 강렬한 greedy, rapacious |

Всякий знáет, что вóлки жáдны.
Everybody knows that wolves are greedy.
누구나 늑대가 탐욕스럽다는 것을 안다.

| жáжд-а | 목마름, 갈증, 열망 thirst, craving |

Меня томила жáжда.
I suffered from thirst.
나는 갈증으로 괴로웠다.

| жáжд-ать | 목이 마르다, 갈망하다, 열망하다 to thirst, crave, long for |

Он жáждет слáвы.
He is longing for fame.
그는 명예를 갈망한다.

ЖАЛ-, *PITY, FAVOR, PLAINT* (동정, 호의, 불평)

| жал-е́ть | 동정하다, 슬퍼하다, 애석하게 여기다 to pity, regret |

Она́ жале́ет э́ту сироту́.
She pities this orphan.
그녀는 이 고아를 동정한다.

| жа́л-кий | 불쌍한, 가련한, 슬픔에 찬 pitiful, sad, sorry, lamentable |

Семья́ нахо́дится в жа́лком положе́нии.
The family is in a sorry plight.
가족이 딱한 상황에 처해 있다.

| жа́л-оба | 불평, 푸념, 하소연, 소송 complaint, grievance |

Мы по́дали на него́ жа́лобу.
We made a complaint about him.
우리는 그를 고소했다.

| жа́л-обный | 슬픈, 불평을 표명하는, 소송의 plaintive, sad |

Послы́шался жа́лобный крик.
A plaintive cry was heard.
구슬픈 소리가 들려왔다.

| жал-ь | 가엾다, 안됐다, 애석하다 what a pity, pity, (I am) sorry |

О́чень жаль, что вы не пришли́.
What a pity that you did not come.
당신이 오지 못하다니 매우 유감입니다.

| со-жал-е́ние | 유감, 애석, 동정, 연민 pity, compassion, regret |

Она́ посмотре́ла на них с сожале́нием.
She looked at them with compassion.
그녀는 측은하게 그를 바라보았다.

| со-жал-е́ть | 유감스럽게 생각하다, 후회하다 to regret, to be sorry |

Я сожале́ю, что так вы́шло.
I am sorry that it happened so.
일이 그렇게 된 것에 대해 유감스럽게 생각한다.

| жа́л-о | 동물의 침 sting |

Нет пчелы́ без жа́ла.
There is no bee without a sting.
침 없는 벌은 없다.

| жа́л-ование, жа́л-ованье | 봉급, 급료, 수당 pay, salary |

Ему́ приба́вили жа́лованье.
They gave him a raise.
그의 봉급이 올랐다.

| жа́л-овать | 주다, 수여하다, 예뻐하다 to give, grant, favor, like |

Про́сим его́ люби́ть и жа́ловать.
We beg you to be kind and gracious to him.
그에게 사랑과 자비를 베풀어주시기를 부탁드립니다.

ЖАР-, *HEAT* (열)

| жар | 열, 무더위, 열정, 열의, 정열 heat, temperature, fever, ardor |

У меня́ си́льный жар.
I have a high temperature.(I am running a fever.)
나는 심하게 열이 난다.

| жар-а́ | 더위, 무더위 heat |

Стоя́ла невыноси́мая жара́.
It was unbearably hot.
참기 어려운 더위가 계속되었다.

жа́р-ить
끓이다, 굽다, 볶다 to fry

Куха́рка жа́рит ры́бу.
The cook is frying the fish.
여자 요리사가 생선을 굽는다.

жа́р-кий
더운, 뜨거운, 격렬한 hot, warm

Сего́дня жа́ркий день.
Today is a warm day.(It is hot today.)
오늘은 더운 날이다.

по-жа́р
화재, 불 fire

Вчера́ был большо́й пожа́р.
There was a big fire yesterday.
어제 큰 화재가 났었다.

по-жа́р-ный
소방수, 화재의 fireman

Пожа́рный упа́л с ле́стницы.
The fireman fell from the ladder.
소방수가 사다리에서 떨어졌다.

ЖГ-, ЖЕГ-, ЖИГ-, ЖОГ-, *BURN* (타다)

жг-у́чий
타는 듯한, 찌르는 듯한, 강렬한 burning, scorching, smarting

Жгу́чая боль не даёт мне поко́я.
The smarting pain gives me no rest.
찌르는 듯한 아픔으로 나는 안정을 취할 수가 없었다.

жеч-ь
태우다, 굽다, 볶다, 데우다 to burn

Мы жжём дрова́.
We are burning the logs.
우리는 장작을 땠다.

| с-жиг-а́ть
| с-жечь-ь | 태우다, 모두 태우다 to burn

Они́ сожгли́ все докуме́нты.
They burned all the documents.
그들은 모든 서류를 태워버렸다.

| раз-жиг-а́ть | 불지르다, 격화시키다 to kindle, inflame, start

Го́рничная разжига́ет ками́н.
The maid is starting the fire in the fireplace.
하녀가 난로에 불을 지폈다.

| со-жж-е́ние | 소각 burning, cremation

В Индии тру́пы преда́ются сожже́нию.
In India the dead are cremated.
인도에서는 시체를 화장한다.

| со-жж-ённый | 탄, 그을은 scorched, burnt

Сожжённая со́лнцем трава́ побле́кла.
The grass scorched in the sun has wilted.
햇빛에 말라버린 풀이 시들어버렸다.

| из-жо́г-а | 가슴앓이 heartburn

Всю ночь его́ му́чила изжо́га.
All night long he suffered from heartburn.
그는 밤새도록 가슴앓이로 괴로워했다.

| под-жо́г | 방화 arson, setting fire

Их суди́ли за поджо́г.
They were tried for arson.
그는 방화죄로 심리되었다.

ЖЕЛ-, *WISH* (희망)

жел-а́ние
희망, 욕구, 요망 wish, desire, accord, will

Я поступи́л так по моему́ со́бственному жела́нию.
I acted thus in accordance with my own wishes (will) (at my will).
나는 내 자신이 바라던 대로 그렇게 행동했다.

жел-а́-тельный
바람직한, 탐탁한 desirable

Ва́ше прису́тствие бы́ло бы о́чень жела́тельно.
Your presence would be very desirable.
당신이 꼭 참석하시기를 바랍니다.

жел-а́ть
바라다, 희망하다 to wish

Жела́ю вам сча́стья.
I wish you happiness. (I wish you good luck.)
당신이 행복하기를 바랍니다.

благо-жел-а́тель
친절한 사람 well-wisher, well-disposed

Смирно́в – его́ благожела́тель.
Smirnov is his well-wisher.
스미르노프는 그의 친절한 사람이다.

добро-жел-а́тельный
호의적인, 친절한 benevolent, friendly, -wishing

Спаси́бо за ва́ше доброжела́тельное отноше́ние.
Thank you for your friendly attitude (for your kindness).
당신의 호의적인 태도에 감사 드립니다.

по-жел-а́ние
숙원, 희망, 요구, 요망 wish

Мы шлём вам наилу́чшие пожела́ния.
We are sending you our best wishes.
당신의 만복을 빈다.

| по-жел-а́ть | 바라다, 희망하다 to wish |

Позво́льте пожела́ть вам счастли́вого пути́.
May I wish you a happy journey.
편안히 다녀오십시오.

ЖЕЛТ-, *YELLOW* (노랑)

| желт-е́ть | 노랗게 되다, 노랗게 보이다 to yellow |

Вдали́ желте́ет подсо́лнух.
A sunflower yellows in the distance.
멀리 해바라기가 노랗게 보인다.

| желт-о́к | 노른자위 yolk |

Возьми́те два желтка́.
Take two yolks.
노른자 두 개를 드십시오.

| желт-у́ха | 황달 jaundice |

Мой сын бо́лен желту́хой.
My son suffers from jaundice.
내 아들은 황달에 걸렸다.

| жёлт-ый | 황색의, 노란 yellow |

На ней жёлтое пла́тье.
She is wearing a yellow dress.
그녀는 노란 드레스를 입고 있다.

| жёлч-ь | 담즙, 짜증 gall, bile |

У него́ разлила́сь жёлчь.
He has trouble with his gall bladder.
그는 화를 잘 낸다.

| жёлч-ный | 성질이 급한, 화를 잘 내는 bilious, irritable, choleric

Какóй вы жёлчный человéк!
How irritable you are!
당신은 얼마나 화 잘 내는 사람인가!

| по-желт-éть | 노랗게 되다 to grow yellow, become yellow

Травá пожелтéла.
The grass has turned yellow.
풀이 노랗게 되었다.

ЖЕЛЕЗ-, *IRON* (철)

| желéз-о | 철, 철제품 iron

В э́тих горáх добывáют желéзо.
In these mountains iron (ore) is mined.
이 산에서는 철이 채취된다.

| желéз-ный | 철의, 철제의, 제철의 iron

Россия богáта железнóй рудóй.
Russia abounds in iron ore.
러시아에는 철광석이 풍부하다.

| желез-ня́к | 철광, 철토 bloodstone, hematite

Железня́к красновáтого цвéта.
The hematite is of a reddish color.
적철광은 불그스름한 색을 띤다.

| желез-но-дорóжный | 철도의 railway, railroad

В э́той дерéвне нет железнодорóжной стáнции.
There is no railway station in this village.
이 마을에는 철도역이 없다.

ЖЕН-, *WOMAN* (여자)

жен-а́ | 처, 아내 wife

У него́ молода́я жена́.
He has a young wife.
그에게는 젊은 아내가 있다.

жен-а́тый | 장가간, 결혼한 married

Жена́тый челове́к забо́тится о свое́й семье́.
A married man takes care of his family.
결혼한 사람은 자기 가족을 돌본다.

жен-и́ть | 결혼시키다 to marry

Вот мы его́ и жени́ли.
And so we married him.
그래서 우리는 그를 결혼시켰다.

жен-и́-тьба | (남자의) 결혼, 혼인 marriage

Они́ заговори́ли о жени́тьбе.
They began to talk about marriage.
그들은 결혼에 관하여 말하기 시작했다.

жен-и́х | 신랑 bridegroom

В це́ркви ждут жениха́.
The bridegroom is expected at the church.
교회에서 사람들은 신랑을 기다리고 있다.

же́н-ский | 여자의, 여성의 feminine, woman's

Э́то де́ло же́нское.
This is a woman's occupation.(This is a woman's concern.)
이것은 여성의 일이다.

| жéн-ственность | 여성스러움, 정숙 effeminacy |

Егó жéнственность пóртит емý карьéру.
His effeminacy is ruining his career.
그의 여성스러움이 그의 출세를 망쳐놓았다.

| жéн-щина | 여자, 부인 woman |

Онá хорóшая жéнщина.
She is a nice woman.
그녀는 좋은 여자이다.

ЖЕРТ-, ЖР-, *SACRIFICE* (제물)

| жéрт-ва | 희생, 제물, 기부 victim, sacrifice |

Мне жéртвы не нужны́.
I do not want (need) sacrifice.
나는 희생을 원하지 않는다.

| жéрт-вовать | 기부하다, 희생하다 to sacrifice |

Он жéртвует своéй жи́знью.
He sacrifices his life.
그는 자신의 삶을 희생했다.

| по-жéрт-вование | 기부, 기증, 기부금, 희생 offering, donation, gift |

Здесь собирáют пожéртвования.
Donations are accepted here.
여기서 기부금을 모은다.

| жр-ец | 승려, 신관(神官) priest, druid |

Жрец заколóл ягнёнка.
The priest slaughtered the lamb.
신관은 새끼 양을 잡았다.

| жр-е́ческий | 승려의, 신관의 priest's, priestly

Жре́ческий жезл лежа́л о́коло алтаря́.
The priest's staff lay near the altar.
신관의 지팡이는 제단 가까이에 놓여 있었다.

ЖЕСТ-, *STIFF, HARD* (뻣뻣한, 굳은)

| жёст-кий | 뻣뻣한, 딱딱한, 준엄한, 심한 stiff, hard, tough

Щётка из жёсткой щети́ны.
The brush (made) of stiff bristles.
뻣뻣한 털로 만들어진 솔.

| жест-о́кий | 잔인한, 잔혹한, 심한 cruel, harsh

Жесто́кий никого́ не жале́ет.
A cruel person does not pity anyone.
잔인한 사람은 아무도 동정하지 않는다.

| жест-ь | 양철, 주석, 함석판 tin

Э́та кру́жка сде́лана из же́сти.
This jug is made of tin.
이 잔은 주석으로 만들어졌다.

| жест-я́нка | 양철관, 양철토막 tin, tin can

За неиме́нием стака́на мы пи́ли из жестя́нки.
For lack of a glass we drank out of a tin can.
잔이 부족해서 우리는 깡통에다 마셨다.

| жест-яно́й | 양철의, 주석의 tin, pewter

На столе́ была́ жестяна́я посу́да.
There were some tin dishes on the table.
탁자 위에 주석 접시가 놓여 있었다.

ЖИ-, *LIFE* (생명)

| ЖИ-ЗНЬ | 생명, 인생, 삶 life, living, existence |

Жизнь его висела на волоске.
His life was hanging by a thread.
그의 생명은 대단히 위태로웠다.

| ЖИ́-ТЕЛЬ | 주민, 거주자, 주인 inhabitant, resident, dweller |

Жи́тели городо́в всегда́ спеша́т.
The city dwellers are always in a hurry.
도시인들은 항상 성급하다.

| ЖИ-ТЬ | 생활하다, 살다, 거주하다 to live, stay, exist |

Мы живём недалеко́ отсю́да.
We live not far from here.
우리는 이곳에서 멀지 않은 곳에 산다.

| ЖИ-ТЬЁ | 삶, 생활, 거주 life, existence |

Их житьё не сла́дкое.
Their life is not easy.
그들의 삶은 쉽지 않다.

| ЖИ-ВО́Й | 살아있는, 활기있는, 활발한 living |

В дере́вне мы не встре́тили ни одно́й живо́й души́.
In the village we did not meet a single person. (a single living soul).
마을에서 우리는 단 한 사람도 살아있는 사람을 만나지 못했다.

| ЖИ-ВО́Т | 배, 복부 stomach, abdomen |

У ребёнка боли́т живо́т.
The child has a stomachache.
어린아이는 배가 아팠다.

| **жи-вóт-ное** | 동물 animal

Я люблю́ живо́тных.
I like animals.
나는 동물들을 사랑한다.

| **жи-ву́чий** | 생활력이 강한, 불멸의 tenacious, of life

Он живу́ч, как ко́шка.
He has nine lives like a cat.
그는 고양이처럼 생활력이 강하다.(그는 불사신이다.)

| **жи-лéц** | 세든 사람, 하숙인 tenant, boarder

Наш жилéц - инженéр.
Our tenant is an engineer.
우리 하숙인은 기술자이다.

| **жи-ли́ще** | 주거, 주택 abode, dwelling, residence

Не ви́дно ни одного́ жили́ща.
Not a single dwelling was to be seen.
단 하나의 주택도 보이지 않는다.

| **вы́-жи-ть** | 살아남다, 쫓아내다, 몰아내다 to survive, drive out, get rid

Мы наси́лу его́ вы́жили.
We could hardly get rid of him.
우리는 그를 간신히 쫓아냈다.

| **жи́-вопись** | 회화, 회화술 painting

Я интересу́юсь жи́вописью.
I am interested in painting.
나는 그림에 흥미를 갖고 있다.

| **на-жи́-ва** | 쉬운 벌이, 미끼 gain, profit

Э́тот делéц го́нится то́лько за нажи́вой.
This businessman is looking only for profit.
이 사업가는 오직 돈벌이만을 쫓는다.

| по-жи-ло́й | 연배의, 초로의, 중년의 middle-aged

Учи́тель, пожило́й челове́к, вы́шел в отста́вку.
The teacher, a middle-aged man, resigned.
초로의 선생님은 퇴직했다.

| у-жи́-ться | 친하게 지내다 to live in harmony, to live peacefully

С таки́ми людьми́ тру́дно ужи́ться.
With such people it is difficult to live peacefully.
(It is difficult to get on with such people.)
그러한 사람들과 친하게 지내는 것은 어렵다.

ЗВ-, ЗОВ-, ЗЫВ-, *CALL* (부르다)

| зв-а́ние | 신분, 칭호, 관직 calling, social position, rank |

Сюда́ собра́лись лю́ди вся́кого зва́ния.
People of all walks of life gathered here.
여기에 여러 신분의 사람들이 모였다.

| зв-ать | 부르다, ~로 명명하다 to call, name |

Как вас звать? (Как вас зову́т?)
What is your name?
당신 이름이 어떻게 됩니까?

| воз-зв-а́ние | 격문, 호소, 선언 proclamation |

Мы чита́ли воззва́ние.
We were reading the proclamation.
우리는 격문을 읽었다.

| на-зв-а́ть | 부르다, 명명하다 to name |

Он непра́вильно назва́л э́тот минера́л.
He named this mineral incorrectly.
그는 이 광물의 이름을 잘못 불렀다.

| по-зв-а́ть | 부르다, ~로 명명하다 to call, summon |

Я позову́ вас, когда́ вы мне бу́дете нужны́.
I shall call you when I need you.
나는 당신이 필요할 때 당신을 부를 것이다.

| СО-ЗВ-а́ТЬ | 불러모으다, 초대하다, 소집하다 to summon, invite, call

На́до созва́ть комите́т.
We must call the committee.(It is necessary to call the committee.)
위원회를 소집해야만 한다.

| ЗОВ | 부르는 소리, 외침, 초대, 소환 call, summons, invitation

Вы не отве́тили на мой зов.
You did not answer my call.
당신은 나의 부름에 답하지 않았다.

| ВЫ́-ЗОВ | 호출, 부름, 소환, 도전 challenge, defiance, summons

В его́ слова́х слы́шался вы́зов.
Defiance wes heard in his words.
그의 말은 도전적으로 들린다.

| ВЫ-ЗЫВ-а́ТЬ | 불러내다, 호출하다, 야기하다 to call, call up, evoke

Меня́ вызыва́ют по телефо́ну.
Someone is calling me over the telephone.(I am wanted on the phone.)
나는 전화로 호출되었다.

| О́Т-ЗЫВ | 비평, 평가, 반향, 응답 reference, mention, declaration, recall

О вас име́ются ле́стные о́тзывы.
We have a good record about you.
당신에 대해 좋은 평가들이 있다.

ЗВОН-, ЗВ-, ЗВУК-, *RINGING, SOUND* (소리)

| ЗВОН | 소리 ringing, sound

Я услы́шал звон разби́той посу́ды.
I heard the sound of broken dishes.
나는 그릇 깨지는 소리를 들었다.

| ЗВОН-И́ТЬ | (종이) 울리다, 소리가 나다 to peal, toll, ring

Когда́ звони́т звоно́к, уро́к конча́ется.
When the bell rings the lesson is over.
종이 울리자 수업이 끝났다.

| ЗВЕН-Е́ТЬ | (금속성의) 소리가 나다, 울리다 to ring, clank, tinkle

По́рванная струна́ звени́т.
The broken string is ringing.
끊어진 현이 울린다.

| ЗВО́Н-КИЙ | 울려 퍼지는, 잘 들리는 loud, clear

Ора́тор говори́л зво́нким го́лосом.
The orator spoke in a clear voice.
연설가는 잘 들리는 목소리로 말했다.

| ЗВОН-О́К | 조그만 종, 초인종, 벨 bell

Послы́шался звоно́к в дверя́х.
The bell rang at the door.
문간에서 초인종 소리가 났다.

| ЗВОН-А́РЬ | 종지기 bell-ringer

Звона́рь подня́лся на колоко́льню.
The bell-ringer climbed to the belfry.
종지기는 종루로 올라갔다.

| ПО-ЗВОН-И́ТЬ | 전화를 걸다, 울리다 to ring up, call up

Позвони́те ему́ по телефо́ну.
Call him up over the phone.
그에게 전화를 거세요.

| ДО-ЗВОН-И́ТЬСЯ | 종을 울려 (또는 전화로) 불러내다 to ring up

Яника́к не могу́ дозвони́ться.
I cannot get any answer.
나는 도저히 불러낼 수 없다. (나는 어떤 대답도 얻어 낼 수 없다.)

3 183

| звук | 소리, 음향, 음성 sound, tone

Из лесу доносятся таинственные звуки.
Mysterious sounds come from the woods.
비밀스러운 소리가 숲으로부터 들려왔다.

| звук-овой | 소리의, 음향의 sound, sounding

Звуковые волны передаются по радио.
The sound waves are transmitted over the radio.
음파는 라디오를 통해 전달된다.

| звуч-ать | 소리가 나다, 울리다, 들리다 to sound

Этот рояль звучит особенно хорошо.
This piano sounds particularly well.
(The tone of this piano is particularly good.)
이 피아노는 특히 좋은 소리가 난다.

| звуч-ный | 소리가 잘 나는, 잘 울리는 loud, resonant, deep-toned

Это звучный инструмент.
This instrument has a good tone.
이 악기는 좋은 소리가 난다.

| звуч-ность | 울려 퍼짐, 음의 반향도(反響度) sonorousness

По звучности итальянский язык стоит на первом месте.
For its sonorousness the Italian language ranks first.
음의 반향도에 있어서는 이탈리어가 으뜸이다.

ЗВЕР-, *BEAST* (짐승)

| звер-инец | 야생 동물원, 동물원 우리 menagerie, zoological garden

В воскресенье мы были в зверинце.
On Sunday we were at the zoological garden.
일요일에 우리는 동물원에 갔었다.

| звер-и́ный | 짐승의, 잔인한 animal, wild

В Сиби́ри занима́ются звери́ным про́мыслом.
In Siberia they hunt wild animals.
시베리아에서는 짐승수렵이 행해지고 있다.

| звер-ь | 짐승, 맹수 animal

Они́ охо́тились на пушны́х звере́й.
They were hunting the fur-bearing animals.
그들은 모피용 동물을 사냥했다.

| зве́р-ство | 야수적인 행위, 잔인한 만행 brutality

Кто спосо́бен на тако́е зве́рство?
Who is capable of such brutality?
누가 그런 잔인한 만행을 저지를 수 있을까?

| зве́р-ствовать | 잔인한 행동을 하다 to behave with brutality, to be cruel

Что он так зве́рствует?
Why is he brutal?
왜 그는 그렇게 잔인하게 행동하는가?

ЗД-, *BUILD, CREATE* (세우다, 창조하다)

| зд-а́ние | 건물, 건축물 building

Архите́ктор вы́строил но́вое зда́ние.
The architect has constructed a new building.
건축가는 새로운 건물을 준공했다.

| со-зд-а́ние | 창조, 창조물, 생물, 사람 creature

Како́е ми́лое созда́ние!
What a dear little creature!
얼마나 사랑스러운 사람인가!

| со-зд-а́тель | 창조자, 창립자, 하느님 creator, author |

Маркс - созда́тель но́вого экономи́ческого уче́ния.
Marx is the author of the new economic theory.
마르크스는 새로운 경제학설의 창시자이다.

ЗДОРОВ-, ЗДРАВ-, *HEALTH* (건강)

| здоро́в-ый | 건강한, 건전한 healthy, sound |

Здоро́вому ничего́ не стра́шно.
A healthy man is not afraid of anything.
건강한 사람은 아무 것도 두려울 것이 없다.

| здоро́в-ье | 건강, 건전 health |

Как ва́ше здоро́вье?
How are you?(How is your health?)
어떻게 지내세요?(당신 건강은 어떠십니까?)

| вы́-здоров-еть | 완쾌하다, 쾌유하다 to get well, recover |

Она́ ско́ро вы́здоровела.
She got well soon.
그녀는 곧 완쾌되었다.

| здоро́в-аться | 인사를, 인사말을 하다 to greet, shake hands |

Я заме́тил его́, когда́ он здоро́вался с гостя́ми.
I noticed him when he was greeting (shanking hands with) the guests.
나는 그가 손님들과 인사를 나눌 때 그를 알아보았다.

| здра́в-ствовать | 건강하게 지내다, 건강하다 to be well, to thrive |

Здра́вствуйте?
How do you do?(How are you?)
안녕하십니까?

Дай Бог вам здра́вствовать надо́лго.
May the Lord grant you a long life.
부디 장수하시기를.

| здра́в-ый | 이성에 맞는, 합리적인 sound, sane |

У него́ здра́вый рассу́док.
He has a sound mind.
그는 양식(良識)을 갖고 있다.

| по-здра́в-ить | 축하하다 to congratulate |

Позво́льте поздра́вить вас.
Let me congratulate you.
축하합니다.

ЗЕЛ(ЕН)-, *GREEN* (녹색의)

| зе́л-ье | 약초,독초 즙(극약제) potion, draught |

Она́ напои́ла меня́ каки́м-то зе́льем.
She gave me some kind of a potion to drink.
그녀는 나에게 어떤 약초 즙을 마시게 했다.

| зелен-е́ть | 푸르러지다, 녹색으로 보이다 to become green, look green |

Всё зелене́ет вокру́г.
Everything round us looks green.
주위에 모든 것이 푸르러졌다.

| зелен-ова́тый | 푸르스름하게 된 greenish |

Морска́я вода́ ка́жется зеленова́тою.
The salt (sea) water seems to be greenish.
바닷물은 푸르스름하게 보인다.

| зелён-ый | 녹색의, 푸른 green

На дере́вьях уже́ видна́ зелёная листва́.
Green foliage has already appeared on the trees.
나무에 푸른 잎들이 벌써 나타났다.

| зелен-щи́к | 채소장사, 청과물상 greengrocer

Зеленщи́к продаёт о́вощи.
The greengrocer sells vegetables.
채소장사는 야채를 판다.

| зе́лен-ь | 녹색, 청과물, 야채 vegetable, green

Вам ну́жно есть побо́льше зе́лени.
You must eat more (green) vegetables.
당신은 야채를 더 먹어야 한다.

ЗЕМ-, *EARTH* (땅)

| зем-ля́ | 땅, 토지 earth, soil, ground

Снег ещё лежи́т на земле́.
The snow is still on the ground.
눈은 아직도 녹지 않았다.

| зем-ля́к | 동향인, 같은 나라 사람 fellow countryman

Серге́й - мой земля́к.
Sergey is my countryman.
세르게이는 나의 동향인이다.

| зем-ляни́ка | 딸기 strawberry

Земляни́ка - вку́сная я́года.
The strawberry is tasty.
딸기는 맛있는 과일이다.

| зем-ля́нка

토굴, 움막 mud hut

Они́ жи́ли в земля́нке.
They lived in a mud hut.
그들은 움막에서 살았다.

| зем-но́й

지구의, 육지의, 지상의 earthly, terrestrial

Земно́й шар враща́ется вокру́г оси́.
The earth turns around its axis.
지구는 지축을 따라 회전한다.

| зем-ле-владе́лец

지주, 토지 소유자 landowner

Землевладе́лец осма́тривает свои́ поля́.
The landowner inspects (surveys) his fields.
지주는 자신의 들판을 시찰한다.

| зем-ле-де́лие

농업, 농작, 경작 tilling, agriculture

Крестья́не занима́ются земледе́лием.
The peasants are cultivating the land.
농민은 농업에 종사한다.

| зем-ле-трясе́ние

지진 earthquake

В Калифо́рнии ча́сто быва́ют землетрясе́ния.
There are frequent earthquakes in California.
캘리포니아에서는 지진이 자주 발생한다.

| под-зе́м-ный

지하의 underground, subterranean

Тут идёт подзе́мная желе́зная доро́га.
The subway runs here.
이곳에는 지하철이 다닌다.

| ту-зе́м-ец

원주민, 토착인 native, aborigines

В Сиби́ри мно́го тузе́мцев.
There are many aborigines in Siberia.
시베리아에는 많은 원주민들이 있다.

ЗИ-, ЗЕ-, *GAPE, OPEN, YAWN*
(입을 크게 벌린, 열린, 하품을 하다)

зи-я́ть | 입이 크게 벌어지다 to gape, yawn, open

Пе́ред ни́ми зия́ла про́пасть.
A precipice yawned before them.
그들 앞에 심연이 크게 입을 벌리고 있었다.

зи-я́ющий | 입을 크게 벌린, 열린 gaping, open

Я уви́дел зия́ющую ра́ну.
I saw an open wound.
나는 아물지 않은 상처를 보았다.

зев-а́ка | 구경을 좋아하는 사람 lounger, idler

По у́лице ходи́ла толпа́ зева́к.
A throng of idlers moved along the street.
구경꾼 떼가 거리를 따라 이동했다.

зев-а́ть | 하품을 하다 to yawn

Я всё вре́мя зева́ю.
I am yawning all the time.
나는 계속 하품을 하고 있다.

зе́в-ну́ть | (한번) 하품을 하다 to yawn

Он раз зевну́л и засну́л.
He yawned once and fell asleep.
그는 한번 하품을 하고 잠들었다.

зев-о́та | 하품 yawn

Она́ подави́ла зевоту́.
She stifled a yawn.
그녀는 하품을 참았다.

| про-зев-а́ть | 못보고 지나치다, 놓치다 to miss

Мы прозева́ли наш по́езд.
We missed our train.
우리는 기차를 놓쳤다.

| рото-зе́й | 얼뜨기, 멍청한 사람 loafer

Ротозе́й попа́л в кана́ву.
The loafer fell into a ditch.
멍청한 사람이 시궁창에 빠졌다.

ЗЛ-, *EVIL, WICKED, ANGRY* (나쁜, 사악한, 성난)

| зл-ить | 애태우게 하다, 화나게 하다 to anger, provoke, vex, irritate

Не зли меня́.
Don't vex me.
나를 화나게 하지마.

| зл-о | 악, 불행, 재앙 evil, harm, ill, wrong

Я не жела́ю ему́ зла.
I do not wish him harm.
나는 그를 저주하기를 원치 않는다.

| зл-о́ба | 악의, 원한, 유감 fury, malice, spite, wickedness

В его́ груди́ кипе́ла зло́ба.
He was boiling over with spite.
그의 가슴속에는 원한이 불타고 있었다.

| зл-о́бный | 악의에 찬, 적의를 품은, 독살스러운 wicked, malicious, angry

Вы бро́сили на неё зло́бный взгляд.
You looked angrily (daggers) at her.
당신은 그녀를 악의에 찬 시선으로 바라보았다.

| зл-ой | 악의 있는, 원한을 품은, 나쁜 마음의 evil, wicked |

У неё злой нрав.
She has a wicked temper.
그녀는 나쁜 성질을 가지고 있다.

| зл-ость | 악의, 증오, 독한 마음 anger, ill-naturedness |

Я да́же покрасне́л от зло́сти.
I even turned red with anger.
노여움으로 얼굴이 붉어지기까지 했다.

| зл-ю́ка | 성미가 급한 사람, 성질이 나쁜 사람 spitfire |

Ну и злю́ка же ты!
What a spitfire you are!
너는 성미가 아주 급하구나!

| зл-ю́щий | 성질이 나쁜, 포악한, 부도덕한 furious |

Он верну́лся домо́й злю́щий-презлю́щий.
He came home simply furious.
그는 단지 성질이 나빠져서 집으로 돌아왔다.

| зл-о-де́й | 악인, 악당, 나쁜 놈 rascal, villain, malevolent person |

Кто сам себе́ злоде́й?
Who wishes harm to himself?
누가 자신이 악당이길 원하겠는가?

| зл-о-па́мятный | 원한이 깊은, 집념이 강한 spiteful, rancorous |

Злопа́мятный челове́к и́щет ме́сти.
A spiteful man looks for revenge.
원한이 깊은 사람은 복수를 노린다.

| зл-о-умы́шленник | 간계를 꾸미는 사람, 악인 malefactor |

Злоумы́шленника уличи́ли.
The malefactor was caught red-handed.
악인은 현행범으로 체포되었다.

| о-зл-о-бле́ние | 화나게 하는 것, 분노 anger, wrath, exasperation |

Озлобле́ние наро́да привело́ к револю́ции.
The people's wrath led to a revolution.
민중의 분노는 혁명으로 이어졌다.

ЗНА-, *KNOW* (알다)

| зна-к | 표, 기호, 부호, 약호 sign, token, mark, symbol |

В знак согла́сия он кивну́л голово́й.
He nodded his head as a sign of consent.
동의의 표시로 그는 머리를 끄덕였다.

| зна-ко́мый | 친분이 있는, 아는 사이의, 지인 acquaintance |

Э́тот господи́н - мой знако́мый.
This gentleman is an acquaintance of mine.
이 신사 분은 나의 지인이다.

| зна-мени́тый | 저명인, 유명한 famous, distinguished |

Он знамени́тый хиру́рг.
He is a famous surgeon.
그는 유명한 외과의사이다.

| зна́-мя | 기, 군기, 기치 banner |

Рабо́чие несли́ кра́сное зна́мя.
The workmen were carrying a red banner.
노동자들은 붉은 기를 날랐다.

| зна́-ние | 지식, 학식, 학문 knowledge, learning, science |

Вся́кое де́ло тре́бует зна́ния.
Any kind of work requires knowledge (skill).
어떤 종류의 일이든 지식을 필요로 한다.

| зна-ть | 알다, 숙지하다 to know, to be informed, to be skilled |

Нельзя́ всего́ знать.
One cannot know everything.
모든 것을 다 알 수는 없다.

| зна́-чить | 의미하다, 나타내다 to mean |

Что э́то зна́чит?
What does it mean?
이것은 무엇을 의미합니까?

| на-зна-ча́ть | 정하다, 임명하다, 지명하다 to appoint |

Его́ назнача́ют нача́льником отде́ла.
He was appointed the head of the department.
그는 부서의 책임자로 임명되었다.

| по-зна-ко́мить | 소개하다 to acquaint, to introduce, make one's acquaintance |

Я хочу́ вас познако́мить с ни́ми.
I want to introduce you to them.
나는 당신을 그들에게 소개하고 싶다.

| при́-зна-к | 특징, 징후, 전조 sign, token |

Она́ не подава́ла при́знаков жи́зни.
She gave no signs of life.
그녀는 인생의 특징들을 묘사하지 않았다.

| раз-у-зна́-ть | 탐지하다, 알아내다 to learn, find out |

Я постара́юсь разузна́ть об э́том.
I shall try to find out about this.
나는 이것에 대해 알기 위해 노력할 것이다.

| со-зна-ва́ть | 의식 · 자각 · 인정하다 to be conscious of, acknowledge |

Они́ сознаю́т свои́ оши́бки.
They are conscious of their faults (mistakes).
그들은 자신들의 실수를 자인한다.

ЗР-, ЗАР-, ЗЕР-, ЗИР-, ЗОР- *SEE, LOOK, LIGHT*
(보다, 바라보다, 빛)

| зар-ни́ца | 소리없는 번개, 마른 번개불 heat lightning |

Вот вспы́хнула зарни́ца.
The heat lightning flashed.
번개가 쳤다.

| зар-я́ | (주로 아침의) 노을 sunset, sunrise |

Вече́рняя заря́ окра́сила не́бо.
The sunset colored the sky.
하늘에 저녁노을이 물들었다.

| о-зар-я́ть |
| о-зар-и́ть | 빛을 주어 밝게 하다, 비추다 to illumine, brighten, light up |

Лу́нный свет озаря́ет ко́мнату.
Moonlight illumines the room.
방에 달빛이 비친다.

| зе́р-кало | 거울 mirror |

Она́ смотре́лась в зе́ркало.
She was looking into the mirror.
그녀는 거울을 들여다 보았다.

| со-зер-ца́тельный | 관조하는, 사변적인, 명상적인 contemplative |

У него́ созерца́тельная нату́ра.
He is a contemplative nature.
그는 사변적인 사람이다.

| в-зир-а́ть | 보다, 바라보다 to look at, regard |

Он пошёл туда́, не взира́я на моё предостереже́ние.
He went there in spite of (disregarding) my warning.
그는 나의 경고에도 불구하고 그곳으로 갔다.

| над-зир-а́тель | 감독자, 감시인, 관리인 inspector, warden, superintendent

Надзира́тель проха́живался по коридо́ру.
The superintendent was walking along the corridor.
관리인은 복도를 따라 걸어다녔다.

| пре-зир-а́ть | 경멸하다, 경시하다, 무시하다 to despise, scorn

Не презира́йте меня́.
Don't despise me.
나를 무시하지 마라.

| в-зор | 시선, 눈길, 시력 look, glance, gaze

Она́ поту́пила свой взор.
She cast her eyes down.
그녀는 눈을 내려 떴다.(시선을 떨구었다.)

| до-зо́р | 순회, 순시 patrol, round

Солда́ты хо́дят дозо́ром.
The sentries are making their rounds.
병사들은 순찰을 돌았다.

| по-зо́р | 치욕, 수치, 모욕, 불명예 disgrace

Э́то позо́р для нас всех.
This is a disgrace for all of us.
이것은 우리 모두에 대한 모욕이다.

| у-зо́р | 무늬, 당초무늬 pattern, design

Я вышива́ю узо́р.
I am embroidering a pattern.
나는 무늬를 수놓는다.

| зр-е́лище | 광경, 구경거리 spectacle, show, sight

Како́е чу́дное зре́лище!
What a wonderful sight!
얼마나 기묘한 광경인가!

| зр-е́ние | 시력, 시각 sight, vision, eyesight |

У него́ плохо́е зре́ние.
His eyesight is poor (bad).
그는 시력이 나쁘다.

| обо-зр-е́ние | (신문, 잡지의) 평론, 비평 review, survey |

В газе́те вы найдёте обозре́ние ва́жных собы́тий.
In the newspaper you will find a survey of important events.
당신은 신문에서 중요한 사건에 대한 비평을 찾을 수 있을 것이다.

| подо-зр-е́ние | 의심, 혐의 distrust, suspicion |

Э́тот господи́н нахо́дится под подозре́нием.
This man is under suspicion.(This man is suspected.)
이 사람은 혐의를 받고 있다.

| пре-зр-е́ние | 경멸, 멸시하는 것, 무시 scorn, contempt |

Вы отно́ситесь к ним с презре́нием.
You are treating them with scorn.(You scorn them.)
당신은 그들을 경멸한다.

| при́-зр-ак | 환상, 환영, 유령 ghost, phantom |

Его́ трево́жат при́зраки про́шлого.
The phantoms of the past are troubling him.
과거의 환영들이 그를 불안하게 했다.

| при́-зр-ачный | 환상, 환영의, 헛된 illusory, unreal |

Она́ обма́нывает себя́ при́зрачными наде́ждами.
She is deceiving herself with illusory hopes.
그녀는 헛된 희망에 매혹되었다.

| при-зр-е́ние | 부양, 양육 protection, charity |

В на́шем го́роде два до́ма для призре́ния бе́дных.
In our town there are two charitable institutions for the poor.
우리 도시에는 두 곳의 빈민 구제원이 있다.

ИГР-, *GAME, PLAY* (놀이, 경기)

| игр-á | 놀이, 유희, 경기, 연주, 연기 game, play |

Я предпочитáю игрý на скрúпке.
I prefer playing the violin.
나는 바이올린 연주를 더 좋아한다.

| игр-áть | 놀다, 경기, 연주, 연기하다 to play |

Дéти игрáют в мяч.
The children are playing ball.
아이들은 공놀이를 한다.

| игр-ú-вый | 익살부리는, 소탈한, 장난기 어린 playful |

Игрúвые вóлны набегáют нá берег.
The playful waves beat against the shore.
경쾌한 파도가 해변가로 밀려들었다.

| игр-óк | 노름꾼, 연주자 gambler, player |

Он азáртный игрóк.
He is a gambler.
그는 직업적인 노름꾼이다.

| игр-ýшка | 장난감 plaything, toy |

У неё нет игрýшек.
She has no toys.
그녀에게는 장난감이 없다.

| вы́-игр-ыш | 이득, 상금, 이기는 것 winnings, gain, prize

Э́то мой вы́игрыш.
This is my prize.(These are my winnings.)
이것은 나의 상금이다.

| про-игр-а́ть | 내기, 도박, 투쟁에 지다, 잃다 to lose, to play

Он проигра́л всё своё состоя́ние.
He lost (at cards) his entire fortune.
그는 자신의 전 재산을 잃었다.

| с-ыгр-а́ть | 놀다, 경기하다, 연주, 연기하다 to play

Что вам сыгра́ть?
What shall I play (for you)?
무엇을 연주할까요?

ИН-, *OTHER, DIFFERENT* (다른, 별개의)

| ин-а́че | 다르게, 달리, 그렇지 않으면 or else, otherwise

Беги́те, ина́че вы опозда́ете.
Run (Hurry), otherwise (or else) you will be late.
뛰어라, 그렇지 않으면 당신은 늦을 것이다.

| ин-огда́ | 때때로, 이따금, 때로는 sometimes, occasionally

Иногда́ они́ купа́ются в мо́ре.
Occasionally they bathe in the sea.
때때로 그들은 해수욕을 한다.

| ин-о́й | 다른, 별개의, 어떤 different, other

А, э́то ино́й разгово́р.
Ah, this is quite a different talk.
아, 이것은 다른 이야기이다.

ИСК-, ЫСК-, *SEEK* (찾다)

иск
민사소송, 배상요구 suit, action, claim

Ему́ предъяви́ли иск.
He was sued.(A complaint was issued against him.)
그는 고소 당했다.

иск-а́тель
탐구자, 탐색자, 탐험가 searcher, seeker

Э́то настоя́щий иска́тель приключе́ний.
He is a real adventurer.
그는 진정한 탐험가다.

иск-а́ть
찾다, 탐구하다, 구하다 to look for, search

Я весь ве́чер иска́л э́ту кни́гу, но её не нашёл.
I looked for this book all evening, but I didn't found it.
나는 저녁 내내 이 책을 찾았지만 발견하지 못했다.

вз-ыск-а́тельный
준엄한, 까다로운 strict, exacting

Вы сли́шком взыска́тельны.
You are too exacting.
당신은 너무 까다롭다.

вз-ыск-а́ть
거두어들이다, 징수하다 to exact, recover

Он взыска́л изде́ржки судо́м.
He recovered costs in a suit at law.
그는 재판을 통해서 비용을 배상받았다.

из-ы́ск-анный
세련된, 우아한 refined, dainty, artistic

У неё изы́сканный вкус.
She has a refined taste.
그녀는 세련된 취미를 갖고 있다.

| **об-ыск** | 수색, 검사, 심문 search

Поли́ция де́лает о́быск.
The police are making a search.
경찰이 수색을 한다.

| **с-ы́щ-ик** | 탐정, 형사 detective

Сы́щик напа́л на след преступле́ния.
The detective has come upon the clue of the crime.
탐정은 우연히 범죄의 단서를 발견했다.

K

КАЗ-, *SEEM, APPEAR, EXPRESS*
(~처럼 보이다, 나타나다, 표현하다)

каз-а́ться | 보이다, 생각된다, 여겨진다 to seem, appear

Мне каза́лось, что всё э́то я ви́дел во сне.
It seemed to me that I had seen all this in a dream.
내게는 이 모든 것이 내가 꿈 속에서 보았던 것처럼 생각되었다.

ск-аз-а́ть | 말하다, 이야기하다 to tell

Скажи́те ему́, что я бу́ду его́ ждать.
Tell him that I shall expect him.
그에게 내가 기다릴 거라고 말해주세요.

с-ка́з-ка | 구전, 옛날 이야기, 동화 fairy tale

Он лю́бит ска́зки.
He likes fairy tales.
그는 옛날 이야기를 좋아한다.

вы́с-каз-аться | 자기의 생각, 의견을 진술하다 to say out, express

Да́йте ему́ вы́сказаться.
Let him express himself.
그가 자기 의견을 진술하도록 합시다.

на-ка́з | 명령, 지시, 훈령 instruction, decree

Мы чита́ли нака́з Екатери́ны Вели́кой.
We were reading the Instruction of Catherine the Great.
우리는 예까쩨리나 여제의 훈령을 읽었다.

| от-ка́з | 거절, 거부, 사절, 중지 refusal, denial, rejection |

Они́ получи́ли отка́з.
They were refused.
그들은 거부되었다.

| по-каз-а́ть | 제시하다, 보여주다, 가리키다 to show |

Он показа́л мне доро́гу в го́род.
He showed me the road to town.
그는 나에게 도시로 가는 길을 가르쳐 주었다.

| при-ка́з | 명령, 지령, 명령서 order, command |

Нача́льник отдаёт прика́з.
The chief is issuing an order.
책임자는 명령을 내렸다.

| рас-с-ка́з | 이야기, 단편소설 story, tale |

Расска́зы Че́хова интере́сны.
Chekhov's stories are interesting.
체홉의 단편소설은 재미있다.

| у-каз-а́ть | 지시하다, 교시하다, 가리키다 to point, show |

Укажи́те ему́ доро́гу.
Show him the way.
그에게 길을 가르쳐 주십시오.

КАЗ-, *PUNISH* (벌하다)

| каз-ни́ть | 사형에 처하다, 괴롭히다 to execute, put to death |

Всех пятеры́х казни́ли.
All five were put to death.
다섯 모두 사형에 처해졌다.

| каз-нь | 사형, 고뇌 execution

Их приговори́ли к сме́ртной ка́зни.
They were sentenced to death.
그들은 사형 선고를 받았다.

| ис-каж-а́ть
| ис-каз-и́ть | 일그러뜨리다, 왜곡하다 to distort, disfigure

Шрам исказ́ил ему́ лицо́.
A scar disfigured his face.
상처가 그의 얼굴을 일그러뜨렸다.

Не искажа́йте и́стины.
Don't distort the truth.
진실을 왜곡하지 마라.

KAM-, *STONE, ROCK* (돌, 바위)

| ка́м-ень | 돌, 석재, 암석 stone, rock

Де́ти броса́ют ка́мни.
The children throw stones.
아이들은 돌을 던졌다

| ка́м-енный | 돌의, 돌로 된, 석조의 stone

Он купи́л ка́менный дом.
He bought a stone house.
그는 돌로 지어진 집을 샀다.

| ка́м-ени́стый | 돌로 된, 돌이 많은 stony, rocky

Камени́стая по́чва.
A rocky ground (soil).
돌이 많은 토양.

| ка́м-енщик | 석공, 석수장이 mason, bricklayer

Мы не мо́жем найти́ ка́менщика.
We cannot find a bricklayer.
우리는 석공을 찾을 수 없었다.

| о-ка́м-ене́ть | 돌이 되게 하다, 경화되다 to petrify

От стра́ха она́ окамене́ла.
She was petrified with fright.
그녀는 공포에 질렸다.

KAT-, *ROLL, RIDE* (구르다, 타다)

| кат-а́ться | 구르다, 타고 돌아다니다 to ride

Зимо́й прия́тно ката́ться на саня́х.
In winter it is pleasant to go sleigh riding.
겨울에 썰매 타는 것은 즐겁다.

| кат-и́ть | 굴리다, 태우고 가다 to roll

Рабо́чие кати́ли бо́чку по мостово́й.
The workmen were rolling a barrel on the road.
노동자들이 길에서 나무통을 굴렸다.

| кат-о́к | 스케이트장 skating-rink

На катке́ игра́ла му́зыка.
The band played on the skating-rink.
스케이트장에서 음악이 연주되었다.

| кат-у́шка | 실패, 실감개, 릴 spool, reel

Принеси́те мне кату́шку ни́ток.
Bring me a spool of thread.
실감개를 나에게 주십시오.

K 205

| кач-а́ть | 흔들어 움직이다, 흔들다 to rock, swing, sway

Мать кача́ет ребёнка.
The mother rocks the child.
엄마가 아이를 흔든다.

| кач-е́ли | 그네 swing

У нас в саду́ каче́ли.
We have a swing in the garden.
우리 정원에는 그네가 있다.

| ка́ч-ка | 진동, 동요, 흔들림 rolling, tossing, pitching

Матро́сы не боя́тся ка́чки.
The sailors are not afraid of rolling.(and pitching)
선원들은 흔들림을 두려워하지 않는다.

| за-ка́т | (해가) 지는 것, 저녁노을, 일몰시 sunset

Они́ любова́лись зака́том со́лнца.
They were admiring the sunset.
그들은 일몰을 도취되어 보았다.

КИД-, *TOSS* (던지다)

| кид-а́ть
| ки́-нуть | 던지다, 내던지다 to toss, fling, throw, pitch

Ма́льчик ки́нул мяч.
The boy pitched the ball.
소년이 공을 던졌다.

| вы-ки́д-ывать | 내버리다, 우스꽝스러운 짓을 하다 to discard, play tricks

Он лю́бит выки́дывать шу́тки.
He likes to play tricks.
그는 장난치기를 좋아한다.

| под-кѝд-ыш

| 내버린 아이, 버려진 아이 foundling

На крыльцѐ плàкал подкѝдыш.
A foundling was wailing on the porch.
현관 계단에서 버려진 아이가 울고 있었다.

| на-кѝд-ка

| 커버, 망토 mantle, cloak, wrap

Ей привезлѝ красѝвую накѝдку.
They brought her a beautiful wrap.
그들은 그녀에게 예쁜 커버를 갖다 주었다.

| с-кѝд-ка

| 투하, 감가, 할인 discount, reduced price

Товàр здесь продаётся со скѝдкой.
The merchandise is sold here at reduced prices.
이곳에서 상품은 할인되어 팔린다. .

| о-про-кѝн-уть

| 뒤집다, 뒤엎다, 엎지르다 to upset, tip over, overturn

Я опрокѝнул стул.
I tipped the chair over.
나는 의자를 뒤집었다.

КИП-, *BOIL* (끓다)

| кип-ѐть

| 비등하다, 끓다 to boil, seethe

Водà в чàйнике кипѝт.
The water in the teapot is boiling.
주전자 물이 끓는다.

| кип-ỳчий

| 끓어오른, 왕성한, 맹렬한 intense, fervent

Нигдѐ нет такòй кипỳчей дѐятельности, как в Амѐрике.
There is nowhere else such an intense activity as in America.
미국처럼 그렇게 왕성한 활동을 하는 곳은 아무 데도 없다.

| кип-ято́к | 끓는 물 boiling water |

Он побежа́л за кипятко́м.
He rushed to fetch the boiling water.
그는 끓는 물을 가지러 달려갔다.

| вс-кип-яти́ть | 끓이다, 삶다 to boil |

Вскипяти́те молоко́.
Boil the milk.
우유를 끓여 주십시오.

КИС-, КВАС-, *SOUR* (신, 시큼한)

| кис-лота́ | 신맛, 산(酸) acid, acidity |

Кислоту́ мо́жно купи́ть в апте́ке.
Acid may be bought at the drugstore.
산은 약국에서 살 수 있다.

| ки́с-лый | 신, 신맛이 있는 sour |

Я спекла́ пиро́г из ки́слых я́блок.
I made a pie with sour apples.
나는 새콤한 사과로 파이를 구웠다.

| ки́с-нуть | 시어지다, 틀어 박혀있다 to get sour, turn sour |

На́ше вино́ ки́снет.
Our wine is getting sour.
우리 포도주는 시어졌다.

Не́чего сиде́ть до́ма и ки́снуть.
You must not stay at home and turn sour (stale).
아무 하는 일없이 집에 틀어 박혀있을 필요가 없다.

| кис-е́ль | 젤리 jelly |

Мы еди́м мали́новый кисе́ль.
We are eating raspberry jelly.
우리는 나무딸기 젤리를 먹는다.

| квас | 꾜바스 sour drink |

Квас - освежа́ющий напи́ток.
Kvass is a refreshing drink.
꾜바스는 청량음료이다.

| ква́с-ить | 발효시키다 to ferment, pickle |

Крестья́нка собира́ется ква́сить капу́сту.
The peasant woman is starting to make sauerkraut.
여자농부는 양배추를 발효시킬 준비를 한다.

КЛАД-, *PUT, HIDE* (놓다, 숨기다)

| клад | 보물, 재보 treasure |

Говоря́т, что здесь спря́тан клад.
They say that treasure is hidden here.
여기에 보물이 숨겨져 있다고 한다.

| кла́д-бище | 묘지 cemetery |

Сто́рож живёт о́коло кла́дбища.
The watchman lives near the cemetery.
파수꾼은 묘지 근처에 산다.

| клад-ова́я | 창고, 곳간 pantry |

В кладово́й мно́го съестны́х припа́сов.
In the pantry there are many food supplies.
창고에 많은 양식이 있다.

| клас-ть | 놓다, 설치하다 to put |

Куда́ вы кладёте кни́ги?
Where do you put the books?
어디에 책들을 놓을 겁니까?

| до-клáд-ывать | 강연하다, 보고하다, 알리다 to report, announce, add |

Секретáрь доклáдывает о положéнии дел.
The secretary reports about the situation.
비서는 상황보고를 했다.

| за-клáд | 저당, 저당물, 담보, 도박, 노름 bet, wager, pledge, mortgage |

Не стóит вам бúться об заклáд.
You should not bet.
당신은 도박을 해서는 안 된다.

| у-клáд-ываться | 눕다, 짐을 챙기다 to lie down, to pack |

Нам порá уклáдываться.
It's time for us to pack.
짐 챙길 시간이다.

КЛЕВ-, *PECK* (쪼다)

| клёв | (낚시의) 입질, 미끼를 묾 biting, peck |

Поéдем удúть, сегóдня хорóший клёв.
Let's go fishing, the fish are biting today.
낚시하러 가자, 오늘 고기가 잘 잡힐 것 같다.

| клев-áть | (새가) 쪼아먹다, 쪼다, (물고기가) 먹이를 물다 to peck |

Птúца клюёт зернó.
The bird pecks the grain.
새가 알곡을 쪼아먹는다.

| клюв | (새의) 부리 bill, beak |

У воробья́ корóткий клюв.
The sparrow has a short bill.
참새는 짧은 부리를 갖고 있다.

| клю́-нуть | (새가) 쪼아먹다, 쪼다, (물고기가) 먹이를 물다 to bite |

Ры́ба клю́нула.
The fish are biting.
물고기가 미끼를 문다.

| клев-ета́ | 비방, 중상 calumny, slander |

От клеветы́ не уйдёшь.
One cannot get away from slander.
사람들은 비방으로 벗어날 수 없다.

| клев-ета́ть | 비방·비난·중상하다 to slander, malign, cast aspersion |

Заче́м вы на него́ клеве́щете?
Why do you cast aspersion upon him?
어째서 당신은 그를 비방하십니까?

| клев-етни́к | 비방자, 중상자 slanderer |

Он обозва́л дру́га клеветнико́м.
He called his friend a slanderer.
그는 친구를 비방자라 지칭했다.

КЛИК-, КРИК-, *CALL, CRY* (부르다, 외치다)

| кли́к-ать
кли́к-нуть | 큰소리로 부르다, 불러들이다 to call |

Кли́кни его́!
Call him.
그를 불러라!

| клич | 외침, 부르는 소리, 호소 call, cry, shout |

Разда́лся боево́й клич.
The war cry sounded.
함성이 울렸다.

K 211

| кли́ч-ка | 별명, 이명(異名) name, nickname

Зна́ет ли попуга́й свою́ кли́чку?
Does the parrot know his name?
앵무새는 자기 별명을 알고 있을까?

| пере-кли́ч-ка | 점호 roll call

Он не яви́лся на перекли́чку.
He did not come to the roll call.
그는 점호에 나타나지 않았다.

| крик | 외치는, 부르는 소리, 외침 shout, cry, call, scream

На её крик прибежа́ла прислу́га.
Hearing her scream, the servants rushed in.
그녀가 외치는 소리를 듣고 하인이 달려왔다.

| крик-у́н | 고함치는 사람 noisy person, bawler

Крику́на увели́ в уча́сток.
The bawler was taken to the police station.
고함치던 사람은 경찰서로 연행되었다.

| крич-а́ть | 외치다, 부르짖다, 고함치다 to shout

Что же ты на меня́ кричи́шь?
What the hell are you shouting at me for?
너는 왜 내게 소리치는 거니?

| вос-клиц-а́ние | 부르짖음, 절규, 감탄 exclamation

При её появле́нии разда́лись восклица́ния.
At her appearance exclamations were heard.
그녀가 나타나자 곳곳에서 감탄이 터져 나왔다.

КЛИН-, КЛЯ-, *OATH, CURSE, SWEAR* (맹세, 저주, 서약)

за-клин-а́ть
맹세코 부탁하다 to conjure, implore

Мать заклина́ла дочь не оставля́ть до́ма.
The mother implored her daughter not to leave her home.
어머니는 딸에게 집을 떠나지 말라고 간청했다.

про-клин-а́ть
저주하다 to curse, rue

Она́ проклина́ет тот день, когда́ она́ встре́тилась с ни́ми.
She rues that day when she met them.
그녀는 자신이 그들을 만났던 날을 저주한다.

кля-сть
저주하다 to curse

Он клянёт его́ в душе́.
In his soul he curses him.
그는 마음속으로 그를 저주하고 있다.

кля́-тва
맹세, 서약, 선서 oath, vow

С меня́ взя́ли кля́тву.
They made me swear (allegiance).
그들은 나에게서 서약을 받았다.

про-кля́-тие
저주, 욕설 curse, imprecation

Из тюрьмы́ слы́шались прокля́тия.
Curses reached us from the prison.
감옥으로부터 욕설이 흘러 나왔다.

КЛОН-, КЛАН-, *BEND, BOW* (구부리다, 굽히다)

| КЛОН-И́ТЬ | 굽히다, 경향을 가지게 하다 to lean, drive, incline |

Не понима́ю, куда́ он кло́нит.
I don't understand what he is driving at.
나는 그가 대체 어쩌자는 것인지 이해할 수 없다.

| на-КЛО́Н-НОСТЬ | 경향, 기호 inclination, tendency |

У него́ накло́нность к аза́ртной игре́.
He has a tendency to gamble.
그는 도박성향이 있다.

| по-КЛО́Н | 경례, 인사 greeting, salute, bow |

Покло́н вам от всех.
Greetings to you from all (of us).
모두가 당신에게 보내는 안부인사

| по-КЛО́Н-НИК | 숭배자, 흠모자 admirer |

Мой знако́мый - покло́нник Толсто́го.
An acquaintance of mine is an admirer of Tolstoy.
내 아는 사람은 똘스또이의 숭배자이다.

| с-КЛОН | 경사, 사면, 비탈 slope, decline |

На скло́не лет он заду́мал жени́ться.
In his declining years he decided to get married.
노년에 이르러 그는 결혼을 결심했다.

| с-КЛОН-И́ТЬ | 기울이다, 뜻에 따르게 하다 to bend, stoop, win over |

Нам удало́сь склони́ть его́ на на́шу сто́рону.
We succeeded in winning him over to our side.
그를 우리편으로 끌어들이는 데 성공했다.

| у-КЛОН-е́ние | 이탈, 회피, 기피 deviation, evasion |

Э́то уклоне́ние от те́мы.
This is a deviation from the topic.
이것은 주제에서 벗어나는 것이다.

| кла́н-яться | 인사하다, 간청하다 to greet, bow, send one's respects

Кла́няйтесь ва́шей ма́тушке.
Greet your mother.(Give my respects to your mother.)
당신 어머님께 안부를 전해주십시오.

| рас-кла́н-иваться
| рас-кла́н-яться | 인사를 나누다 to bow, salute, take one's hat off

Они́ раскла́нялись и разошли́сь.
They bowed and took leave.
그들은 인사를 나누고 헤어졌다.

КЛЮЧ-, *KEY* (열쇠)

| ключ | 열쇠 key

Он потеря́л свой ключ.
He lost his key.
그는 열쇠를 잃어버렸다.

| клю́ч-ница | 창고 관리인 housekeeper

Ма́рья Ива́новна была́ у них клю́чницей.
Maria Ivanovna was their housekeeper.
마리아 이바노프나는 그들의 창고 관리인이었다.

| ключ-ево́й | 샘의 spout, spring

Ключева́я вода́ холодна́.
Spring-water is cold.
샘물은 차갑다.

| вы́-ключ-ить | (전류, 가스를) 끊다 to turn off, switch off

У нас вы́ключили электри́чество.
Our electricity was turned off.
우리집 전기는 끊겼다.

K 215

| за-клю́ч-е́ние | 결론, 결정, 유폐 conclusion, deduction, imprisonment

Ва́ше заключе́ние ве́рно.
Your conclusion is correct.
우리의 결론이 옳다.

| ис-клю́ч-и́тельный | 예외의, 특별한, 독점적인 exceptional

Э́то исключи́тельный слу́чай.
This is an exceptional case.
이것은 예외적인 경우이다.

КНИГ-, *BOOK* (책)

| кни́г-а | 책, 서적 book

Чья э́то кни́га?
Whose book is it?
이것은 누구의 책입니까?

| кни́ж-ка | 책 (指小型) book

У меня́ нет записно́й кни́жки.
I have no notebook.
나는 수첩이 없다.

| кни́ж-ный | 책의, 서적용의 book

Зайдёмте в кни́жный магази́н.
Let's go to the bookstore.
책방에 들릅시다.

КОВ-, *FORGE, CONFINE* (쇠를 벼리다, 한정하다)

| ков-а́ть | (금속을) 불리다, 박다 to forge, beat, strike

Куй желе́зо, пока́ горячо́.
Strike while the iron is hot.
쇠뿔도 단김에 빼라.

| на-ков-а́льня | 모루, 철참 anvil |

Кузне́ц положи́л гвоздь на накова́льню.
The blacksmith put a nail on the anvil.
대장장이는 못을 모루 위에 놓았다.

| о-ко́в-ы | 족쇄, 속박 fetters, shackles |

Ареста́нты позвя́кивали око́вами.
The convicts clanked their fetters.
죄수들은 족쇄소리를 냈다.

| под-ко́в-а | 편자 horseshoe |

Ло́шадь потеря́ла подко́ву.
The horse lost a shoe.
말은 편자를 잃어버렸다.

| при-ков-а́ть | 단접(鍛接), 쇠사슬에 묶다 to chain, forge, confine |

Боле́знь прикова́ла его́ к посте́ли.
The illness confined him to his bed.
병 때문에 그는 자리에서 떠나지를 못한다.

КОЖ-, *SKIN, HIDE, LEATHER* (피부, 가죽)

| ко́ж-а | 피부, 피혁, 껍질 skin, leather |

Из ко́жи де́лают о́бувь.
Footware is made of leather.
신발은 가죽으로 만들어진다.

| ко́ж-аный | 가죽의, 피혁제의 leather |

Носи́льщик несёт ко́жаный чемода́н.
The porter carries a leather suitcase.
짐꾼은 가죽으로 된 여행가방을 운반한다.

| кож-е́венный | 가죽의, 피혁 제조, 판매의 leathe, hide, tannery

Он рабо́тает на коже́венном заво́де.
He works at the tannery.
그는 피혁공장에서 일한다.

КОЗ-, *GOAT* (염소)

| коз-а́ | 염소 goat

Коза́ попа́ла в огоро́д.
The goat got into the vegetable garden.
염소가 채소밭에 들어갔다.

| коз-ёл | 숫염소, 산양 goat

Я не хочу́ быть козло́м отпуще́ния.
I do not want to be a scapegoat.
나는 속죄의 산양이 되기 싫다.

| ко́з-ий | 염소의, 산양의 goat

До́ктор посове́товал пить ко́зье молоко́.
The physician advised to drink goat milk.
의사는 염소젖을 마실 것을 권했다.

| ко́з-лы | 마부자리, 삼각대 box, coach box

Ку́чер сиди́т на ко́злах.
The driver is seated on the coach box.
마부는 마부자리에 앉아 있다.

КОЛ-, *POINT, PRICK, CIRCLE* (뾰족한 끝, 쑤시다, 원)

| кол | 말뚝 stake, pole, picket

От забо́ра оста́лся то́лько кол.
Only a pole is left of the fence.
울타리로부터 오로지 말뚝만 남았다.

| кол-есо́ | 차륜, 바퀴, 회전 wheel

Колесо́ слома́лось.
The wheel broke.
바퀴가 망가졌다.

| кол-ея́ | 바퀴자리, 궤도 rut, track

На доро́ге видна́ колея́.
A rut is running (is seen) along the road.
도로에 바퀴자국이 나 있다.

| ко́л-кий | 찌르는, 따끔한, 깨지기 쉬운 sharp, stinging

Произошёл ко́лкий разгово́р.
A sharp conversation took place.
신랄한 대화가 오고 갔다.

| кол-о́ть | 찌르다, 쿡쿡 찌르다, 깨뜨리다 to stab, thrust, sting

У него́ коло́ло в боку́.
He had a stabbing (sharp) pain in his side.
그는 옆구리가 쿡쿡 쑤셨다.

| кол-ь-цо́ | 고리, 반지 ring

На её па́льце обруча́льное кольцо́.
There is a wedding ring on her finger.
그녀의 손가락에는 약혼 반지가 끼여있다.

| рас-ко́л | 쪼개는 것, 분열, 분리파 split, schism

Но́вое уче́ние привело́ к раско́лу.
The new teaching brought about a schism.
새로운 교의가 분열을 초래했다.

| о́-кол-о | 주위에, 둘레에, 근처에 near

Они́ живу́т о́коло нас.
They live near us.
그들은 우리 근처에 살고 있다.

| о-ко́л-ь-ный | 회로(回路)의, 우회하는 roundabout

Мы прие́хали в дере́вню око́льным путём.
We came to the village by a roundabout road.
우리는 우회로를 통해 마을에 도착했다.

КОЛ-, *WAVER* (흔들리다)

| кол-еба́ть | 진동, 동요시키다, 흔들리게 하다 to sway, waver, agitate, vibrate

Ве́тер коле́блет жа́тву.
The wind sways the crop.
바람은 수확물을 흔들어 놓았다.

| кол-еба́ние | 진동, 변동, 동요 fluctuation, oscillation

Здесь ре́зкое колеба́ние температу́ры.
There is a sharp fluctuation of temperature here.
이곳은 온도의 변화가 심하다.

| кол-ыбе́ль | 요람 cradle

Ребёнок спит в колыбе́ли.
The child sleeps in the cradle.
어린 아이는 요람에서 자고 있다.

КОН-, *BEGINNING, END* (처음, 끝)

| ис-кон-и́ | 태고로부터, 예로부터 from the very beginning

Искони́ так ведётся.
It has been established so from the very beginning.
예로부터 그렇게 지켜져 왔다.

| кон-е́ц | 끝, 종말, 결말, 최후 end, termination |

В конце́ концо́в он согласи́лся со мной.
Finally (at last) he agreed with me.
결국 그는 나에게 동의했다.

| кон-е́чно | 물론, 틀림없이 certainly, of course |

Вы, коне́чно, зае́дете к нам.
Of course you will call on us.
틀림없이 당신은 우리를 방문하게 될 것이다.

| ко́н-чить | 끝마치다, 완료하다, 종료하다 to end, finish, complete |

Мы ко́нчили рабо́ту.
We have finished our work.
우리는 일을 끝마쳤다.

| за-ка́н-чивать | 완성, 마무리하다 to finish, complete, conclude |

Мы зака́нчиваем пе́рвую часть уче́бника.
We are finishing the first part of the textbook.
우리는 교과서의 첫 번째 부분을 마무리하고 있다.

| за-ко́н | 법, 법률, 법규, 법칙, 규정 law |

Вы́шел но́вый зако́н об иностра́нцах.
A new law was issued concerning foreigners.
외국인에 대한 새로운 법이 공포되었다.

| за-ко́н-ный | 적법적인, 합법의, 당연한 lawful, legal, rightful, just |

Э́то зако́нное тре́бование.
This demand is lawful.(This is a just demand.)
이것은 정당한 요구이다.

| о-кон-ча́ние | 종료, 완료, 완결 end, ending, completion |

Ещё час до оконча́ния спекта́кля.
We still have an hour before the end of the play.
공연이 끝나려면 아직 한시간이 남았다.

КОН-, *HORSE* (말)

КОН-ёк — 장기, 특기 fad, hobby

Это его конёк.
This is his hobby.
이것은 그의 장기이다.

КО́Н-ница — 기병대 cavalry

Ко́нница мча́лась во весь опо́р.
The cavalry rushed at full speed.
기병대는 전속력으로 달렸다.

КО́Н-ный — 말의, 마력에 의한, 기병의 horse, mounted

Ко́нный отря́д отпра́вился к грани́це.
The mounted troops started towards the border.
기병 중대는 국경으로 떠났다.

КОН-ь — 말 horse

У казака́ укра́ли коня́.
The Cossack's horse was stolen.
까자끄인은 말을 도둑 맞았다.

КО́Н-юх — 마부, 마구간 지기 groom, stableman

Ко́нюх смо́трит за лошадьми́.
The groom looks after the horses.
마부는 말을 보살핀다.

КОН-ю́шня — 마구간 stable

Из коню́шни слы́шалось ржа́ние лошаде́й.
One could hear the neighing of the horses in the stable.
마구간으로부터 말 울음소리가 들려왔다.

КОП-, *DIG, PIERCE* (파다, 조각)

| коп-а́ть | 파다, 파엎다, 파내다 to dig |

Я копа́ю зе́млю.
I am digging the ground.
나는 땅을 파고 있다.

| коп-ьё | 창, 투창 lance, bayonet |

Они́ би́лись на ко́пьях.
They were fighting with bayonets.(They were tilting).
그들은 창으로 싸웠다.

| о-ко́п-ы | 참호 trenches |

Солда́ты ро́ют око́пы.
The soldiers are digging the trenches.
군인들은 참호를 파고 있다.

КОП-, КУП-, *SAVE, HEAP, BUY* (저축하다, 쌓다, 사다)

| коп-е́йка | 꼬뻬이까 (러시아 화폐 단위) copeck |

Да́йте ма́льчику копе́йку.
Give the boy a copeck.
소년에게 1꼬뻬이까를 주십시오.

| коп-и́ть | 저축, 축적하다, 모으다 to save |

Они́ ко́пят де́ньги на чёрный день.
They are saving the money for rainy day.
그들은 만일의 경우를 대비하여 저축을 한다.

| коп-на́ | 낟가리, 더미, 수확량 rick, stack |

Се́но со́брано в копну́.
The hay is gathered into a rick.
건초가 더미로 모아졌다.

| ку́ч-а | 퇴적, 더미, 다수, 다량 heap, pile |

На дворе́ лежи́т ку́ча му́сору.
A pile of rubbish lies in the yard.
마당에 쓰레기 더미가 있다.

| вы́-куп | 보상, 되사는 것, 몸값 ransom |

За него́ да́ли большо́й вы́куп.
They paid for him a big ransom.
그에 대한 몸값으로 거액이 지불되었다.

| за-ку́п-щик | 구매자 buyer |

Заку́пщиков посла́ли заграни́цу.
The buyers were sent abroad.
해외로 구매자들을 내보냈다.

| куп-е́ц | 상인, 장사꾼 merchant |

Купе́ц стои́т за прила́вком.
The merchant stands behind the counter.
상인은 판매대 뒤에 서있다.

| куп-е́чество | 상인, 상인계급 merchants, mercantile class |

Мно́го писа́ли о ру́сском купе́честве.
A great deal was written about the Russian merchants.
러시아 상인들에 대해서는 많은 글이 쓰여졌다.

| куп-и́ть | 사다, 구입하다 to buy |

Я куплю́ всё необходи́мое.
I shall buy all that is necessary.
나는 필요한 모든 물품을 살 것이다.

| под-куп-и́ть | 매수하다, 뇌물을 주다 to bribe |

Э́того чино́вника ниче́м не подку́пишь.
There is nothing with which you could bribe this official.
이 관리는 어떠한 것으로도 매수할 수 없다.

| по-куп-а́ть | 사다, 구입하다 to buy, purchase |

Не покупа́йте в э́том магази́не.
Don't buy in this store.
이 상점에서 사지 마십시오.

| по-ку́п-ка | 구입, 사는 일, 구입품 purchase |

Вот моя́ поку́пка.
Here is my purchase.
이것이 내가 구입한 것이다.

| с-куп-о́й | 째째한, 인색한, 빈약한 stingy |

Он о́чень скуп.
He is very stingy.
그는 매우 인색하다.

KOP-, *REPROACH, GAIN, SUBJECT*
(비난하다, 얻다, 복종시키다)

| кор-и́ть | 욕, 책망, 비난하다 to reproach, blame |

В глаза́ не хвали́, за глаза́ не кори́.
Don't flatter to one's face, don't blame behind one's back.
사람 면전에서 아첨하지 말고, 등뒤에서 욕하지 마라.

| кор-ы́сть | 이익, 탐욕 cupidity, gain, profit, selfishness |

Он всё де́лает из коры́сти.
Everything he does is prompted by his cupidity.
그는 모든 일을 이익을 위하여 한다.

| по-кор-и́ть | 복종시키다, 승리하다, 정복하다 to subject, conquer |

Наполео́н покори́л всю Евро́пу.
Napoleon conquered entire Europe.
나폴레옹은 전 유럽을 정복했다.

| у-ко́р | 질책, 비난 reproach

Она́ смо́трит на меня́ с уко́ром.
She looks at me reproachfully.
그녀는 나를 비난하는 듯 바라본다.

КОР-, *ROOT* (뿌리, 근원)

| кор-енно́й | 옛 · 본래부터의, 본질적인 radical, native, fundamental

Коренно́е населе́ние здесь ру́сское.
Here the native population is Russian.
이곳의 원래 주민은 러시아인이다.

| ко́р-ень | 뿌리, 기원, 근원, 어근 root

Ко́рни ду́ба иду́т глубоко́ в зе́млю.
The roots of an oak go deep into the ground.
참나무는 땅 속 깊이 뿌리를 내린다.

| кор-ешо́к | 뿌리, 책의 등쪽한 곳 rook, back

Корешо́к словаря́ по́рван.
The back of the dictionary is torn.
사전 장정이 찢어졌다.

| кор-и́ца | 육계, 계피 cinnamon

Положи́те кусо́к кори́цы в рис.
Add a piece of cinnamon to the rice.
쌀에 계피 한 조각을 넣어라.

| ис-кор-еня́ть
| ис-кор-ени́ть | 근절하다, 절멸하다 to eradicate, destroy

Ме́ра э́та искорени́ла мно́го злоупотребле́ний.
This measure eradicated many abuses.
이 조치는 많은 남용들을 근절했다.

КОРМ-, *FOOD, FEED* (식량, 양육하다)

| корм | 먹이, 사료, 여물, 양육 food, fodder |

Заготовьте корм для скота.
Get the fodder ready for the cattle.
가축 사료를 준비하십시오.

| корм-и́лица | 유모 wet nurse |

Они наняли кормилицу.
They hired a wet nurse.
그들은 유모를 고용했다.

| корм-и́ть | 사료를 주다, 양육하다, 먹이다 to feed, nourish, board |

В армии хорошо кормят.
They give good food in the army.(The army is well fed.)
군대의 식사는 좋다.

КОС-, ЧЕС-, *TRESS, COMB* (땋은 머리, 빗)

| кос-а́ | 땋아 늘인 머리, 변발 plait, braid |

У неё длинная коса.
She has a long braid.
그녀는 길게 땋아 늘인 머리를 갖고 있다.

| кос-ма́тый | 난발의, 텁수룩한 dishevelled |

Он всегда косматый.
He is always dishevelled.
그는 언제나 텁수룩하다.

| чес-а́ть | 긁다, 빗질하다 to scratch, comb |

Мужик чешет затылок.
The peasant scratches the back of his head.
농부는 뒷머리를 긁었다.

| чес-о́тка | 가려운 느낌, 가려움, 옴 itch

От чесо́тки тру́дно изба́виться.
It is difficult to get rid of an itch.
가려움에서 벗어나는 것은 어렵다.

| при-чёс-ка | 조발, 머리 모양 headdress, coiffure

У вас краси́вая причёска.
Your headdress is becoming (beautiful)
당신은 잘 어울리는 머리모양을 하고 있다.

| при-чёс-ываться | 자기 머리를 빗다 to comb

Я причёсываюсь пе́ред зе́ркалом.
I comb (my hair) in front of a mirror.
나는 거울 앞에서 머리를 빗는다.

КОС-, *SCYTHE, CUT* (큰 낫, 베다)

| кос-а́ | 큰 낫 scythe

Ле́звие косы́ остро́.
The blade of a scythe is sharp.
낫의 날이 날카롭다.

| ко́с-арь | 풀 베는 사람 mower, haymaker

Косари́ уже́ давно́ на лугу́.
The peasant mowers have already been in the meadow for a long time.
이미 오래 전부터 풀 베는 사람들이 풀밭에 있었다.

| кос-и́ть | (풀을) 베다 to mow, cut

Они́ ко́сят траву́.
They are mowing the grass.
그들은 풀을 베고 있다.

КОСТ-, *BONE* (뼈)

кост-ь
뼈, 골질 bone

Эта коро́бка сде́лана из ко́сти.
This box is made of bone.
이 상자는 뼈로 만들어졌다.

кост-ля́вый
뼈가 많은, 뼈가 앙상한 bony

У стару́х ру́ки костля́вы.
Old women's hands are bony.
노파의 손은 앙상하다.

кост-ы́ль
지팡이 crutch

Он урони́л свой косты́ль.
He dropped his crutch.
그는 지팡이를 떨어뜨렸다.

кос-не́ть
закос-не́ть
꾸물거리다, 경화하다 to stagnate, become stale

В прови́нции лю́ди неpе́дко коснéют.
In the province the people often stagnate.
시골에서 사람들은 종종 침체된다.

КРАД-, *STEAL* (훔치다)

крас-ть
훔치다, 도둑질하다 to steal

Ты не зна́ешь, что красть сты́дно?
Don't you know that it's a shame to steal?
훔치는 것이 창피한 것인 줄 너는 모르니?

| кра́ж-а | 절취, 절도 theft

Их обвини́ли в кра́же.
They were accused of theft.
그들은 절도죄로 고발당했다.

| в-кра́д-чивый | 아첨 잘하는, 간사한 insinuating, oily, smooth, coaxing

Она́ говори́ла вкра́дчивым го́лосом.
She spoke in a coaxing voice.
그녀는 간사한 목소리로 말했다.

| в-кра́д-ываться | 숨어, 섞여들다, 아첨하다 to steal in, slip in, creep in

При перепи́ске вкра́дываются оши́бки.
Mistakes creep in while copying.
필사하는 가운데 몇 개의 오류가 들어 있다.

КРАС-, *BEAUTY* (아름다움)

| крас-и́вый | 아름다운, 고운, 훌륭한 beautiful, handsome

У вас краси́вая ме́бель.
You have beautiful furniture.
당신은 아름다운 가구를 갖고 있습니다.

| кра́с-ить | 색칠하다, 물들이다 to paint

Маля́р кра́сит забо́р.
The painter paints the fence.
도장공이 울타리를 칠하고 있다.

| крас-ота́ | 미, 아름다움, 미모 beauty

Я преклоня́юсь пе́ред красото́й приро́ды.
I worship the beauty of nature.
나는 자연의 아름다움에 경탄한다.

| крас-ный | 적색의, 붉은 red |

Оши́бки испра́влены кра́сными черни́лами.
This mistakes are corrected in red ink.
틀린 것들은 붉은 잉크로 고쳐졌다.

| у-краш-а́ть | 꾸미다, 장식하다 to beautify, decorate, adorn, trim |

Де́ти украша́ют ёлку.
The children are decorating the Christmas tree.
어린아이들은 크리스마스 트리를 장식하고 있다.

КРАТ-, КОРОТ-, *SHORT, BRIEF* (짧은, 간결한)

| кра́т-кий | 짧은, 간략한, 간결한 short, brief |

Мы шли кра́тким путём.
We took a short cut.
우리는 지름길로 갔다.

| кра́т-кость | 짧은, 가까운 것, 간략 brevity, shortness |

Его́ речь хвали́ли за кра́ткость.
His speech was praised for its brevity.
그의 연설은 간결함으로 해서 칭찬을 받았다.

| пре-крат-и́ть | 중지하다, 그만두다, 폐지하다 to cease, put an end, stop |

Прошу́ прекрати́ть э́тот разгово́р.
I beg you to stop this conversation.
이 대화를 그만두실 것을 요청합니다.

| со-кращ-а́ть
со-крат-и́ть | 단축하다, 줄이다, 축소하다, 삭감하다 to shorten, curtail |

Нам необходи́мо сократи́ть расхо́ды.
We must curtail our expenses.
우리는 지출을 줄여야만 한다.

По суббо́там сокраща́ют рабо́чие часы́.
On Saturdays they shorten the working hours.
토요일마다 근로시간이 단축되었다.

| корот-а́ть | (시간을) 보내다. 메우다 to spend time, kill time |

По́мните, как мы с ва́ми корота́ли вечера́?
Do you remember how we used to pass the evenings?
우리가 저녁을 어떻게 보냈었는지 당신 기억하십니까?

| коро́т-кий | 짧은, 가까운, 친한, 간단한 short |

У него́ коро́ткие но́ги.
He has short legs.
그는 다리가 짧다.

КРЕП-, *STRONG* (강한)

| кре́п-кий | 굳은, 견고한, 단단한, 튼튼한 strong, firm, robust, vigorous |

У него́ кре́пкое здоро́вье.
His health is robust.
그는 매우 건강하다.

| кре́п-нуть | 강하게, 튼튼하게 되다 to get stronger, get firmer |

Лёд на реке́ кре́пнет.
The ice on the river is getting firmer.
강의 얼음은 단단해졌다.

| креп-остни́чество | 농노제 serfdom |

Наста́л коне́ц крепостни́честву.
Serfdom came to an end.
농노제의 최후가 왔다.

| кре́п-ость | 요새, 성채 fortress |

Престу́пника заточи́ли в кре́пость.
The criminal was imprisoned in the fortress.
죄인은 요새에 수감되었다.

| у-креп-ле́ние | 강화, 보루, 요새 fortification |

У вхо́да в га́вань постро́или укрепле́ние.
They erected a fortification at the entrance to the harbor.
항구 입구에 보루가 세워졌다.

КРЕСТ-, КРЕС-, *CROSS* (십자형)

| крест | 십자가, 십자 표, 십자형을 이룬 것 cross |

Крест - си́мвол христиа́нства.
The cross is the symbol of Christianity.
십자가는 기독교의 상징이다.

| крест-и́ть | 세례를 베풀다 to baptize |

Его́ крести́ли в це́ркви.
He was baptized in church.
그는 교회에서 세례를 받았다.

| крест-о́вый | 십자가의, 열십자 모양의 crusader, crossbearing |

Ры́цари уча́ствовали в кресто́вых похо́дах.
The knights participated in the crusades.
기사들은 십자군에 참여했다.

| крест-ь-я́нин | 농민, 농부 peasant |

Крестья́не па́шут и се́ют.
The peasants plough and sow.
농민들은 경작하고 파종한다.

| крещ-е́ние | 세례, 명명 baptism, christening

Он при́нял креще́ние.
He was baptized.
그는 세례를 받았다.

| вос-крес-а́ть
| вос-кре́с-нуть | 갱생하다, 소생하다, 부활하다 to rise from the dead, revive

Христо́с воскре́с!
Christ is risen!
주는 부활하셨도다! (부활절 인사)

| вос-крес-е́нье | 일요일 Sunday

В воскресе́нье у нас бы́ло мно́го госте́й.
On Sunday we had many visitors.
일요일에 우리 집에 손님이 많이 왔었다.

| вос-креш-а́ть
| вос-крес-и́ть | 소생시키다, 부활시키다, 갱생시키다 to resurrect, revive

Они́ воскреша́ют ста́рые обы́чаи.
They resurrect the old customs.
그들은 옛 관습을 부활시켰다.

КРОВ-, *BLOOD* (피)

| кров-а́вый | 피투성이의, 충혈된, 출혈하는 bloody, bloodstained

Ра́неный зверь оста́вил крова́вый след.
The wounded animal left a bloody trail.
상처 입은 짐승이 핏자국을 남겼다.

| кро́в-ный | 혈연의, 격심한 blood-relation, deadly

Ему́ нанесли́ кро́вную оби́ду.
They hurled a deadly insult at him.(They deeply insulted him.)
그는 심한 모욕을 당했다.

| кровь | 피, 혈액 blood

Это у него в крови.
It runs in his blood.
이것은 그의 천성이다.

| кров-о-жа́дность | 잔인함 bloodthirstiness

В кровожа́дности он не уступа́ет хи́щному зве́рю.
In bloodthirstiness he matches a wild animal.
잔인함에 있어서 그는 맹수에 필적한다.

КРОХ-, *CRUMB, SMALL PIECE* (작은 조각, 작은, 조각)

| кро́х-а | 조각, 세편, 소량 crumb

От их состоя́ния оста́лись то́лько кро́хи.
From their fortune there remained a few crumbs.
그들의 재산이 정말 조금밖에는 남지 않았다.

| кро́х-отный | 극히 작은 tiny

У неё кро́хотная ру́чка.
She has a tiny hand.
그녀의 손은 아주 작다.

| кро́ш-ка | 작은 아이, 꼬마, 조각, 소량 mite, little one, baby

Он совсе́м ещё кро́шка у вас.
Your child is still a baby.
당신의 아이는 아직 갓난아이다.

| крош-и́ть | 잘게 썰다, 작은 조각으로 하다 to crumble

Стари́к кро́шит хлеб в суп.
The old man crumbles some bread into his soup.
노인은 수프에 빵을 잘게 부수어 넣었다.

K 235

КРУГ-, *CIRCLE, SPHERE, ROUND* (원, 구체, 둥근)

| круг | 원, 원형, 고리, 동아리 circle |

У меня большой круг знакомых.
I have a large circle of friends.
나에게는 커다란 친구들 동아리가 있다.

| круг-лый | 동그란, 원형의, 전체의, 완전한 round, entire |

Они живут круглый год в деревне.
They live in the country all the year round.
그들은 시골에서 만 일년을 살고 있다.

| круж-ево | 레이스 lace |

На ней тонкое кружево.
She is wearing a fine lace.
그녀는 얇은 레이스를 입고 있다.

| круж-ить | 원형으로, 빙글빙글 돌다, 움직이다 to circle |

Орёл кружит в облаках.
The eagle circles among the clouds.
독수리는 구름 속에서 선회하고 있다.

| круж-ка | 손잡이가 달린 컵 cup, jug |

Ему подали кружку воды.
They gave him a cup of water.
물 한 컵이 그에게 주어졌다.

| о-круж-ать |
| о-круж-ить | 둘러, 에워싸다, 포위하다 to surround |

Толпа детей окружила учителя.
A crowd of children surrounded their teacher.
많은 어린아이들이 선생님을 에워쌌다.

КРЫ-, КРОВ-, *SHELTER, COVER* (피난처, 덮다)

кры-ть	씌우다 to cover

В этой деревне избы крыты соломой.
In this village the huts are covered with straw.
이 마을 농가들은 짚이엉으로 이어져 있다.

крыш-а	지붕, 덮개 roof

У них протекает крыша.
Their roof is leaking.
그들의 집 지붕은 샌다

от-кры-тие	열리는 것, 개시, 개설, 발견 discovery

Об этом открытии много писали.
Much has been written about this discovery.
이 발견에 관해 많이 쓰여졌다

от-кры-вать	열다, 개설, 개시, 발견하다 to open

Не открывайте окно.
Do not open the window.
창문을 열지 마십시오.

по-кры-вало	덮개, 보, 씌우개 cover, spread

На постели белое покрывало.
A white spread was on the bed.
침대 위에는 하얀 시트가 깔려있다.

с-кры-ть	숨기다, 은닉하다, 감추다 to cover up, hide, conceal

Он скрыл следы преступления.
He concealed the traces of the crime.
그는 범행의 흔적을 숨겼다.

| кров | 지붕, 보호, 집 shelter |

Она́ оста́лась без кро́ва.
She was left without shelter.
그녀는 의지할 곳 없이 남겨졌다.

| от-кров-е́нность | 솔직, 노골 frankness |

Открове́нность вызыва́ет дове́рие.
Frankness inspires one with confidence.
솔직은 신뢰를 갖게 한다.

| по-кров-и́тельствовать | 비호하다, 보호하다, 후원하다 to protect, patronize |

Нача́льник ему́ покрови́тельствует.
His chief patronizes him.
사장은 그를 보호하고 있다.

| со-кров-е́нный | 내밀한, 비밀의 secret, innermost |

Вы угада́ли мои́ сокрове́нные мы́сли.
You have guessed my innermost thoughts.
당신은 나의 비밀스런 생각들을 알아 맞혔다.

| со-кро́в-ище | 재보, 보물 treasure |

Госуда́рственные сокро́вища храня́тся в подземе́лье.
The state treasures are kept in an underground vault.
국가의 보물들은 지하동굴에 보관된다.

КУП-, *BATHE* (목욕하다)

| куп-а́льня | 탈의실, 작은 욕장 bathers booth |

Мы раздева́емся в купа́льне.
We are undressing in the bathers booth.
우리는 탈의실에서 옷을 벗었다.

| куп-а́нье | 목욕, 미역, 수영 bathing

Морски́е купа́нья поле́зны.
Sea bathing is wholesome.
해수욕은 건강에 좋다.

| куп-а́ть | 목욕시키다, 미역감기다 to bathe

Она́ купа́ет младе́нца.
She is bathing an infant.
그녀는 어린애를 목욕시켰다.

| вы́-куп-аться | 목욕하다, 미역감다 to bathe, to take a plunge

Ле́том прия́тно вы́купаться в реке́.
In summer it is pleasant to take a plunge (bathe) in the river.
여름에 강에서 미역을 감는 것은 재미있다.

КУС-, *BITE, TASTE* (물다, 맛)

| кус-а́ть | 물다, 깨물다, 찌르다 to bite

От зло́сти он куса́л гу́бы.
He was biting his lips in anger.
독한 마음으로 그는 입술을 깨물었다.

| кус-о́к | 조각, 한 조각, 한 덩어리 piece, slice

Да́йте ему́ кусо́к хле́ба.
Give him a slice of bread.
그에게 빵 한 조각을 주십시오.

| ку́ш-ать | 먹다, 마시다 to eat

Ку́шайте на здоро́вье.
Eat, it is good for you (your health).
건강을 위해 드십시오.

| у-кус-и́ть | 물다, 찌르다 to bite

Соба́ка укуси́ла де́вочку.
The dog bit the little girl.
개가 어린 소녀를 물었다.

| в-кус | 미각, 맛, 취미 taste

На вкус и на цвет това́рища нет.
Every one has his own taste.
취미도 가지가지.

| в-ку́с-ный | 맛있는, 맛 좋은 tasty

По́дали вку́сное блю́до.
A tasty dish was served.
맛있는 음식이 나왔다.

| за-ку́с-ка | 전채, 술안주, 간식 relish

Заку́ска на столе́.
The relishes are on the table.
전채 요리가 식탁에 있다.

| ис-ку́с-ство | 예술, 기술, 기예, 기교 art

Мы интересу́емся иску́сством.
We are interested in art.
우리는 예술에 관심을 갖고 있다.

| ис-куш-е́ние | 유혹, 교사 temptation

Это большо́е искуше́ние.
This is a great temptation.
이것은 대단한 유혹이다.

| рас-кус-и́ть | 깨물어 부수다, 이해하다 to bite in two, understand, grasp

Его́ тру́дно раскуси́ть.
It is hard to understand him.
그를 이해하기는 어렵다.

| по-куш-е́ние | 미수, 기도, 음모 attempt

На губерна́тора бы́ло покуше́ние.
An attempt was made on the governor's life.
시장을 죽이려는 기도가 있었다.

КУТ-, *WRAP, MUFFLE, TWIST* (감싸다, 싸다, 꼬다)

| ку́т-ать | 싸다, 감싸다 to wrap, muffle

Ба́ба ку́тает го́лову платко́м.
The peasant woman warps her head in a kerchief.
시골 아낙은 머리에 수건을 둘렀다.

| за-ку́т-ываться | 싸다, 둘러싸다, 덮다 to wrap up, muffle, dress

Зимо́й лю́ди заку́тываются в тёплые оде́жды.
In winter people (are wearing) wear warm clothes.
(In winter the people are muffled in warm clothes.)
겨울에 사람들은 따뜻한 옷을 입는다.

| кут-ёж | 떠들썩한 대 주연 spree, carouse, revelry

Кутёж продолжа́лся до утра́.
The revelry lasted until morning.
주연은 아침까지 계속됐다.

| кут-ерьма́ | 무질서, 혼잡, 뒤범벅 commotion, row

Там подняла́сь стра́шная кутерьма́.
A terrible commotion started there.
끔찍한 혼잡이 거기서 시작되었다.

| кут-и́ть | 방탕하다, 즐기다 to make merry, to be on a spree

Всю ночь они́ кути́ли.
They were on a spree all night.
그들은 밤새도록 흥청댔다.

ЛАД-, *HARMONY* (조화)

лад — 화합, 조화, 일치, 양식, 풍 harmony, concern, accord

Де́ло идёт на лад.
Things are getting along.
일은 순조롭게 진행된다.

ла́д-ить — 화합하다, 일치하다 to get along

Они́ не ла́дят ме́жду собо́й.
They don't get along.
그들은 사이가 안 좋다.

раз-ла́д — 무질서, 부조화, 불화, 반목 discord

Она́ повсю́ду вно́сит разла́д.
She brings discord everywhere.
그녀는 가는 곳마다 불화를 일으킨다.

у-ла́ж-ивать
у-ла́д-ить — 정리하다, 정돈하다, 조정하다 to arrange, settle, make up

Не беспоко́йтесь, я всё ула́жу.
Don't worry, I'll settle everything.
(Don't worry, I'll arrange everything.)
걱정하지 마십시오! 제가 모두 해결하겠습니다.

ЛАСК-, *CARESS, CLING* (애무하다, 달라붙다)

| ласк-а | 애무, 총애, 친절 caress, kindness |

В её глаза́х све́тит ла́ска.
Kindness shines in her eyes.
그녀의 눈에는 친절함이 배어있다.

| ласк-а́ть | 애무하다, 귀여워하다 to caress, pet, fondle |

Ма́льчик ласка́ет ко́шку.
The boy pets the cat.
소년은 고양이를 귀여워한다.

| ла́ск-овый | 상냥한, 부드러운, 귀여운 kind, affectionate |

Он при́нял меня́ ла́сково.
He received (met) me affectionately.
그는 나를 다정하게 맞았다.

| ла́ст-иться | 아첨하다 to fawn, flatter |

В ожида́нии насле́дства ои ла́стится к стари́ку.
He fawns upon the old man, expecting to get an inheritance from him.
그는 유산 상속을 기대하면서 노인에게 아첨하고 있다.

ЛГ-, ЛОЖ-, *LIE, DECEIT* (거짓말, 사기)

| лг-ать | 거짓말하다, 중상하다, 비방하다 to deceive, lie |

Я не лгу.
I am not deceiving.
나는 거짓말을 하지 않는다.

| лг-ун | 거짓말쟁이 liar |

Он невыноси́мый лгун.
He is an unspeakable liar.
그는 형언하기 어려운 거짓말쟁이다.

| лже-учи́тель | 사이비 교사, 사이비 설교자 false teacher

Лжеучи́тель искажа́ет и́стину.
A false teacher distorts the truth.
사이비 교사는 진실을 왜곡한다.

| лж-и́вый | 거짓말하는, 거짓의, 잘못된 false, deceitful

Лжи́вому не верь.
Don't trust a deceitful person.
거짓말쟁이를 믿지 마라.

| ло́ж-ный | 거짓의, 잘못된, 부정의 false

В газе́те появи́лись ло́жные слу́хи.
False rumors appeared in the newspaper.
거짓소문이 신문에 났다.

| лож-ь | 거짓, 불성실 lie

Э́то про́сто ложь.
This is simply a lie.
이것은 정말로 거짓이다.

ЛЕГ-, ЛАГ-, ЛОГ-, *LIE, DOWN, PUT* (눕다, 아래로, 놓다)

| леч-ь | 눕다, 드러눕다 to lie down

Мы легли́ спать ра́но.
We went to bed early.
우리는 일찍 잠자리에 든다.

| на-лег-а́ть | 기대다, 의지하다 to lean on, to drink or eat heartily

Не налега́й на вино́.
Don't drink too much wine.
포도주를 너무 많이 마시지 마라.

| на-лаг-а́ть
| на-лож-и́ть　　　　(세, 벌, 금령 따위를) 과하다, 지우다 to impose, put on, lay on

Она́ гото́ва наложи́ть на себя́ ру́ки.
She is ready to commit suicide.
그녀는 자살할 준비가 되어있다.

| по-лаг-а́ть　　　　생각하다, 추측하다 to think, deem, suppose

Я полага́ю, что он за́втра бу́дет здесь.
I suppose he will be here tomorrow.
나는 그가 내일 여기에 올 것이라고 생각한다.

| от-лож-и́ть　　　　연기하다, 연장하다, 옆에 놓다 to postpone, put off

Нам пришло́сь отложи́ть пое́здку.
We had to postpone our trip.
우리는 여행을 연기해야만 했다.

| леж-а́ть　　　　누워있다, 있다, 놓여있다 to lie

Я лежу́ в посте́ли.
I am (lying) in bed.
나는 침대에 누워있다.

| при-над-леж-а́ть　　　　~에 속하다, 소속이다 to belong

Э́тот челове́к принадлежи́т к мои́м проти́вникам.
That person belongs to my opponents.
이 사람은 내 반대자에 속한다.

| при-ле́ж-ный　　　　부지런한, 근면한 industrious, diligent

Ваш брат приле́жный учени́к.
Your brother is an industrious pupil.
당신 동생은 근면한 학생이다.

| на-ло́г　　　　조세, 세금 tax

В э́том году́ нало́ги высоки́.
This year the taxes are high.
올해 세금은 무겁다.

Л 245

| пред-ло́г | 구실, 핑계 pretext, pretence, excuse

Он не пришёл под предло́гом боле́зни.
He did not come under pretext of illness.
그는 아프다는 핑계로 오지 않았다.

| пред-лож-е́ние | 제안, 제의, 신청, 건의, 동의 proposal, suggestion, offer

Ва́ше предложе́ние при́нято.
Your offer is accepted.
당신 제안이 받아들여졌다.

| до-лож-и́ть | 강연하다, 보고하다 to report, add

Позво́льте вам доложи́ть о происше́ствии.
Let me report about the accident.
사건에 대해 보고하게 해주십시오.

ЛЕГ-, ЛЕЗ-, ЛЬЗ-, *EASE, BENEFIT, USE*
(편함, 이익, 사용)

| лёг-кий | 가벼운, 용이한, 쉬운, 경미한 easy

Лёгкий уро́к.
An easy lesson.
쉬운 수업.

| об-лег-че́ние | 경감, 완화, 편하게 하는 것 relief

Лека́рство не принесло́ облегче́ния.
The medicine did not bring any relief.
약은 어떠한 편안함도 가져다 주지 못했다.

| об-лег-ча́ть
| об-лег-чи́ть | 가볍게·편하게 하다 완화시키다 Facilitate to lighten, relieve

Я стара́лся облегчи́ть ему́ рабо́ту.
I tried to lighten (facilitate) his work for him.
나는 그의 일을 용이하게 해 주려고 노력했다.

| по-ле́з-ный | 유익한, 유용한 useful

Ра́дио - поле́зное изобрете́ние.
Radio is a useful invention.
라디오는 유용한 발명품이다.

| не-льз-я́ | 할 수 없다, ~ 해서는 안 된다 impossible, one must not

Вам нельзя́ кури́ть.
You must not smoke.
담배를 피우면 안됩니다.

| по́-льз-а | 효용, 이익 profit, benefit, use, good

Кака́я от э́того по́льза?
What good will it do?
이것은 어떤 소용이 있습니까?

| по́-льз-оваться | 이용하다, 사용하다 to use, make use

Он по́льзуется мои́ми запи́сками.
He is using my notes.
그는 나의 기록을 이용하고 있다.

| вос-по́-льз-оваться | 이용하다, 사용하다 to take advantage

Я воспо́льзуюсь э́тим слу́чаем.
I shall take advantage of this opportunity.
나는 이 기회를 이용할 것이다.

ЛЕЗ-, ЛАЗ-, ЛЗ-, *CLIMB, COME OUT* (오르다, 나오다)

| лез-ть | 기어오르다, 떠오르다 to climb

Не лезь на де́рево.
Don't climb up the tree.
나무에 올라가지 마라.

| ла́з-ить | 기어오르다 to climb, clamber |

Де́ти ла́зили по кры́ше.
The children clambered up the roof.
아이들이 지붕에 기어올라갔다.

| водо-ла́з | 잠수부 diver |

Водола́з опусти́лся на дно.
The diver sank to the bottom.
잠수부가 밑으로 가라앉았다.

| ле́с-тница | 사다리, 계단 ladder |

Он подня́лся по ле́стнице.
He climbed the ladder.
그는 사다리를 올라갔다.

| по́-лз-ать | 기다, 포복하다 to crawl, creep |

Змея́ по́лзает по земле́.
The snake crawls on the ground.
뱀은 땅바닥을 기어간다.

| вы́-по-лз-ти | 기어나가다 to come out, crawl out |

Ули́тка вы́ползла на тропи́нку.
The snail crawled on the pathway.
달팽이는 오솔길로 기어 나왔다.

ЛЕК-, *CURE* (치료하다)

| лек-а́рство | 약, 약제 remedy, medicine |

Како́е го́рькое лека́рство!
What bitter medicine!
얼마나 쓴 약인가!

| лék-арь | 의사 surgeon, doctor |

За лékарем ужé послáли.
They have already sent for the doctor.
이미 의사를 부르러 보내졌다.

| леч-éбница | 의원, 진료소 hospital |

В лечéбнице мнóго больны́х.
There are many patients in the hospital.
병원에는 많은 환자가 있다.

| леч-éние | 치료, 의료 cure, treatment |

Онá уéхала в Крым на лечéние.
She went to Crimea to take the cure.
그녀는 치료하러 끄림으로 갔다.

| леч-и́ть | 치료하다 to doctor, have treatments |

Меня́ дóлго лечи́ли.
They doctored me for a long time.
나는 오랫동안 치료를 받았다.

| за-лéч-ивать | 치료하다, 진정시키다 to heal |

Врéмя залéчивает рáны.
Time heals all wounds.
시간이 모든 상처를 치유한다.

ЛЕС-, *WOOD* (숲)

| лес | 숲, 수풀, 산림 forest, woods |

Пойдёмте в лес за я́годами.
Let's go to the woods berry hunting.
딸기 따러 숲으로 갑시다.

Л 249

| лес-ни́к | 산림간수, 임업 종사원 forester, ranger

У овра́га жил лесни́к.
The forester lived near the ravine.
산림간수는 골짜기 근처에 살았다.

| лес-ни́чий | 산림구청장, 산림관 forester

Он занима́л ме́сто лесни́чего.
He had the position of a forester.(He was employed as a forester.)
그는 산림관으로 임명되었다.

| лес-но́й | 산림의, 산림 속의 woods, woodland

Худо́жник рисова́л лесно́й пейза́ж.
The artist was painting a woodland scene.
예술가는 숲의 풍경을 그렸다.

| лес-о-пи́лка | 제재소, 제재 용구 sawmill

Оте́ц рабо́тает на лесопи́лке.
Father works in the sawmill.
아버지는 제재소에서 일하신다.

| ле́ш-ий | 숲의 요정, 도깨비 wood-demon

Когда́-то ве́рили в ле́ших.
Long ago people believed in wood-demons.
언젠가 도깨비를 믿었던 때가 있었다.

ЛЕТ-, *FLY* (날다)

| лёт | 비행, 비상 flying, in the air

Он подхвати́л мяч на лету́.
He caught the ball in the air.
그는 날아서 공을 잡았다.

| лет-а́ть
| лет-е́ть | 날다, 비행하다, 비상하다 to fly

Пти́цы лета́ют по во́здуху.
Birds fly in the air.
새들이 공중에서 날아다닌다.

Вон гу́си летя́т.
Look, the geese are flying there.
저기 거위들이 날아간다.

| лёт-чик | 조종사, 비행사 aviator

Никола́й - о́пытный лётчик.
Nicholas is an experienced aviator.
니꼴라이는 숙련된 비행사이다.

| на-лёт | 급습, 습격 raid, inroad

Налёт ко́нницы причини́л мно́го вреда́.
The cavalry raid has done much damage.
기병대의 급습은 많은 해를 주었다.

| по-лёт | 비행, 비상 flight, flying

Мы смо́трим на полёт аэропла́на.
We watch the flight (course) of an airplane.
우리는 비행기의 비상을 본다.

ЛИ-, POUR (쏟다)

| ли́-вень | 강우, 폭우 downpour

Како́й сего́дня ли́вень!
What a downpour we have today!
엄청난 폭우다!

| ли-ть | (액체를) 붓다, 쏟다, 흘리다 to pour, rain

С утра́ льёт дождь.
It has rained since morning.
아침부터 비가 내린다.

| раз-ли-ва́ть | (차, 술 등을) 나누어 붓다, 따르다 to pour |

Она́ разлива́ет чай.
She pours the tea.
그녀는 차를 따른다.

| в-ли-ва́ть | 부어 넣다, 쏟아 넣다 to pour into |

Я влива́ю во́ду в скля́нку.
I am pouring water into a flask.
나는 작은 유리병에 물을 부어 넣는다.

| в-ли-я́ние | 영향, 세력 influence, authority |

Сове́т мой оказа́л влия́ние на него́.
My advice has had an influence on him.
나의 충고가 그에게 영향을 주었다.

| в-ли-я́ть | 영향을 주다, 작용하다 to influence |

Воспита́тель влия́ет на дете́й.
A tutor influences the children.
양육자는 아이들에게 영향을 준다.

| за-ли́-в | 내해, 만 gulf, bay |

В зали́ве виднее́тся парохо́д.
A steamer is seen on the bay.
내해에 있는 기선이 보인다.

| про-ли́-в | 해협 strait, sound |

В проли́ве нас засти́гла бу́ря.
A storm overtook us in the sound.
해협에서 폭풍우를 만났다.

| на-ли́-вка | 과실주 cordial |

Попро́буйте вишнёвую нали́вку.
Try the cherry cordial.
버찌 과실주를 맛보십시오.

| с-ли́-вки | 크림, 유지(乳脂) cream |

Мы пьём ко́фе со сли́вками.
We drink coffee with cream.
우리는 밀크커피를 마신다.

ЛИК-, *FACE* (얼굴)

| лик | 얼굴, 용모, 외견, 모습 face, countenance |

С ико́ны гляде́ли ли́ки святы́х.
The faces of the saints looked down from the ikons.
성상으로부터 성자들의 얼굴이 엿보였다.

| лиц-еме́рие | 위선, 위선 행위 hypocrisy |

Лицеме́рие э́того скря́ги изве́стно.
The hypocrisy of this miser is well known.
이 구두쇠의 위선은 유명하다.

| лиц-о́ | 얼굴, 인물, 표면, 특성 face, countenance |

Я встре́тился с ним лицо́м к лицу́.
I ran into him.(I met him face to face.)
나는 그와 마주했다.

| ли́ч-ность | 개성, 인격, 인물 individual, person |

Что э́то за ли́чность?
Who is this?(What sort of person is he?)
그는 어떤 인물입니까?

| раз-лич-а́ть | 구별하다, 알다, 식별하다 to discern, make out |

В темноте́ я не различа́ю, кто там.
In the darkness I cannot make out who is there.
어둠 속에서 누가 거기에 있는지 알 수 없다.

| с-лич-а́ть | 대조하다, 비교하다 to compare, collate |

Нота́риус слича́ет докуме́нты.
The attorney compares the documents.
공증인은 문서들을 비교한다.

| у-ли́к-а | 유죄의 증거, 증거품 evidence, proof |

Э́та вещь послу́жит ули́кой.
This object will serve as evidence.
이 물건은 증거가 될 것이다.

ЛИХ-, ЛИШ-, *EVIL, SUPERFLUOUS* (나쁜, 여분의)

| лих-о́й | 간악한, 괴로운, 심한 evil, wicked, cruel, bold |

Пришла́ лиха́я беда́.
A cruel misfortune came (upon us).
잔인한 불행이 닥쳐왔다.

лиш-а́ть
| лиш-и́ть | 빼앗다, 잃다 to deprive, rob, deny |

Не лиша́йте нас удово́льствия пообе́дать с ва́ми.
Don't deprive us of the pleasure of having you to dinner.
당신과 식사하는 우리의 기쁨을 빼앗지 마십시오.

| ли́ш-ний | 여분의, 과잉의, 보충의 superfluous |

Мно́го писа́ли о ли́шних лю́дях.
Much was written about superfluous people.
잉여인간에 관해서 많이 쓰여졌다.

| с-ли́ш-ком | 지나치게, 과도하게 too |

Здесь сли́шком жа́рко.
It is too hot here.
여기는 너무 덥다.

ЛУГ-, *MEADOW* (초원)

луг | 풀밭, 초원, 목초지 meadow

На лугу́ мно́го цвето́в.
There are many flowers on the meadow.
초원에는 많은 꽃들이 피어있다.

луж-а́йка | 산림 속의 자그마한 초지 grass-plot, little meadow

Пе́ред ро́щей зелёная лужа́йка.
There is a little meadow in front of the grove.
숲 앞에는 자그마한 푸른 초원이 있다.

ЛУК-, *BOW, BEND, PART* (활, 구부리다, 부분)

лук | 활 bow

Стрела́ из лу́ка попа́ла в цель.
The arrow from the bow hit the mark.
화살이 활로부터 과녁에 명중했다.

лук-а́вый | 교활한, 능청맞은, 약은 sly, cunning

У неё лука́вые глаза́.
She has a sly look in her eyes.
그녀는 교활한 눈을 가졌다.

раз-лу́к-а | 이별, 별거 separation, parting

Мы встре́тились по́сле до́лгой разлу́ки.
We met after a long separation.
우리는 오래간만에 만났다.

раз-луч-а́ться | 이별하다, 헤어지다 to part, separate

Э́ти сёстры никогда́ не разлуча́ются.
These sisters never part.
이 자매들은 결코 헤어지지 않는다.

ЛЮБ-, *LOVE* (사랑)

люб-е́зность
친절함, 상냥스러움 kindness, courtesy

Благодарю́ за ва́шу любе́зность.
Thank you for your kindness.
당신 친절에 감사드립니다.

люб-и́тель
애호가, 좋아하는 사람 lover, amateur, layman

Он большо́й люби́тель старины́.
He is a great lover of antiquity.
그는 대단한 고풍 애호가이다.

люб-и́тельский
애호가의, 직업적인 아닌 amateur, amateurish

Сего́дня люби́тельский спекта́кль.
An amateur play is (to be given) today.
오늘 아마츄어 연극이 상연될 것이다.

люб-и́ть
사랑하다, 좋아하다 to love, like

Я люблю́ пе́ние.
I like singing.
나는 노래 부르는 것을 좋아한다.

люб-ова́ться
재미있게 보다, 듣다, 감탄하다 to admire

Чем вы любу́етесь?
What are you admiring?
당신은 무엇을 감탄하십니까?

люб-о́вь
사랑, 애정, 연애 love

Покоря́й сердца́ любо́вью, а не стра́хом.
Conquer hearts with love and not with fear.
두려움이 아닌 사랑으로 마음을 정복해라.

| люб-о́й | 모든, 각각의, 임의의 any, whichever one likes

Возьми́те любо́й кусо́к.
Take whatever piece you like.
마음에 드는 조각을 집으십시오.

| раз-люб-и́ть | 사랑이 식어가다, 싫증나다 to cease to love

Она́ ско́ро разлюби́ла его́.
She soon became indifferent to him.
그녀는 곧 그에 대해서 싫증이 났다.

ЛЮД-, *PEOPLE* (사람들)

| лю́д-и | 사람들 people

Что э́то за лю́ди?
Who are these people?(What sort of people are they?)
이 사람들은 어떤 사람들입니까?

| люд-о-е́д | 식인종 cannibal

Людое́ды существу́ют и тепе́рь.
Cannibals exist (may be found) even now.
식인종들은 지금도 존재한다.

| люд-ско́й | 인간의, 하인의 people's, popular

От людско́й молвы́ ча́сто страда́ют.
One often suffers from people's talk (from gossip).
사람들은 종종 세인의 소문으로 고통을 당한다.

| мно́го-лю́д-ный | 인구가 많은, 붐비는 crowded

Он вошёл в многолю́дный храм.
He walked into a crowded temple.
그는 붐비는 성당에 들어갔다.

| не-люд-и́мка | 교제를 싫어하는 사람, 은둔자 unsociable person, recluse

Вы совсе́м преврати́лись в нелюди́мку.
You have become a veritable recluse.
당신은 완전히 은둔자가 되어 버렸다.

МАЗ-, МАС-, *DAUB, OIL, GREASE*
(바르다, 기름, 유지(油脂))

| маз-ать | 바르다, 문질러 스며들게 하다 to daub, smear |

Мужи́к ма́жет колесо́ дёгтем.
The peasant smears the wheel with tar.
농부는 바퀴에 타르를 바른다.

| маз-ня́ | 서투른 그림 daub |

Э́то не карти́на, а мазня́.
It is not a painting, but a daub.
이것은 작품이 아니라 서투른 그림이다.

| маз-ь | 연고 ointment, liniment, grease |

Не забу́дьте купи́ть ма́зи.
Don't forget to buy the liniment for me.
연고 사는 것을 잊지 마세요.

| за-ма́з-ка | 칠하는것, 채색, 퍼티(접합제의 일종) putty |

Куда́ вы де́ли зама́зку?
What did you do whit the putty?
당신은 퍼티를 어디로 치웠습니까?

| ма́с-леница | 사육제, 카니발 Shrovetide, carnival |

На ма́сленице едя́т блины́.
At Shrovetide pancakes are eaten.
마슬레니짜(사육제)에는 블린을 먹는다.

| мáс-ло | 기름, 버터 butter

Я ем хлеб с мáслом.
I eat bread with butter.
나는 버터 바른 빵을 먹는다.

| мас-ло-бóйка | 교유기, 착유기 churn

Хозя́йка купи́ла маслобо́йку.
The housewife bought a churn.
여주인은 교유기를 샀다.

МАЛ-, *SMALL, LITTLE* (작은, 적은)

| мáл-енький | 적은, 작은 small, little

Мы пи́ли кóфе из ма́леньких ча́шек.
We drank coffee out of small cups.
우리는 작은 컵으로 커피를 마셨다.

| мáл-ый | 젊은이, 소년, 사람, 놈 fellow, lad, chap

Ваш друг дóбрый мáлый.
Your friend is a kindhearted fellow.
당신 친구는 좋은 사람이다.

| мал-ы́ш | 유아 small child, mite, tot

Её малы́ш шалу́н.
Her tot is a mischievous child.
그녀의 아이는 개구장이다.

| мáл-ь-чик | 소년, 아이 boy

Мáльчик продаёт газéты.
The boy sells newspapers.
소년은 신문을 판다.

| мал-ю́тка | 유아 baby, mite, tot |

По у́лице шёл малю́тка.
A tot was walking on the street.
어린아이가 거리를 걸어간다.

| мал-о-ду́шный | 소심한, 무기력한 fainthearted |

Он малоду́шный челове́к.
He is a fainthearted man.
그는 소심한 사람이다.

MAX-, *WAVE, SLIP* (흔들다, 실수)

| мах | 한번, 흔듬, 휘두름 slip, in an instant, mistake |

Он не даст маху.
He won't make a mistake.
그는 실수하지 않는다.

| мах-а́ть | 흔들다, 휘두르다 to wave |

Она́ маха́ла платко́м из окна́.
She waved her handkerchief from the window.
그녀는 창문으로부터 손수건을 흔들었다.

| вз-мах | 흔드는 것, 치켜드는 것 stroke, sweep |

Одни́м взма́хом он уби́л быка́.
At one stroke he killed the bull.
그는 단번에 황소를 죽인다.

| за-мах-ну́ться | 치켜올리다 to lift, raise, brandish |

Офице́р замахну́лся са́блей.
The officer raised his sword.
장교는 군도를 치켜올렸다.

| про́-мах | 잘못 맞추는 것, 실책, 실패 miss, slip, blunder, oversight

Вы стреля́ете без про́маха.
You shoot (and) never miss (the mark).
당신은 실수없이 쏩니다.

МГ-, МИГ-, ЖМ-, *TWINKLE, WINK, BLINK*
(반짝이다, 눈을 깜빡이다, 깜빡거리다)

| мг-нове́ние | 순간, 순식간 instant, moment

Луна́ показа́лась на мгнове́ние.
The moon appeared for a moment.
달이 잠깐 나타났었다.

| миг | 일순간 (in) the twinkling of an eye, instant

Воображе́ние ми́гом перенесло́ меня́ в Москву́.
Instantly my imagination carried me to Moscow.
공상이 나를 순식간에 모스크바로 이동시켰다.

| миг-а́ть | 눈을 깜빡거리다, 눈짓하다 to wink

Переста́ньте мига́ть!
Stop winking!
눈을 깜빡이지 마십시오!

| жм-у́риться | (눈을) 가늘게 뜨다 to blink

Кот жму́рится на со́лнце.
The cat blinks in the sun.
고양이는 햇볕에 눈을 가늘게 떴다.

| жм-у́рки | 숨바꼭질 놀이 blindman's buff

Де́ти игра́ют в жму́рки.
The children are playing blindman's buff.
아이들은 숨바꼭질 놀이를 하고 있다.

МЕЖ-, МЕЖД-, *BOUNDARY, BETWEEN, INTER-* (경계, 사이에, 사이)

| меж-á | 경계, 밭 사이의 좁은 길, 한계 bound, strip |

Крестья́нин поло́л межу́.
The peasant was weeding the strip (of land).
농부는 밭두렁 길을 제초했다.

| мéжд-у | 사이에, 중간에 between, among |

Мéжду нáми говоря́.
Speaking between ourselves.
우리끼리 이야기지만.

| межд-у-наро́дный. | 국제적인, 국민간의, 세계적인 international |

Междунаро́дный конгрéсс собрáлся в Женéве.
The international congress met in Geneva.
국제 회의가 제네바에서 개최되었다.

| меж-евáть | 경계를 정하다, 땅을 나누다 to measure, survey, divide into lots |

Они́ межевáли зéмлю.
They were dividing the land into lots.
그들은 땅을 나누었다.

| про-меж-ýток | 중간, 간격, 사이 interval, span space |

Я мнóго сдéлал в корóткий промежýток.
I have done a great deal in a short time.
나는 잠깐 사이에 많은 일을 했다.

MEK-, *HINT, DREAM* (암시, 꿈)

| на-мёк | 시사, 암시, 힌트 hint, allusion |

Ваш намёк сли́шком прозрáчен.
Your hint is too obvious.
너의 힌트는 너무 명백하다.

| на-мек-а́ть | 시사, 암시하다, 돌려 말하다 to hint

Я напра́сно намека́л ему́ о до́лге.
In vain did I hint to him about his debt.
나는 공연히 그에게 빚에 관해 시사했다.

| с-мек-а́ть
| с-мек-ну́ть | 터득, 분별하다, 판단, 짐작하다 to understand, grasp

Он смекну́л в чём де́ло.
He understood what the matter was.
그는 무엇이 문제인지 알았다.

| меч-та́ | 몽상, 망상, 공상, 염원 dream, wish

Моя́ мечта́ - пое́хать заграни́цу.
My dream is to go abroad.
나의 꿈은 외국에 가는 것이다.

| меч-та́ть | 몽상, 망상, 공상하다, 염원하다 to dream

О чём вы мечта́ете?
What are you dreaming about?
당신은 무엇을 염원하십니까?

| меч-та́тельный | 몽상에 잠기는, 몽상적인 dreamy

Он смотре́л на зака́т мечта́тельным взгля́дом.
He was looking at the sunset with dreamy eyes.
그는 몽상에 잠긴 눈으로 일몰을 바라보았다.

МЕН-, *CHANGE* (바꾸다)

| мен-я́ть | 교환하다, 바꾸다 to change, exchange

Я иду́ в банк меня́ть де́ньги.
I am going to the bank to change some money.
나는 돈을 바꾸러 은행에 간다.

| вза-ме́н | ~에 대신에, 교환으로 in exchange, instead

Взаме́н де́нег ему́ да́ли това́р.
In exchange for his money they gave him the goods.
그는 돈 대신 상품을 받았다.

| из-мен-я́ть
| из-мен-и́ть | 바꾸다, 변경하다, 배신하다. 반역하다 to change, betray

Он измени́л о́браз жи́зни.
He turned over a new leaf (changed his way of life).
그는 삶의 방식을 바꾸었다.

| пере-ме́н-а | 변경, 변화, 변천 change

В конто́ре больша́я переме́на.
There is a great change in the office.
사무소에는 큰 변화가 있다.

| раз-мен-я́ть | 환전하다, 교환하다 to change money

Ему́ пришло́сь разменя́ть сторублёвку.
He had to change a hundred-rouble note.
그는 100루블 지폐를 환전해야 했다.

| с-мен-и́ть | 교체시키다, 바꾸다, ~와 교체하다 to replace, relieve

Нас смени́ло молодо́е поколе́ние.
The young generation replaced us.
젊은 세대가 우리를 교체했다.

МЕР-, МИР-, МОР-, *DIE* (죽다)

| мёр-твый | 죽은 dead

Чита́ли ли вы "Запи́ски из Мёртвого До́ма"?
Have you read the "Memoirs from the House of Death"?
당신은 "죽음의 집의 기록"을 읽어 본 적 있습니까?

| с-ме́р-тный | 죽어야할, 치명적인, 죽음의 mortal

Все мы сме́ртны.
We are all mortal.
우리는 모두 죽는다.

| с-мер-ть | 죽음, 사망, 최후, 멸망 death

Он у́мер наси́льственной сме́ртью.
He died a violent death.
그는 횡사했다.

| у-мир-а́ть | 죽다, 사멸하다 to die

Больно́й умира́ет.
The patient is dying.
환자는 죽어가고 있다.

| мор-и́ть | 없애다, 모조리 죽이다, 괴롭히다 to starve, famish, exhaust

Пле́нников мори́ли го́лодом.
The prisoners were being starved.
포로들은 굶어 죽어가고 있었다.

| о́б-мор-ок | 기절, 졸도, 가사(假死) fainting, swoon

Она́ упа́ла в о́бморок.
She swooned.
그녀는 기절했다.

МЕР-, *MEASURE* (측정하다)

| ме́р-а | 도량형, 수단, 방책, 정도 measure

Прими́те реши́тельные ме́ры про́тив ста́чечников.
Take decisive measures against the strikers.
동맹파업자에 대한 단호한 조치를 취하십시오.

| мéр-ить | ~을 재다, 측정하다 to measure |

Всякий мéрит на свой аршин.
Everyone measures with his own yardstick.
모든 사람들은 자신의 척도로 (남을) 잰다.

| на-мéр-ение | 기도, 계획, 의향, 생각 intention |

У меня нé было намéрения обидеть вас.
I had no intention of offending you.
나는 당신을 무례하게 대할 생각은 아니었습니다.

| при-мéр | 예, 실례, 본보기, 전형, 모범 example |

Вот вам хорóший примéр.
Here is a good example for you.
여기 당신에게 좋은 예가 있다.

| при-мéр-ять | 맞추어보다, 입어보다, 신어보다 to try on |

Дáма примеряет плáтье.
The lady is trying on a dress.
부인은 옷을 입어본다.

| раз-мéр | 길이, 크기, 넓이, 치수 size |

Какóго размéра вáши ботинки?
What size are your shoes?
당신 구두 치수는 얼마입니까?

| у-мéр-енный | 알맞은, 적당한 temperate, moderate |

В Калифóрнии умéренный климат.
The climate in California is moderate.
캘리포니아 기후는 온난하다.

МЕРЗ-, МОРОЗ-, *COLD, FROST* (추운, 결빙)

мёрз-нуть	얼다, 결빙하다 to be cold, freeze

Я мёрз всю зи́му.
I froze all winter.
나는 겨우내 추웠다.

за-мер-за́ть	얼다, 얼어 마르다, 얼어 죽다 to freeze

Вода́ замерза́ет в лу́же.
The water in the puddle is freezing.
웅덩이의 물이 언다.

моро́з	영하, 추위 frost, cold

Како́й вчера́ был моро́з!
How bitterly cold it was yesterday!
어제는 정말 추웠다!

моро́з-ить	동사시키다, 얼게 하다 to freeze

На дворе́ моро́зит.
Outside it is freezing.
바깥은 얼어 있다. (매우 춥다.)

моро́ж-еное	아이스크림 ice cream

На сла́дкое по́дали моро́женое.
For dessert they served ice cream.
후식으로 아이스크림이 나왔다.

МЕРК-, МРАК-, *DARK* (어두운)

ме́рк-нуть	어스레하게 되다, 광채를 잃다 to grow dark, fade

День ме́ркнет.
It is getting dark.(The day is fading.)
날이 어두워진다.

| мерц-а́ть | 희미하게 빛나다, 반짝이다 to gleam, flicker

На тёмном не́бе мерца́ют звёзды.
The stars flicker in the dark sky.
어두운 하늘에서 별들이 반짝인다.

| с-мерк-а́ться | 어둑어둑 해지다, 황혼이 깃들다 to grow dark

Уже́ смерка́ется.
Darkness is already falling.(It is already setting dark.)
벌써 황혼이 깃들기 시작한다.

| мрак | 암흑, 둠 darkness

В глуши́ цари́т мрак неве́жества.
The darkness of ignorance reigns in the backwoods.
시골에는 무지몽매가 만연하고 있다.

| мра́ч-ный | 어두운, 슬픈 듯한, 음울한 sombre, gloomy

Отчего́ вы тако́й мра́чный?
Why are you so gloomy?
당신은 어째서 그렇게 음울하십니까?

МЕС-, *MIX, KNEAD, DISTURB*
(섞다, 반죽하다, 방해하다)

| мес-и́ть | 흙을 반죽하다, 이기다 to knead, mix

Пора́ меси́ть те́сто для пирога́.
It's time to knead the dough for the pie.
만두 반죽을 이길 시간이다.

| меш-а́ть | 방해하다 to disturb, hinder, keep from

Вы всем меша́ете занима́ться.
You're keeping everyone from studying (working).
당신은 모두가 공부하는 것을 방해하고 있다.

| в-меш-а́тельство | 간섭, 개입, 참견, 방해 interference, meddling |

Мы обойдёмся без вмеша́тельства посторо́нних.
We can get along without the interference of strangers.
우리는 타인의 개입 없이 해결 할 수 있다.

| по-ме́х-а | 방해, 훼방, 고장 hindrance, handicap |

Плохо́е зре́ние ему́ больша́я поме́ха.
His poor eyesight is a great handicap to him.
시력이 나쁜 것은 그에게 커다란 불이익이다.

| с-мес-ь | 혼합물, 혼화물 mixture, concoction |

Он пьёт каку́ю-то смесь.
He is drinking a concoction of some kind.
그는 어떤 혼합물을 마시고 있다.

МЕСТ-, *PLACE* (장소)

| ме́ст-о | 곳, 장소, 지역, 자리 place, seat |

Уступи́те ей ва́ше ме́сто.
Let her have your seat.
당신 자리를 그녀에게 양보하십시오.

| ме́ст-ный | 지방의, 지방적인 local |

Ме́стный комите́т про́тив э́той ме́ры.
The local committee is against this measure.
지방 위원회는 이 조치에 반대한다.

| за-ме́ст-и́тель | 차관, 대리인 substitute |

Он мой замести́тель.
He is my substitute.
그는 나의 대리인이다.

M 269

| раз-мещ-а́ть
| раз-мест-и́ть | 사방에 두다, 배치하다, 진열하다 to seat, place

Госте́й размести́ли в пе́рвом ряду́.
The guests were seated in the first row.
손님들을 첫째 줄에 앉혔다.

| по-ме́щ-ик | 지주, 영주 landowner

Поме́щик пострада́л от пожа́ра.
The landowner suffered a loss from the fire.
지주는 화재로 손해를 입었다.

MET-, *SWEEP, TURN* (청소하다, 돌리다)

| мес-ти́
| подмес-ти́ | 쓸다, 털다, 청소하다 to sweep

Служа́нка метёт пол.
The maid sweeps the floor.
하녀는 바닥을 청소한다.

| мет-ла́ | 빗자루 broom

На́до купи́ть но́вую метлу́.
(We) must buy a new broom.
새 빗자루를 사야 한다.

| мет-е́ль | 눈보라 blizzard, snowstorm

Из-за́ мете́ли они́ оста́лись до́ма.
They had to stay home because of a blizzard.
눈보라 때문에 그들은 집에 있어야만 했다.

МИЛ-, *DEAR, KIND* (소중한, 친절한)

мил-ый — 사랑스런, 애교 있는, 친근한, 좋은 kind, pleasant, nice

Он о́чень ми́лый челове́к.
He is very nice (pleasant) man.
그는 매우 좋은 사람이다.

мил-енький — 귀여운, 사랑스런 dear, pretty

Кака́я ми́ленькая де́вочка!
What a pretty little girl!
얼마나 귀여운 소녀인가!

мил-ость — 호의, 친절, 후원, 은총, 동정 favor, grace, kindness

Ми́лости про́сим!
You are welcome!
어서 오십시오!

мил-остыня — 희사하는 금품, 의연금, 구호품 alms, charity

Ни́щему да́ли ми́лостыню.
They gave alms to the beggar.
거지는 의연금을 받았다.

мил-о-се́рдие — 자비, 동정 mercy, charity

Она́ - сестра́ милосе́рдия.
She is a sister of mercy.(She is a red-cross nurse.)
그녀는 독지 간호사이다.

МИР-, *PEACE, WORLD* (평화, 세계)

мир — 평화, 평안, 강화, 평화조약 peace

Вчера́ заключи́ли мир.
Peace was concluded yesterday.
어제 평화조약이 체결되었다.

| ми́р-ный | 평화의, 평화적인, 온화한, 평온한 peaceful, peace

Ми́рный догово́р подпи́сан.
The peace treaty is signed.
평화조약이 조인되었다.

| пере-ми́р-ие | 휴전 truce

Переми́рие продожа́лось три дня.
The truce lasted three days.
휴전은 3일간 지속되었다.

| по-мир-и́ть | 화해시키다, 중재하다 to make peace, reconcile

Их на́до помири́ть.
They must be reconciled.
그들을 화해시켜야만 한다.

МЛЕК-, МОЛОК-, *MILK* (우유)

| млек-о-пита́ющийся | 포유류 mammal

Коро́ва - млекопита́ющееся живо́тное.
The cow is a mammal.
암소는 포유류이다.

| мле́ч-ный | 유상(乳狀)의, 젖 같은 milky

Мле́чный путь я́сно ви́ден на не́бе.
The milky way is clearly seen in the sky.
은하수가 하늘에 선명히 보인다.

| молок-о́ | 젖, 우유 milk

Да́йте мне буты́лку молока́.
Give me a bottle of milk.
우유 한 병 주십시오.

| моло́ч-ник | 우유장사, 우유 넣는 그릇 dairyman, milkman, milk-jug

Моло́чник принёс счёт.
The milkman brought the bill.
우유장사는 계산서를 가져왔다.

МЛАД-, МОЛОД-, *YOUNG* (젊은)

| млад-е́нец | 소아, 어린이, 젖먹이 baby, infant, child

Спи, мой младе́нец!
Sleep, my baby!
잘자라, 내 아이야!

| млад-е́нчество | 유년 시절 infancy, babyhood

Я зна́ю его́ с младе́нчества.
I have known him since his infancy.
나는 그를 유년시절부터 잘 알고 있다.

| мла́д-ший | 손 아래의, 하급의 younger

Мла́дший брат в дере́вне.
The younger brother is in the country.
동생은 시골에 있다.

| молод-ёжь | 젊은 사람들, 청춘남녀 youth

Золота́я молодёжь прово́дит вре́мя в пра́здности.
The gilded youth spend their time in idleness.
부유한 젊은이들은 시간을 나태하게 보낸다.

| молод-е́ть | 젊어지다, 회춘하다 to grow younger

Вы с ка́ждым днём молоде́ете.
You are getting younger everyday.
당신은 매일 점점 젊어진다.

| молод-е́ц | 씩씩한 젊은이, 영리한 사람 brave young fellow, clever fellow

Молодцы́, ребя́та, спаси́бо!
You are brave fellows, thank you!(Well done, fellows, thank you!)
잘했다, 친구들아, 고마워!

| молод-о́й | 젊은, 새로운, 젊은 기운의 young

Кто э́тот молодо́й челове́к?
Who is this young man?
이 젊은이는 누구지?

| с-мо́лод-у | 젊어서, 청춘 시절부터 from the time of one's youth

Он смо́лоду привы́к рабо́тать.
He got used to work from the time of his youth.
그는 젊은 시절부터 일하는 것에 익숙해 있다.

МН-, МИН-, *OPINION* (의견)

| мн-е́ние | 의견, 견해, 평가 opinion, view

Мне хоте́лось бы услы́шать ва́ше мне́ние.
I should like to hear your opinion (about it.)
나는 당신의 견해를 듣고 싶었습니다.

| мн-и́тельный | 의심이 많은 mistrustful, suspicious

Моя́ мать о́чень мни́тельна.
My mother is too mistrustful. (My mother is too anxious about her health.)
내 어머니는 매우 의심이 많다.

| по́-мн-ить | 기억하다, 암송하다 to remember

Не по́мните ли вы его́ а́дреса?
Don't you remember his address?
그의 주소를 기억하지 못하시겠습니까?

| со-мн-ева́ться | 의심, 의아해하다, 신뢰하지 않다 to doubt

Я не сомнева́юсь в его́ че́стности.
I don't doubt his honesty.
나는 그의 정직함을 의심하지 않는다.

| со-мн-е́ние | 의심, 의혹, 의념 doubt

Без сомне́ния вы правы́.
Undoubtedly you are right.
의심할 바 없이 당신이 옳다.

| вс-по-мин-а́ть | 생각해내다, 회상하다 to recall, remember, think of

Мы ча́сто их вспомина́ем.
We often think of them.
우리는 종종 그들을 회상한다.

| по-ми́н-ки | 추도식, 공양 a repast in commemoration of

Вся семья́ собрала́сь на поми́нки.
The whole family came to the memorial repast.
가족 전체가 추도식에 참석했다.

МНОГ-, *MANY, MUCH* (많은)

| мно́г-ие | 많은 사람들 many

Мно́гие из них мне знако́мы.
Many of them are familar to me.
그들 중 많은 사람들이 나와 아는 사이이다.

| мно́г-о | 많이, 크게, 충분히 much, many

Э́то вы́звало мно́го вопро́сов.
This called forth many questions.
이것은 많은 문제들을 야기 시켰다.

M 275

| мног-о-чи́сленный | 다수의, 수많은 numerous

В э́том го́роде многочи́сленное населе́ние.
This city has a numerous population.
이 도시는 인구가 많다.

| мно́ж-ество | 다수, 군, 집합 multitude, lot, great number

У меня́ мно́жество хлопо́т.
I have a lot of trouble.
나에게는 많은 성가신 일들이 있다.

| у-мно́ж-а́ть
| у-мно́ж-ить | 배로 하다, 곱하다, 증가시키다 to multiply

Он умно́жил вдво́е свои́ дохо́ды.
He doubled his profits.
그는 수입을 두 배로 늘렸다.

МОГ-, *ABLE, POWER* (할 수 있는, 힘)

| мог-у́чий | 강력한, 위력있는, 힘있는 powerful, strong

Он могу́чий боре́ц.
He is a powerful wrestler.
그는 강력한 투사이다.

| моч-ь | 가능하다, 되다, ~할 수 있다 to be able

Я ничего́ не могу́ сде́лать.
I am unable to do anything.
나는 아무 것도 할 수 없다.

| из-не-мог-а́ть | 힘빠지다, 기진맥진하다 to be tired, exhausted, to break down

Она́ изнемога́ет от тяжёлого труда́.
The heavy work has exhausted her.
그녀는 힘든 일 때문에 지쳐 버렸다.

| по́-мощ-ь | 조력, 원조, 보조, 구조, 구제 help, assistance |

Он нужда́ется в по́мощи.
He is in need of help.
그는 도움이 필요하다.

| мо́ж-но | ~해도 좋다, 할 수 있다 it is possible, one may, one can |

Мо́жно ли кури́ть?
May I (one) smoke?
담배 피워도 됩니까?

МОК-, *WET* (젖은)

| мо́к-нуть | 담그다, 넣다(액체 속에) to become wet, soak |

Они́ мо́кли под дождём.
They were soaking in the rain.
그들은 비에 젖었다.

| мо́к-рый | 습한, 물기 있는, 젖은 wet, damp |

Мо́крое полоте́нце виси́т на крючке́.
The wet towel is hanging on the hook.
젖은 수건은 걸이에 걸려있다.

| моч-и́ть | 적시다, 축축하게 하다, 절이다 to wet, dampen |

Он мо́чит го́лову холо́дной водо́й.
He wets his head with cold water.
그는 머리를 찬물로 적셨다.

МОЛ-, *PRAY* (빌다)

| мол-е́бен | 짧은 기도 te Deum, thanksgiving service |

У́тром служи́ли моле́бен.
In the morning they had a Te Deum.
아침에 감사기도가 드려졌다.

| мол-и́тва | 기도, 기도문 prayer

Он зна́ет все моли́твы наизу́сть.
He knows all the prayers by heart.
그는 모든 기도문을 외운다.

| мол-и́ться | 빌다, 기원하다, 기도하다 to pray, offer prayers

Старушка мо́лится пе́ред ико́ной.
The old woman prays before an ikon.
노파는 성상 앞에서 기도한다.

| мол-ь-ба́ | 애원, 간청, 기도 entreaty, supplication, prayer

Она́ обрати́лась к нему́ с горя́чей мольбо́й.
She turned to him with an urgent prayer.
그녀는 그에게 아주 절박하게 호소했다.

МОЛК-, *SILENT, STILL* (조용한, 고요한)

| мо́лк-нуть | 침묵하다 to grow still, hush down

Уж по́здно, всё мо́лкнет.
It is late, everything is hushed down.
이미 늦었다, 모든 것이 잠잠해졌다.

| молч-а́ть | 잠자코 있다, 침묵을 지키다 to be silent

Почему́ вы всегда́ молчи́те?
Why are you always silent?
어째서 당신은 항상 침묵을 지키십니까?

| молч-а́ние | 침묵, 무언 silence

Молча́ние знак согла́сия.
Silence gives consent.
침묵은 동의의 표시이다.

| в-тихо-мо́лк-у | 묵묵히, 몰래, 슬그머니 secretly, silently, noiselessly |

Он засмея́лся втихомо́лку.
He laughed noiselessly.
그는 슬며시 웃기 시작했다.

МУЖ-, *MAN* (남자)

| муж | 남편 husband |

Муж брани́л жену́.
The husband scolded (his) wife.
남편은 부인을 꾸짖었다.

| муж-и́к | 농부, 야인 peasant |

Мужи́к обраба́тывает зе́млю.
The peasant cultivates the land.
농부는 토지를 경작한다.

| муж-чи́на | 사나이, 남자, 남성 man |

В столо́вой бы́ло не́сколько мужчи́н.
There were several men in the dining room.
식당에는 남자 몇 명이 있었다.

| за́-муж | 시집가다 married, to marry |

Она́ неда́вно вы́шла за́муж.
She was married recently.
그녀는 최근에 결혼했다.

МУК-, *FLOUR* (가루)

| мук-а́ | 맥분, 곡분, 가루 flour |

Принесли́ мешо́к муки́.
They brought a sack of flour.
밀가루 자루가 도착되었다.

| муч-нóй | 가루의, 밀가루의, 곡분의 farinaceous, flour |

От мучнóй пи́щи полнéют.
They get (One gets) stout from (eating) farinaceous food.
밀가루 음식 때문에 사람들은 뚱뚱해진다.

| мук-о-мóльня | 제분소 flour mill |

Мужи́к отвёз зернó на мукомóльню.
The peasant took the grain to the flour mill.
농부는 곡물을 제분소로 가져갔다.

МУК-, *TORTURE, TORMENT* (고문, 고통)

| мýк-а | 괴로움, 고난 torment, torture |

Егó обрекли́ на вéчные мýки.
He was doomed to eternal torment.
그는 영원히 고통 받을 운명이다

| муч-éние | 고통, 고뇌, 고난, 가책 torment, agony, pain, worry, vexation |

Мучéние с вáми, да и тóлько.
You bring (give) me nothing but worry.
당신은 내게 고통만을 가져다 준다.

| мýч-ить | 괴롭히다, 학대하다 to torment, torture |

Не мýчьте меня́ !
Don't torment me!
나를 괴롭히지 마십시오!

МУТ-, МЯТ-, *TURBID, DISTURB* (흐린, 방해하다)

| мут-нéть | 흐리게 되다, 멍청하게 하다 to grow dark, dim, dull |

У меня́ в глазáх мутнéет.
I am fainting.(Everything turns dark before my eyes.)
내 눈이 흐릿해졌다.

| МУ́Т-НЫЙ | 흐린, 어두운, 흐릿한, 몽롱한 turbid, troubled |

Он ло́вит ры́бу в му́тной воде́.
He is fishing in troubled waters.
그는 혼란 속에서 이익을 취한다. (그는 흐린 물에서 고기를 잡는다.)

| МУТ-Ь | 침전물, 흐린, 더러운 것 muddiness |

Это не чай, а кака́я-то муть.
This is not tea, it's like muddy water.
이것은 차가 아니라 탁한 물 같다.

| с-му́т-а | 소요, 동란, 무질서 discord, sedition, riot, troubled times |

В Росси́и сму́та.
There are troubled times in Russia.
러시아는 혼란의 시기이다.

| с-мущ-а́ть | 당황하게 하다, 어지럽히다 to disturb, embarrass |

Он смути́л докла́дчика неожи́данным вопро́сом.
He got the speaker confused with his unexpected question.
그는 뜻밖의 질문으로 강연자를 당황하게 했다.

| мят-е́ж | 폭동, 반란 riot |

Генера́л усмири́л мяте́ж.
The general has crushed the riot.
장군은 폭동을 진압했다.

| без-мят-е́жный | 평화스런, 평온한, 안정된 quiet, undisturbed, peaceful |

Он спал безмяте́жным сном.
He slept peacefully.
그는 평온하게 잠을 잤다.

МЫ-, *WASH* (씻다)

| МЫ́-ЛО | 비누 soap |

Купи́те мне кусо́к мы́ла.
Buy me a cake of soap.
비누 한 개 사다 주십시오.

| МЫ-ТЬ | 씻다, 세탁하다 to wash |

Она́ мо́ет ру́ки.
She washes her hands.
그녀는 손을 씻는다.

| по-м-о́и | (식기를 닦고 난) 구정물 slops, dishwater |

Помо́и вы́плеснули в я́му.
The slops were splashed into the pit.
구정물이 구멍 속으로 쏟아 부어졌다.

МЫСЛ-, *THOUGHT* (생각)

| МЫСЛ-Ь | 생각, 사상, 사고력 thought, idea |

Э́то прекра́сная мысль.
This is a splendid idea.
이것은 훌륭한 생각이다.

| МЫ́СЛ-ИТЬ | 생각하다, 사색하다 to think, reflect, reason |

Я мы́слю, сле́довательно, я существу́ю.
I think, therefore I exist.
나는 생각한다, 그러므로 존재한다.

| МЫСЛ-И́ТЕЛЬ | 사색가, 사상가 thinker |

Его́ счита́ют кру́пным мысли́телем.
They consider him a great thinker.(He is considered a great thinker.)
그는 위대한 사상가로 간주된다.

| бес-с-мы́сл-ица | 무의미한, 부조리한 언행, 엉터리 nonsense |

Э́то су́щая бессмы́слица.
This is sheer nonsense.
이것은 완전히 엉터리이다.

| вы́-мысел | 공상, 상상, 허구 fiction, invention, fancy

В ска́зке мно́го вы́мысла.
There is much fiction in a fairy tale.
민담 속에는 수많은 상상이 들어있다.

| вы́-мышл-енный | 허구의 fictitious

Это не пра́вда, всё э́то вы́мышлено.
This is not true, it is all fictitious.
이것은 진실이 아니라 모두 허구이다.

| за́-мысел | 계획, 기도, 구상, 의도 project, plan, scheme

Никто́ не знал о его́ за́мыслах.
No one knew of his schemes.
아무도 그의 계획을 알지 못했다.

| про-мы́шл-енник | 산업가, 기업주, 실업가 manufacturer, trader

Промы́шленник уе́хал на я́рмарку.
The manufacturer left for the fair.
기업주는 박람회에 갔다.

| раз-мышл-е́ние | 심사, 묵상, 숙고, 궁리 reflection, pondering, meditation

Он погрузи́лся в глубо́кое размышле́ние.
He was lost in thought.(He was absorbed in deep meditation.)
그는 깊은 생각에 잠겼다.

| раз-мышл-я́ть | 심사,묵상,숙고,궁리하다 to think, ponder

Мы размышля́ли о значе́нии жи́зни и сме́рти.
We were pondering upon the meaning of life and death.
우리는 생과 사의 의미에 대해 숙고했다.

| с-мысл | (말의) 뜻, 의미 sense, idea, meaning

Како́й смысл э́того расска́за?
What is the meaning of this story?
이 이야기의 의미는 무엇입니까?

M 283

H

НЕГ-, *LANGUAGE, LUXURY* (권태, 사치)

| нéг-а | 애무, 안일, 유약 luxury, languor |

Они́ живу́т в не́ге.
They live in luxury.
그들은 안일하게 살고있다.

| не́ж-ничать | 상냥하게 하다, 다정한 말을 걸다 to pet, caress |

По́лно не́жничать, пора́ е́хать!
Stop petting, it's time to leave!
응석 그만 부려라, 떠날 시간이다.

| не́ж-ный | 상냥한, 부드러운, 온화한, 약한 tender, gentle |

У неё не́жный го́лос.
She has a gentle voice.
그녀는 상냥한 목소리를 갖고 있다.

НЕМ-, *NUMB, MUTE* (마비된, 무언의)

| нем-е́ть | 마비되다, 감각을 잃다, 벙어리가 되다 to get numb |

Мои́ па́льцы неме́ют от хо́лода.
My fingers are getting numb from cold.
나의 손가락들이 추위로 마비되고 있다.

| нém-ец | 독일인 German

Он нéмец рóдом.
He is of German descent.
그는 독일계다.

| нем-éцкий | 독일의, 독일인의 German

Немéцкий язы́к трýден.
The German language is difficult.
독일어는 어렵다.

| нем-óй | 벙어리의, 침묵한, 무언의 mute, dumb

Он глух и нем к её прóсьбам.
He is deaf and dumb to her entreaties.
그는 그녀의 부탁에 귀기울이지 않고 침묵했다.

НЕС-, НОС-, *CARRY* (나르다)

| нес-ти́ | 가지고 가다, 휴대하다 to carry, bring

Торгóвка несёт корзи́ну.
The tradeswoman is carrying a basket.
여자 상인은 바구니를 가지고 간다.

| нос-и́ть | 입다, 착용하다, 지니다 to wear

Я ношý э́ту шýбу вторýю зи́му.
I am wearing this coat the second winter.
나는 2년 동안 이 외투를 입고 있다.

| нос-и́лки | 들것, 가마 stretcher

Ра́неного принесли́ на носи́лках.
The wounded man was brought on a stretcher.
부상자는 들것에 실려왔다.

| нóш-а | 짐, 무거운 짐 load, burden

Э́та нóша сли́шком тяжела́ для вас.
This load is too heavy for you.
이 짐은 당신에게 너무 무겁다.

| от-нош-éние | 관련, 관계, ~에 대한 태도 attitude, treatment

Меня́ удивля́ет ва́ше отношéние.
Your attitude amazes me.
당신의 태도는 나를 놀라게 한다.

| под-нóс | 가져오는 것, 쟁반 tray

На поднóсе стоя́л графи́н.
A decanter was on the tray.
쟁반에는 목이 긴 유리병이 있었다.

| с-нóс-ный | 인내할, 참을 수 있는 passable, tolerable

Их воспи́танник снóсно говори́т по-францу́зски.
Their pupil (ward) speaks French passably well.
그들의 학생은 그런대로 불어를 말한다.

НЗ-, НОЖ-, *KNIFE, PIERCE* (칼, 꿰뚫다)

| во-нз-и́ть | (칼 등을) 찌르다, 꽂다 to pierce, plunge

Казáк вонзи́л кинжа́л по рукоя́ть.
The Cossack plunged his dagger to the hilt.
까자끄인은 단검을 푹 찔렀다.

| про-нз-и́ть | 찌르다, 관통시키다 to pierce

Пу́ля пронзи́ла стéну.
The bullet pierced the wall.
탄환은 벽을 관통했다.

| про-нз-и́тельный | (목소리 · 시선이) 찌르는 듯한, 날카로운 shrill, piercing

Газе́тчик пронзи́тельно закрича́л.
The newspaper man shouted in a shrill voice.
신문기자는 날카롭게 소리쳤다.

| нож | 칼, 식칼, 날 knife

У меня́ нет ножа́.
I have no knife.
나는 칼을 갖고 있지 않다.

| но́ж-ницы | 가위, 재단기 scissors

Портни́ха ре́жет мате́рию но́жницами.
The seamstress cuts the material (dress goods) with the scissors.
여재봉사는 직물을 가위로 자른다.

НИЗ-, *LOW, BELOW, DOWN* (낮은, 아래에, 아래로)

| в-низ-у́ | 아래쪽에, 밑에, 하부에, 아래층에 down, downstairs

Она́ внизу́.
She is downstairs.
그녀는 아래층에 있다.

| ни́з-кий | (고도, 위치, 지위 등이) 낮은 low

В э́той ко́мнате ни́зкий потоло́к.
The ceiling in this room is low.
이 방 천장은 낮다.

| ни́з-ость | 비열, 저열, 비열한 행위 baseness, meanness

Вы спосо́бны на вся́кую ни́зость.
You are capable of all kinds of meanness.
당신은 온갖 비열한 행위를 할 수 있다.

| НИ́Ж-НИЙ | 아래의, 하부의, 낮은, 저음의 lower, under, inferior

Ни́жний эта́ж сдаётся.
The ground floor is for rent.
아래층을 세 내놓았다.

НОВ-, *NEW* (새로운)

| НОВ-И́НКА | 새로운 것, 진기, 신품 news, novelty

Друзья́ собрали́сь посмотре́ть на нови́нку.
The friends came to have a look at the novelty.
친구들은 신품을 보려고 모였다.

| НО́В-ЫЙ | 새, 새로운 new

Нам ну́жен но́вый уче́бник.
We need a new textbook.
우리는 새로운 교과서가 필요하다.

| НО́В-ШЕСТВО | 신제도, 신체제, 새 습관, 신발견 innovation

Они́ бы́ли про́тив э́того но́вшества.
They were against this innovation.
그들은 이 신체제에 반대했다.

| ОБ-НО́В-КА | 새로 입수한 물건 new purchase, new dress, new thing

Поздравля́ю с обно́вкой.
I congratulate you on your purchase.
새 물건 구입을 축하합니다.

| ВОЗ-ОБ-НОВ-ЛЯ́ТЬ |
| ВОЗ-ОБ-НОВ-И́ТЬ | 갱신하다, 부흥, 부활시키다, 재개하다 to renew, resume

Я возобнови́л знако́мство с ним.
I have resumed friendly relations with him.
(I have resumed my acquaintance with him.)
나는 그와의 친분관계를 되찾았다.

| за́-нов-о | 새롭게, 다시, 고쳐서, 신규로 anew, like new

Им пришло́сь отде́лать кварти́ру за́ново.
They had to redecorate their apartment entirely.
그들은 아파트를 새롭게 꾸며야만 했다.

НУД-, *NEED* (필요)

| при-нужд-а́ть
| при-ну́д-ить | 강요하다, 강제하다, 부득이 ~하게 하다 to force, compel

Она́ принуждена́ была́ согласи́ться.
She was forced to agree.
그녀는 동의를 강요 당했다.

Обстоя́тельства принуди́ли его́ прода́ть дом.
The circumstances forced him to sell the house.
그는 부득이한 사정으로 집을 팔았다.

| нужд-а́ | 가난, 결핍, 부족, 필요 need, want

Они́ живу́т в нужде́.
They live in want.
그들은 가난하게 산다.

| нужд-а́ться | 가난, 빈궁, 부족하다, 필요하다 to be in need, be in want

Кто не нужда́ется в деньга́х?
Who hasn't been in need of money?
돈이 필요하지 않은 사람이 어디 있을까?

| ну́ж-ный | 필요한, 요구되는 necessary, needed

Он был ну́жен отцу́.
His father needed him.
아버지에게는 그가 필요했었다.

ОБЩ-, *COMMON, SOCIAL* (공통의, 사회적인)

| общ-е́ственный | 사회의, 사회적인, 공공의, 일반의 social, public |

Он дорожи́т обще́ственным мне́нием.
He values public opinion.
그는 여론을 소중히 여긴다.

| о́бщ-ество | 사회, 집회, 세상, 단체, 회사 society |

Она́ ре́дко быва́ет в о́бществе.
She rarely appears in society.
그녀는 사람들 앞에 자주 나가지 않는다.

| о́бщ-ий | 일반의, 공통의, 전반적인, 대체적인 common, general |

У нас о́бщее иму́щество.
We have a common property.
우리는 공유 재산을 갖고 있다.

| общ-е-жи́тие | 기숙사, 공동 숙사, 합숙소 home, dormitory, asylum |

Здесь два общежи́тия для студе́нтов.
There are two students homes here.
여기에는 2개의 대학생용 기숙사가 있다.

290 러시아어 어휘집

ОВ-, *SHEEP* (양)

ов-ца́
암양, 면양 sheep

Пасту́х пасёт ове́ц.
The shepherd tends his sheep.
목동은 양을 방목한다.

ов-е́чий
양의 sheep's

Из ове́чьей шёрсти ткут мате́рию.
They make (weave) dress material of sheep's wool.
양모로 직물을 짠다.

ов-чи́нный
양 모피의 sheep's

На нём овчи́нный тулу́п.
He wears a sheepskin coat.
그는 양 모피 외투를 입고 있다.

ОГН-, ОГОН-, *FIRE* (불)

ого́н-ь
불, 등불, 등 fire, light

Огни́ уже́ пога́сли.
The lights are already out.
불은 이미 꺼졌다.

огн-ево́й
불같은, 화력의, 열렬한, 타는 듯한 fire, fiery

Носи́ть огнево́е ору́жие воспреща́ется.
It is not allowed to carry firearms.
화기(火器)를 휴대하는 것은 금지되어 있다.

о́гн-енный
불의, 빛나는 fiery

Со́лнце на́ небе, как о́гненный шар.
The sun in the sky is like a fiery sphere (ball).
하늘의 태양은 마치 불타는 공과 같다.

OK-, *EYE* (눈)

óк-о, óч-и | 눈 eye

Óко за óко, зуб зá зуб.
An eye for an eye, a tooth for a tooth.
눈에는 눈, 이에는 이.

ок-нó | 창, 창문 window

Окнó выхóдит в сад.
The window faces the garden.
창문은 정원으로 나 있다.

оч-кѝ | 안경 glasses

Где мой очкѝ?
Where are my glasses?
내 안경이 어디 있지?

за-óч-но | 결석 중의, 부재 중의, 보지 않고 without seeing, out of sight

Я ничегó не покупáю заóчно.
I buy nothing behind one's back, without seeing it first.
나는 보지 않고는 아무것도 사지 않는다.

ПАД-, *FALL* (떨어지다)

пáд-ать 떨어지다, 쓰러지다, 내리다 to fall, drop

Яблоко пáдает с дéрева.
An apple drops from the tree.
사과가 나무에서 떨어진다.

пáд-кий ~의 경향이 있는, 갈망하는 inclined, having a weakness

Он пáдок на лесть.
He has a weakness for flattery.
그는 아첨을 무척 좋아한다.

про-пáс-ть
про-падá-ть 없어지다, 사라지다, 망하다 to disappear, perish

Кудá вы пропáли?
Where did you disappear?
어디로 사라졌었습니까?

у-пáс-ть 떨어지다, 쓰러지다, 내리다 to fall

Мáльчик упáл с лóшади.
The boy fell down from a horse.
소년은 말에서 떨어졌다.

зá-пад 서쪽, 서구 west

Сóлнце клóнится к зáпаду.
The sun is rolling westward.
서쪽으로 해가 져 가고 있다.

| за́-пад-ник | 서구주의자, 서구숭배자 westerner

Турге́нев был за́падником.
Turgenev was a westerner.
뚜르게네프는 서구주의자였다.

| на-пад-е́ние | 공격, 습격 attack, assault

Но́чью соверши́ли нападе́ние.
The attack was made at night.
밤에 습격이 이루어졌다.

| при-па́д-ок | 발작 fit, attack

Мой дед страда́ет припа́дками.
My grandfather suffers from fits.
나의 할아버지는 발작으로 고생하고 있다.

| у-па́д-ок | 쇠퇴, 몰락, 쇠약, 감퇴 decline, weakness, breakdown

У му́жа полне́йший упа́док сил.
(Her, my) husband has had a breakdown.
남편은 기력이 완전히 감퇴되었다.

ПАЛ-, ПЛ-, ПЕЛ-, *FIRE, FLAME* (불, 불꽃)

| пал-и́ть | 불태우다, 지피다 to fire, singe, burn, scorch

Паля́т из пу́шек.
They are firing the guns.
대포를 발사하다.

| пал-ь-ба́ | 발사, 사격, 포격 firing, cannonade

Начала́сь уби́йственная пальба́.
A deadly cannonade was started.
무시무시한 포격이 시작되었다.

| вос-пал-е́ние | 염증, 흥분, 격정 inflammation

У неё воспале́ние лёгких.
She is stricken with pneumonia.
그녀는 폐렴에 걸렸다.

| за-па́л-ь-чивый | 노하기 쉬운, 성급한, 격분한 quick-tempered

Он о́чень запа́льчив.
He is a quick-tempered man.
그는 매우 쉽게 격분한다.

| пл-а́мя | 불길, 화염 flame

Вспы́хнуло ослепи́тельное пла́мя.
A dazzling flame flared up.
불길이 눈부실 정도로 확 타올랐다.

| пл-а́менный | 불이 활활 타는, 열렬한 fiery, flaming, ardent

Он уверя́л её в пла́менной любви́.
He was assuring her of his ardent love.
그는 그녀에게 자신의 불타는 사랑을 단언했다.

| пе́-пел | 재 ashes

От костра́ оста́лся то́лько пе́пел.
Only the ashes remained from the bonfire.
모닥불로부터 단지 재만 남았다.

| пе́-пел-ь-ница | 재떨이 ash-tray

На столе́ нет пе́пельницы.
There is no ash-tray on the table.
책상에 재떨이가 없다.

ПАР-, *STEAM* (증기)

пар — 증기, 김 steam, vapour, mist

Весной пар от земли идёт.
In spring the mist comes up from the ground.
대지로부터 봄기운이 싹텄다.

пар-ить — 찌다, 삶다, 무덥다 to steam, stew

На дворе сегодня парит.
The weather is sultry today.
오늘 바깥 날씨는 무덥다.

пар-о-воз — 기관차 steam-engine, locomotive

Паровоз пыхтит в гору.
The engine is puffing up-hill.
기관차가 연기를 내뿜으며 산을 올라간다.

пар-о-ход — 기선 steamer, boat

На пароходе много пассажиров.
There are many passengers on board.
기선에 많은 승객들이 탔다.

ис-пар-яться — 증발·발산하다, 슬쩍 사라지다 to evaporate

В жару вода испаряется быстро.
In hot weather water evaporates quickly.
더울 때 물은 빨리 증발한다.

ПАС-, *TEND, HERD* (돌보다, 가축의 떼)

пас-ти — 방목하다, 목양하다 to tend, herd

Он пасёт коров.
He tends the cows.
그는 소를 방목한다.

| пас-ту́х | 목인, 목동 shepherd

Пасту́х со ста́дом возвраща́ется в дере́вню.
The shepherd with his flock is returning to the village.
목동은 가축 떼를 몰고 마을로 돌아오고 있다.

| па́с-т-бище | 목장 pasture

На па́стбище мно́го скота́.
In the pasture there are many cattle.
목장에 많은 가축들이 있다.

| за-па́с | 저장물, 저축, 보유량 stock, store, supply

У нас большо́й запа́с зерна́.
We have a large supply of grain.
우리는 엄청난 양의 곡물을 저장하고 있다.

| при-па́с-ы | 물자, 용품, 재료, 용구 supplies, provisions

Она́ отпра́вилась за съестны́ми припа́сами.
She went to get the food supplies (the provisions).
그녀는 양식을 얻으러 떠났다.

ПАХ-, *PLOUGH* (쟁기)

| па́х-арь | 경작자, 농부 tiller, farmer, ploughman

Па́харь поёт зво́нкую пе́сню.
The ploughman sings a sonorous song.
농부가 낭랑한 노래를 부른다.

| пах-а́ть | 전답을 갈다, 경작하다 to plough

Их на́няли паха́ть по́ле.
They were hired to plough the field.
밭을 경작하기 위해서 그들이 고용되었다.

| па́ш-ня | 경지, 전답, 경작 tillage, field |

На па́шне зелене́ет о́зимь.
The winter corn (grain) looks green in the field.
경작지에는 가을에 파종한 곡물이 푸르러 간다.

ПАХ-, *SMELL* (냄새가 나다)

| па́х-нуть | 향기가 나다, 냄새가 나다 to smell |

Ро́за прия́тно па́хнет.
The rose smells pleasant.
장미는 좋은 향기를 낸다.

| пах-у́чий | 방향·향기가 있는, 강한 향이 있는 fragrant |

Она́ держа́ла паху́чий цвето́к.
She held a fragrant flower.
그녀는 향기로운 꽃을 들고 있었다.

| за́-пах | 냄새 smell, odor, scent |

Како́й здесь е́дкий за́пах!
What an acrid smell is here!
여기 웬 코를 찌르는 듯한 냄새야!

ПЕК-, *BAKE* (굽다)

| пе́к-арь | 빵 굽는 사람, 빵집 baker |

Пе́карь продаёт хлеб.
The baker sells bread.
빵 굽는 사람이 빵을 판다.

| пек-а́рня | 빵제조소, 빵집 bakery

Его́ посла́ли в пека́рню.
He was sent to the bakery.
그는 빵집으로 보내졌다.

| печ-ь | (음식물을) 구워서 만들다 to bake

Когда́ вы бу́дете печь пироги́?
When will you bake the pies?
당신은 언제 만두를 구울 겁니까?

| печ-е́нье | 구운 음식물, 구운 과자, 비스킷 baking, pastry, cookies

К ча́ю по́дали пече́нье.
The pastry was served at tea.
비스킷이 차에 곁들어 나왔다.

| пе́ч-ка | 난로, 뻬치까 stove

Стари́к гре́ется у пе́чки.
The old man is warming himself at the stove.
노인이 난로 가에서 불을 쬐고 있다.

| пе́ч-ень | 간장 liver

У него́ расшире́ние пе́чени.
He has a distended liver.
그는 간이 부었다.

| печ-а́ль | 슬픔, 설음, 비탄, 비애, 근심, 걱정 sadness, sorrow

На её лице́ печа́ль.
She looks sad. (There is sadness in her face.)
그녀는 슬퍼 보인다.

| о-пек-у́н | 후견인 guardian

Мой опеку́н че́стный челове́к.
My guardian is an honest man.
나의 후견인은 정직한 사람이다.

II 299

ПЕТ-, ПИР-, ПОР-, *LOCK, SHUT* (잠그다, 닫다)

| за-пир-а́ть | |
| за-пер-е́ть | (자물쇠, 고리 등으로) 문을 닫다, 잠그다 to shut, lock |

Я забы́л запере́ть дверь.
I forgot to shut (lock) the door.
나는 문을 잠그는 것을 잊었다.

| вза-пер-ти́ | 갇혀서, 가두어 to be shut up, under lock and key |

Она́ сиди́т взаперти́.
She is shut in.
그녀는 갇혔다.

| о-пир-а́ться | 기대다, 의지하다, 기초를 두다 to set, rest, lean |

Он опира́лся о стол.
He was leaning against the table.
그는 탁자에 기대어 있었다.

| за-по́р | 문을 잠그는 도구(빗장, 자물쇠 등) bolt, lock, bar |

Э́ти воро́та всегда́ на запо́ре.
These gates are always bolted.
이 문은 항상 잠겨있다.

| у-по́р-ствовать | 완강히 버티다, 고집하다 to persist, resist, to be stubborn |

По́лно упо́рствовать, пойдёмте!
Enough of your stubbornness, let's go!
이제 그만 고집 부리고, 갑시다!

ПЕ-, *SING* (노래하다)

| пе-ть | 노래하다, 노래부르다 to sing |

Вы хорошо́ поёте.
You sing well.
당신은 노래를 잘 부른다.

| пе-вéц | 가수 singer

Оперный певéц вышел на сцéну.
An opera singer appeared on the stage.
오페라 가수가 무대 위로 나왔다.

| пé-ние | 노래하는 것, 노래 singing

Я люблю церкóвное пéние.
I like church singing.
나는 성가를 좋아한다.

| пé-сня | 노래, 가곡 song

Это нарóдная пéсня.
This is a folk song.
이것은 민요이다.

| пе-тýх | 수탉, 싸움꾼 rooster

Петýх пропéл три рáза.
The rooster crowed three times.
수탉이 세 번 울었다.

| на-пéв | 가락, 선율 tune

Мне знакóм этот напéв.
This tune is familiar to me.
그 가락은 내게 익숙한 것이다.

| на-рас-пéв | 노래 부르듯, 말끝을 늘여서 in a singsong voice, to intone

Он читáл молитву нараспéв.
He was reading(saying) the prayer in a singsong voice.
그는 노래를 부르듯이 기도문을 읽었다.

ПЕЧАТ-, *SEAL, PRINT* (인장, 인쇄하다)

| печа́т-ь | 도장, 인장, 봉인, 인쇄 seal, print |

К письму́ приложена печа́ть.
A seal is attached to the letter.(The letter is sealed.)
편지가 봉해졌다.

| печа́т-ать | 인쇄하다, 게재하다, 현상하다 to print, publish |

Э́ту ру́копись ско́ро бу́дут печа́тать.
This manuscript will soon be printed (published).
이 원고는 곧 인쇄될 것이다.

| рас-печа́т-ывать |
| рас-печа́т-ать | 봉인을 뜯다, 개봉하다 to open, break open, unseal |

Конто́рщик распеча́тывает паке́т.
The clerk is opening the parcel.
서기가 소포를 열었다.

| в-печат-ле́ние | 인상, 감동, 감화, 효과 imprint, impression |

Он произвёл на меня́ хоро́шее впечатле́ние.
He made a good impression on me.
그는 나에게 좋은 인상을 주었다.

| о-печа́т-ка | 오식(誤植) misprint |

В кни́ге мно́го опеча́ток.
There are many misprints in the book.
책에 많은 오식이 있다.

ПИ-, ПОЙ-, *DRINK* (마시다)

| пи-ть | 마시다, 술을 마시다, 건배하다 to drink |

Я хочу́ пить.
I want a drink.(I am thirsty.)
나는 갈증이 난다.

| **пи-тьё** | 음료, 마시는 일 beverage |

Что это за питьё?
What kind of beverage is it?
이것은 어떤 음료입니까?

| **пь-янéть** | 취하다, 황홀해지다 to get drunk |

От этого вина быстро пьянéют.
This wine makes one drunk quickly.
이 와인은 빨리 취하게 한다.

| **пь-я́ный** | 취한(醉漢), 도취한 drunken man, drunkard |

Пья́ный шата́лся по у́лице.
The drunken man was staggering on the street.
술 취한 사람이 길거리에서 비틀거렸다.

| **пи́-во** | 맥주 beer |

Не хоти́те ли пи́ва?
Would you like some beer?
맥주를 마시겠습니까?

| **пи-вна́я** | 맥주 집 beer-saloon, barroom |

Пойдёмте в пивну́ю.
Let's go to the (beer) saloon.
자 맥주 집으로 갑시다.

| **на-пи́-ться** | 충분히 마시다, 취하다 to slake one's thirst, to get drunk |

Они́ напили́сь.
They drank enough. (They got drunk.)
그들은 꽤 마셨다.

| **за-по́й** | 발작성 음주벽 fit of hard drinking |

Он пьёт запо́ем.
He has fits of hard drinking.
그는 폭음한다.

| на-пой-ть | 충분히 마시게 하다, 취하게 하다 to give to drink

Чем бы вас напоить?
What shall I offer you to drink?
어떤 음료를 드릴까요?

| по-пой-ка | 주연 spree, drinking bout

У студе́нтов была́ попо́йка.
The students had a spree.
학생들은 실컷 마셨다.

ПИС-, *WRITE* (쓰다)

| пис-а́ть | 쓰다, 그리다, 쓸 수 있다 to write

Уме́ете ли вы писа́ть?
Can you write?
당신은 쓸 줄 압니까?

| пис-а́тель | (문학의) 작가 writer, author

Писа́тель напеча́тал но́вый рома́н.
The writer has published a new novel.
작가는 새 소설을 발표했다.

| пис-ь-мо́ | 편지, 문서, 문자 letter

Мы ещё не получи́ли ва́шего письма́.
We have not received your letter yet.
우리는 아직 당신 편지를 받지 못했습니다.

| за-пи́с-ка | 메모, 간단한 기록 note

Оста́вьте ему́ запи́ску.
Leave him a note.
그에게 메모를 남기십시오.

| о́-пис-ь | (재산, 비품, 재고품 등의) 목록, 명세서 list, inventory

Они́ соста́вили о́пись иму́щества.
They made an inventory.
그들은 재산 목록을 만들었다.

| пере-пи́с-ка | 왕복 서신, 정서(淨書) correspondence

Ме́жду ни́ми завяза́лась перепи́ска.
A correspondence started between them.
그들은 서신 왕래를 시작했다.

| рас-пис-а́ние | 시간표, 예정표 schedule, timetable

Доста́ньте расписа́ние поездо́в.
Get me a (train) schedule.(Get me a timetable.)
열차시간표를 구해주십시오.

ПИСК-, *SQUEAK* (삑삑 · 찍찍 우는 소리)

| писк | 울음 소리, 삑삑 (우는) 소리 squeak, peep, chirp, cheep

В сара́е писк цыпля́т.
The chicks peep in the barn.
병아리가 헛간에서 삐약삐약하며 운다.

| писк-ли́вый | 삑삑 소리를 내는, 늘 삑삑 우는 squeaky

У э́того профе́ссора паскли́вый го́лос.
This professor has a squeaky voice.
이 교수님은 삑삑 거리는 목소리를 갖고 있다.

| пищ-а́ть | 삑삑 · 짹짹 · 앵앵 소리를 내다 to squeak, whine, wail

В лю́льке пища́л младе́нец.
The infant wailed in the cradle.
아기가 요람에서 앵앵하며 울고 있다.

ПИТ-, *FEED, NOURISH* (양육하다, 기르다)

| пит-а́ть | 양육하다, 공급하다 to foster, nourish, feed, cherish |

Наде́жда ю́ношей пита́ет.
Youth is nourished by hope.
희망이 젊은이를 양육한다.

| пит-а́ние | 영양, 식사, 급양, 양육, 섭취 nourishment |

Вам необходи́мо уси́ленное пита́ние.
You need a nourishing food.(You need a high caloric diet.)
당신에게는 강화 영양식이 필요하다.

| пи́щ-а | 식품, 양식 food |

По́вар пригото́вил вку́сную пи́щу.
The cook has prepared a savory dish.
요리사가 맛있는 음식을 준비했다.

| вос-пи́т-ывать | |
| вос-пит-а́ть | 기르다, 양육·교육하다 to bring up, educate |

Они́ хорошо́ воспи́тывают своего́ сы́на.
They are bringing up their son well.
그들은 자기 아들을 훌륭하게 교육시킨다.

ПЛАТ-, ПОЛОТ-, *DRESS, LINEN* (옷, 아마포)

| пла́т-ье | 의복, 옷 dress |

На ней но́вое пла́тье.
She is wearing a new dress.
그녀는 새 옷을 입고 있다.

| плат-о́к | 손수건, 스카프, 숄 handkerchief

В карма́не носово́й плато́к.
A handkerchief is in the pocket.
주머니 안에 손수건이 있다.

| плащ | 망토, 방수망토 cloak, wrap

Он купи́л непромока́емый плащ.
He bought a waterproof cloak.
그는 방수망토를 샀다.

| полот-е́нце | 타올, 수건 towel

Принеси́те чи́стое полоте́нце.
Bring me a clean towel.
깨끗한 수건을 가져 오십시오.

| полот-но́ | 아마포(亞麻布), 마포, 화폭 linen

Ба́ба соткала́ кусо́к полотна́.
The peasant woman has woven a piece of linen.
시골여자가 아마포 조각을 짜고 있다.

| полот-ня́ный | 아마포의, 마포의, 포목의 linen

На посте́ли полотня́ная простыня́.
A linen sheet is on the bed.
침대 위에 아마포 시트가 깔려있다.

ПЛАТ-, PAY (지불하다)

| пла́т-а | 지불, 요금, 임금 pay, fee, charge, wages

Она́ получа́ет ни́зкую пла́ту за труд.
She gets low wages for her work.
그녀는 낮은 임금을 받는다.

| плат-ёж | 지불, 판제(辦濟) payment |

Наступи́л срок платежа́.
Payday has come.
지불기한이 도래했다.

| плат-и́ть | 지불하다 to pay |

Все мы пла́тим нало́ги.
We all (All of us) pay taxes.
우리 모두는 세금을 낸다.

| бес-пла́т-ный | 무료의, 무보수의, 무급의 free of charge |

Они́ у́чатся в беспла́тной шко́ле.
They attend (study in) a free school.
그들은 수업료를 내지 않는 학교에 다닌다.

ПЛЕТ-, *WEAVE* (짜다)

| плет-е́нь | 장벽, 울타리 fence, wattle |

Наш плете́нь сде́лан из пру́тьев.
Our fence is made of wattle rods.
우리 울타리는 나뭇가지로 만들어졌다.

| плет-ь | 꼬아서 만든 채찍 lash, whip |

Он бил ло́шадь пле́тью.
He was lashing his horse.
그는 말을 채찍질 했다.

| плес-ти́ | 뜨다, 땋다, 꼬다, 엮다 to weave, tat |

Крестья́нки плету́т то́нкое кру́жево.
The peasant women weave fine lace.
시골 아낙들이 멋진 레이스를 짠다.

| за-плет-а́ть | 짜다, 땋다 to braid, plait |

Де́вушка заплета́ет ко́су.
The young girl braids her hair.
아가씨가 머리를 땋아 늘어뜨렸다.

| пере-плес-ти | 엮다, 짜다, 제본하다, 장정하다 to bind, interlace

Мне на́до переплести́ э́тот слова́рь.
I must have a binding for this dictionary.
나는 이 사전을 제본해야만 했다.

| пере-плёт | 제본, 표지, 장정 cover, binding

Сде́лайте ко́жаный переплёт.
Make a leather binding.
가죽장정을 하시지요.

ПЛОСК-, *FLAT* (평평한)

| пло́ск-ий | 평평한, 평탄한, 얕은, 평범한 flat, trivial

Э́то пло́ская шу́тка.
This is a trivial joke.
이것은 진부한 재담이다.

| пло́ск-ость | 관점, 평범, 평면, 방면 flat, plane

Мы стои́м на ро́вной пло́скости.
We are on a level plane.
우리는 동일한 면에 서있다.

| площ-а́дка | 장소, 단, 층계참, 경기장 platform, landing, patio

Пе́ред до́мом площа́дка.
There is a patio in front of the house.
집 앞쪽에 테라스가 있다.

| пло́щ-адь | 광장, 평지 square, esplanade

На пло́щади мно́го наро́ду.
There are many people in the square.
광장에는 많은 사람들이 있다.

ПЛЫ-, ПЛАВ-, *SWIM, FLOAT* (헤엄치다, 띄우다)

| ПЛЫ-ТЬ | 헤엄치다, 항행하다, 부류하다 to swim, float |

Трýдно плыть прóтив течéния.
It is difficult to go (swim) against the tide.
흐름을 거슬러 헤엄치는 것은 어렵다. (시류에 역행하는 것은 어렵다.)

| ОТ-ПЛЫ́Т-ИЕ | 출범, 출항 departure, sailing |

Отплы́тие парохóда в два часá.
The boat sails at two o'clock.
두 시에 배가 출항한다.

| ПЛÁВ-АТЬ | 헤엄치다, 항행하다, 항해하다 to swim |

Я учу́сь плáвать.
I am learning to swim.
나는 수영을 배운다.

| ПЛÁВ-АНИЕ | 수영, 항해, 항행 trip, voyage, navigation |

Моря́к отпрáвился в плáвание.
The seaman went off to sea.
선원은 항해하러 떠났다.

ПОЛК-, *REGIMENT* (연대)

| ПОЛК | 연대, 부대 regiment |

В гóроде стои́т полк.
There is a regiment in town.
도시에 연대가 주둔하고 있다.

| ПОЛК-ÓВНИК | 육·공군 대령, 부대장, 지휘자 colonel |

Наш полкóвник строг.
Our colonel is strict.
우리 부대장은 엄격하다.

| ПОЛК-ОВО́Й | 연대의, 부대의 regimental |

На балу́ игра́л полково́й орке́стр.
The regimental band played at the ball.
연대 군악단이 무도회에서 연주를 했다.

| О-ПОЛЧ-Е́НИЕ | 예비역, 국민군, 비정규군 militia |

Нача́льник ополче́ния дал прика́з выступа́ть.
The head of the militia gave orders to start.
국민군의 우두머리는 출발을 명령했다.

| О-ПОЛЧ-И́ТЬСЯ | 무장하다, 반항·적대하다 to take arms, rise against |

Вся рать ополчи́лась про́тив него́.
The entire host rose against him.
모든 군대가 그에 대항하여 일어났다.

ПОЛН-, *FULL* (가득 찬)

| ПОЛН-Е́ТЬ | 살이 찌다, 뚱뚱해지다 to become stout |

Вы сли́шком полне́ете.
You are getting too stout.
당신은 너무나 살이 쪘다.

| ПО́ЛН-ЫЙ | 가득 찬, 충만한, 완전한, 충분한 full |

У них по́лон дом госте́й.
Their house is full of guests.
그들의 집은 손님들로 가득 찼다.

| ВЫ-ПОЛН-Я́ТЬ
ВЫ́-ПОЛН-ИТЬ | 수행하다, 완수하다, 채우다 to carry out, execute, fulfill |

Они́ вы́полнили зада́ние.
They have carried out the task.
그들은 임무를 수행했다.

| ис-полн-éние | 실행, 수행, 집행, 이행, 완성, 연주 fulfillment, execution

Прика́з приведён в исполне́ние.
The order (verdict) was carried out.
명령은 수행되었다.

| по-по́лн-ить | 보충하다, 충실하게 하다 to fill up, supplement, add

Он хо́чет пополнить пробе́лы своего́ образова́ния.
He wants to fill the gaps in his education.
그는 자신의 교육의 공백을 보충하기를 원한다.

ПРАВ-, *TRUTH, RIGHT* (진실, 바른)

| пра́в-да | 참, 진리, 진실, 정의 truth

Он не всегда́ говори́т пра́вду.
He does not always speak the truth.
그가 항상 진실만을 이야기하지는 않는다.

| пра́в-ило | 규칙, 법칙, 규정 rule, principle

Нет пра́вила без исключе́ния.
There is no rule without an exception.
예외 없는 법칙은 없다.

| пра́в-ить | 다스리다, 통치하다, 지배하다, 관리하다 to rule

Госуда́рством пра́вит наро́д.
The people run (govern) the country.
민중이 나라를 다스린다.

| пра́в-ый | 옳은, 정당한, 공정한 right, correct

Вы, как всегда́, пра́вы.
As usual, you are right.
여느 때와 마찬가지로 당신이 옳다.

| прав-о-сла́вный | 그리스 정교의 orthodox |

Она́ правосла́вного вероиспове́дания.
She is of orthodox faith.
그녀는 정교신자이다.

ПРАХ-, ПОРОХ-, *DUST, POWDER* (먼지, 가루)

| прах | 먼지, 쓰레기, 하잘 것 없는 물건 dust, earth, ruin |

Всё пошло́ пра́хом.
All went to rack and ruin.
모든 것이 수포로 돌아갔다.

| по́рох | 화약 gunpowder |

На скла́де взорва́лся по́рох.
The gun powder exploded in the warehouse.
창고에서 화약이 폭발했다.

| порох-ово́й | 화약의 gunpowder |

На порохово́м заво́де забасто́вка.
There is a strike at the gunpowder works.
화약 공장에서 동맹파업이 일어났다.

| порош-о́к | 분말, 분말제, 가루약 powder |

Мне ну́жен зубно́й порошо́к.
I need some tooth powder.
나는 가루 치약이 필요하다.

ПРЕТ-, *FORBID, ARGUE* (금하다, 논하다)

за-прещ-а́ть / за-прет-и́ть — 금지하다, 말리다 to forbid

Врачи́ запрети́ли больно́му са́хар.
The doctors didn't let the sick person have anything sweet.
의사들이 그 환자에게 당분 섭취를 금지시켰다.

за-прещ-е́ние — 금지 prohibition

Не взира́я на запреще́ние, он вошёл.
In spite of the prohibition, he went in.
금지에도 불구하고 그는 들어갔다.

ПРОС-, *BEG* (빌다)

прос-и́ть — 요청하다, 바라다, 부탁하다, 구하다 to beg, ask, request

Ора́тор про́сит на́шего внима́ния.
The speaker is asking for our attention.
연사는 우리에게 주목할 것을 부탁했다.

про́с-ь-ба — 소원, 부탁, 의뢰, 청원서 request, petition

У меня́ к вам больша́я про́сьба.
I have a great favor to ask of you.
나는 당신에게 중대한 부탁이 있습니다.

прош-е́ние — 원서, 청원서 application

Проше́ние уже́ по́дано.
The application has already been presented.
청원서는 이미 제출되었다.

до-про́с — 심문, 신문(訊問) examination, inquest, hearing

Его́ повели́ на допро́с.
He was taken to an inquest.
그는 심문 당했다.

| с-прос | 질문, 문의, 요청, 수요 demand |

На э́тот това́р нет спро́су.
There is no demand for this merchandise.
이 상품은 수요가 없다.

ПРОСТ-, *SIMPLE, EXCUSE* (단순한, 용서하다)

| прост-о́й | 단순한, 간단한, 평이한, 쉬운, 보통의 simple |

Э́то о́чень просто́й приме́р.
This is a very simple example.
이것은 매우 간단한 예이다.

| прост-ота́ | 단순, 간결, 소박 simplicity, frankness, artlessness |

Его́ уважа́ют за простоту́ обраще́ния.
They respect him for his artless manners.
그는 소박한 태도 때문에 존경을 받는다.

прощ-а́ть
| прост-и́ть | 용서하다, (의무 등을) 면제시키다 to forgive |

Прости́те меня́ за до́лгое молча́ние.
Forgive me for not writing for so long.
오랫동안 소식 전하지 못한 것에 대해 용서해 주십시오.

| прощ-е́ние | 사면, 유서(宥恕), 용서 forgiveness, pardon, excuse |

Он заслу́живает проще́ния.
He deserves forgiveness (pardon).
그는 사면 받을 만하다.

ПРУГ-, ПРЯГ-, *SPRING, HARNESS* (튀다, 마구)

| у-пру́г-ий | 탄력성이 있는, 탄력 있는 elastic, resilient, springy |

У него́ упру́гие му́скулы.
He has an elastic body (muscles).
그는 탄력 있는 근육을 가지고 있다.

| пруж-и́на | 용수철, 스프링, 원동력 spring |

В часа́х слома́лась пружи́на.
The watch spring broke.
시계 용수철이 망가졌다.

| су-пру́г-а | 부인, 마님 wife |

Приходи́те к нам с супру́гой.
Come and see us with your wife.
부인과 함께 우리에게 오십시오.

| су-пру́ж-еский | 부부의, 배우자의 wedded |

Супру́жеская жизнь его́ привлека́ла.
Wedded life appealed to him.
결혼생활이 그의 마음을 끌었다.

| в-пряг-а́ть | (말을 수레에) 채우다 to harness |

В теле́гу впряга́ют па́ру воло́в.
A yoke of oxen is harnessed to a cart.
황소 한 쌍을 마차에 채웠다.

| на-пряж-е́ние | 긴장, 노력, 긴박한 상태 strain, stress, effort |

Э́та рабо́та тре́бует огро́много напряже́ния.
This work takes an awful lot of effort.(This work is very strenuous.)
이 일은 엄청난 노력을 필요로 한다.

ПРЫГ-, *JUMP* (뛰어오르다)

прыг-ать
прыг-нуть — 뛰다, 뛰어오르다, 도약하다 to jump

Кто́-то пры́гнул че́рез забо́р.
Someone jumped over the fence.
누군가 울타리를 뛰어 넘었다.

прыж-о́к — 뜀질, 도약, 점프경기 jump, leap, somersault

Он сде́лал большо́й прыжо́к.
He turned a somersault.
그는 공중제비를 했다.

ПРЯД-, *STRAND, YARN, SPIN* (한 가닥의 실, 뜨개실, 실을 잣다)

пряд-ь — 머리채, 머리다발, 방사(紡絲) strand, twist, yarn, lock, tuft

Она́ отре́зала прядь воло́с.
She cut off a strand of hair.
그녀는 머리다발을 잘랐다.

пряд-и́льный — 방적의, 실을 잣는데 쓰는 spinning

Рабо́тница поступи́ла на пряди́льную фа́брику.
The factory woman went to work at a spinning mill.
여직공은 방직공장에 취직했다.

пряс-ть — (실을) 잣다 to spin

Вам сле́дует научи́ться прясть.
You must learn to spin.
당신은 실 잣는 것을 배워야만 합니다.

| пря́ж-а | 방(적)사, 실을 잣는 것 yarn, thread |

Стару́ха несёт пря́жу домо́й.
The old woman takes the yarn home.
노파는 실을 집으로 가지고 온다.

| пря́х-а | 실을 잣는 여자 spinner |

Пря́ха сиди́т за веретено́м.
The spinner is sitting at the spinning-wheel.
여방적공은 물레에 앉아있다.

ПТ-, *BIRD* (새)

| пт-и́ца | 새 bird |

Пти́ца вьёт гнездо́.
The bird is building a nest.
새가 둥지를 틀고 있다.

| пт-ене́ц | 새끼 새 fledgling |

На траве́ пищи́т птене́ц.
The fledgling is chirping in the grass.
새끼 새가 풀 위에서 짹짹거리며 울고 있다.

| пт-а́шка | 작은 새 little bird |

Пта́шка клюёт зерно́.
The little bird is pecking the grain.
작은 새가 알곡을 쪼아먹고 있다.

ПУГ-, *FRIGHT* (공포)

| пуг-а́ть | 놀라게 하다, 위협하다 to frighten, startle, scare |

Ого́нь испуга́л пу́блику, все бро́сились к вы́ходу.
The fire scared the people all rushed to the exit.
불은 사람들을 위협했으며, 모두들 출구로 몰려갔다.

| пуг-ли́вый | 겁이 많은, 두려워하는 timid, shy, fearful |

На́ша ло́шадь пугли́ва.
Our horse shies.
우리 말은 겁이 많다.

| ис-пу́г | 경악, 놀라움 fear, fright |

Она́ побледне́ла от испу́га.
She turned pale with fright.
그녀는 놀래서 창백해졌다.

ПУСК-, ПУСТ-, *LET* (~에게 ~시키다)

| пуск-а́ть | |
| пуст-и́ть | 놔주다, 자유로이 놓아주다 to let, allow, permit |

Его́ не пуска́ют к реке́.
They won't let him go to the river.
그가 강으로 가도록 내버려두지 않는다.

Пусть он де́лает, как хо́чет.
Let him do as he pleases.
그가 하고 싶은 대로 하도록 내버려둬라.

| вы-пуск-но́й | 방출의, 유출의, 발행의, 졸업의 final |

Она́ провали́лась на выпускно́м экза́мене.
She failed at the final examination.
그녀는 졸업 시험에 떨어졌다.

| о́т-пуск | 휴가, (상품을) 내놓는 것, 공급, 제공 leave of absence |

Он уе́хал в о́тпуск.
He went away on a leave.
그는 휴가를 떠났다.

| про́-пуск | 통과, 통행 허가증, 통행권 pass, permit |

Мне да́ли про́пуск.
They gave me a pass.
통행권이 나에게 주어졌다.

| у-пущ-е́ние | 태만, 실책 omission, fault, mistake, oversight |

Э́то упуще́ние тру́дно испра́вить.
It is difficult to correct this mistake.
이 실책을 바로잡는 것은 어렵다.

ПУСТ-, *EMPTY* (빈)

| пуст-о́й | 빈, 공허한, 헛된 empty, futile, frivolous |

Они́ веду́т пусто́й о́браз жи́зни.
They lead an empty life.
그들은 공허한 삶을 살고 있다.

| пуст-ы́ня | 황야, 사막 desert |

В пусты́нях обыкнове́нно живу́т коче́вники.
The nomads usually live in the deserts.
사막에는 유목민들이 평범하게 살고 있다.

| пуст-ы́рь | 공지, 황무지 vacant lot |

Э́тот пусты́рь преврати́ли в парк.
This vacant lot was turned into a park.
이 공지가 공원으로 바뀌었다.

| пуст-я́к | 시시한 일, 사소한 일 trifle, nothing, nonsense

Всё э́то пустяки́!
All this is a mere trifle!
모두가 쓸데없는 일이야!

| пуст-я́чный | 시시한, 하찮은, 어이없는 trivial, trifling, paltry, petty

Э́то пустя́чное предприя́тие.
This is a trivial project.
이것은 진부한 계획이다.

ПУТ-, *ROAD, WAY* (길, 행로)

| пут-ь | 길, 여행, 진로, 과정, 방법 road, way, trip, journey

Счастли́вого пути́!
Happy journey!
여행 잘 다녀오십시오!

| пут-ево́й | 길의, 여행의 travelling

Его́ путевы́е заме́тки появи́лись в печа́ти.
His travelling notes appeared in print.
그의 여행기가 간행되었다.

| по-пу́т-чик | 동행자, 동반자, 길동무 fellow-traveller

Я вам не попу́тчик.
I am not your fellow traveller.
나는 당신의 길동무가 아니다.

ПУХ-, *DOWN* (솜털)

пух
(동·식물의) 솜털 down

Из поду́шки вы́сыпался пух.
The down came out of the pillow.
베개로부터 솜털이 빠져 나왔다.

пух-ово́й
솜털·부드러운 털로 만든 down, downy

У неё пухо́вое одея́ло.
She has a downy comforter.
그녀는 솜털로 만든 이불을 갖고 있다.

пуш-и́стый
부드러운 털에 싸인, 부드러운 downy, fluffy

Она́ заку́талась в пуши́стый плато́к.
She muffled herself in a fluffy shawl.
그녀는 부드러운 숄을 걸쳤다.

пу́х-нуть
부풀다, 붓다 to swell

Щека́ ста́ла пу́хнуть.
The cheek began to swell.
뺨이 붓기 시작했다.

о́-пух-оль
종기, 종양 swelling, tumour

На ноге́ появи́лась о́пухоль.
There appeared a swelling on the leg.
다리에 종기가 생겼다.

пу́х-лый
부푼, 포동포동한, 통통한 plump, chubby

Ко мне тя́нутся пу́хлые ру́чки.
Chubby little hands stretch out towards me.
포동포동한 작은 손들이 내게로 뻗어졌다.

ПЫТ-, *TRY, ATTEMPT* (노력하다, 시도하다)

| пыт-а́ться | 시도하다 to attempt, try |

Я пыта́лась не́сколько раз зайти́ к вам.
I made several attempts to call on you.
나는 당신을 방문하려고 몇 번이나 시도했었다.

| до-пы́т-ываться | 애써서 알아내다 to poke and pry, try to find out |

Чего́ вы всё вре́мя допы́тываетесь?
What are you trying to find out?
당신은 항시 무엇을 알아내려고 합니까?

| о́-пыт | 경험, 체험, 실험, 시험, 시도 experiment, test |

В лаборато́рии производи́ли о́пыт.
An experiment was being made in the laboratory.
실험실에서 실험이 행해지고 있었다.

| по-пы́т-ка | 기도, 시도, 실험 attempt |

Он сде́лал попы́тку к бе́гству.
He made an attempt to escape.
그는 탈출을 시도했다.

| пы́т-ка | 고문, 가책, 고통 torture, torment |

Его́ подве́ргли мора́льной пы́тке.
He was subjected to mental torture.
그는 정신적 고통을 겪었다.

РАБ-, *SLAVE* (노예)

раб
노예, 농노 slave

Он раб своéй стрáсти.
He is a slave of his passion.
그는 자신의 정욕의 노예이다.

рáб-ство
노예신분, 노예제도, 착취, 혹사, 맹종 slavery

Человéчество освободи́лось от рáбства.
Mankind has freed itself from slavery.
인류는 노예제도로부터 해방되었다.

раб-óта
일, 작업, 노동 work

У меня́ мнóго рабóты.
I have much work to do.
나는 할 일이 많다.

раб-óтать
일하다, 노동하다, 작업하다 to work

Он оди́н рабóтает на всю семью́.
He works for the whole family.
그는 전가족을 위해 일한다.

раб-óчий
노동자, 노무자 workman

Рабóчие басту́ют.
The workmen are on strike.
노동자들이 파업을 한다.

РАВ-, *EQUALITY* (동등)

| рав-енство | 평등, 균등, 무차별 equality |

Ра́венство - то́лько мечта́.
Equality is only a dream.
평등은 단지 꿈일 뿐이다.

| рав-ни́на | 평지, 평원, 평야 plain |

Пе́ред на́ми однообра́зная равни́на.
A monotonous plain is before us.
우리 앞에 단조로운 평원이 펼쳐져 있다.

| ра́в-ный | 서로 같은, 평등의, 동등의 equal, match, like, similar |

Ему́ нет ра́вного.
There is no one like him.
그와 같은 사람은 없다.

| с-рав-не́ние | 비교, 대조 comparison |

Не де́лайте таки́х сравне́ний.
Dont's make such comparisons.
그러한 비교는 하지 마십시오.

РАД-, *GLAD* (기쁜)

| ра́д-ость | 기쁨, 희열, 환희, 즐거운 일 joy, gladness |

Она́ пры́гает от ра́дости.
She is dancing for joy.
그녀는 너무 기뻐 날뛴다.

| ра́д-остный | 기쁜, 즐거운 glad, joyous, cheerful |

Мы получи́ли ра́достное изве́стие.
We received the glad tidings.
우리는 기쁜 소식을 받았다.

| рад-у́шный | 정성스러운, 간절한 cordial, affable, hospitable

Его́ при́няли раду́шно.
They met him hospitably.(They met him cordially.)
그를 정성스럽게 맞이했다.(그는 환대를 받았다.)

РАЗ-, ONCE, FELL, DEFEAT, IMPRINT, INFLICT
(한 번, 죽이다, 쳐부수다, 인상, 과하다)

| раз | 한 번, 일 회 once

Я был там то́лько раз.
I was there only once.
나는 단 한 번 그곳에 갔었다.

| раз-и́ть | 때리다, 치다, 격파하다, 놀라게 하다 to fell, strike

Сло́во сильне́е пу́ли рази́т.
The word strikes more powerfully than a bullet.
말은 총알보다 더 강하게 느껴진다.

воз-раж-а́ть
воз-раз-и́ть | 반대하다, 반박하다, 항의하다 to object, retort, contradict

Вы не возража́ете про́тив моего́ предложе́ния?
You don't object to my proposal?
당신은 나의 제안에 반대하지 않습니까?

| за-ра́з-а | 전염병균, 전염병, 감염 contagion, infection

Зара́за бы́стро распространи́лась.
The contagion spread fast.
전염병이 급속히 퍼졌다.

| о́б-раз | 형, 형상, 양식, 형식 image, form, manner, trend

Мне не нра́вится ваш о́браз мы́слей.
I don't like the trend of your thoughts.
나는 당신의 사고 방식이 마음에 들지 않는다.

| об-ра́з-чик | 견본, 모범, 전형 sample

Да́йте ей обра́зчик э́той мате́рии.
Give her a sample of this material.
그녀에게 이 직물의 견본을 주십시오.

| без-об-ра́з-ие | 보기 흉한 것, 무질서 deformity, indecency, disorder

Что за безобра́зие!
How indecent!(What a shame!)
이 무슨 꼴불견인가!

РАЗ-, *DIFFERENT* (다른)

| ра́з-ница | 차, 차액, 상이, 차이 difference

Ра́зница в цене́ небольша́я.
There is a small difference in price.
가격 차이는 미미했다.

| ра́з-ный | 다른, 같지 않은, 개개의, 여러 가지의 different

У нас ра́зные вку́сы.
We have different tastes.
우리는 각기 다른 기호를 갖고 있다.

| раз-но-об-ра́з-ный | 다양한, 여러 가지의, 갖가지의 diverse, various

Ученики́ писа́ли на разнообра́зные те́мы.
The pupils wrote on various topics.
학생들은 다양한 주제에 관해 썼다.

РЕЗ-, *CUT* (자르다)

| рéз-ать | 자르다, 끊다, 베다, 도살하다 to cut |

Хозя́йка ре́жет хлеб.
The hostess cuts the bread.
여주인은 빵을 자른다.

| рéз-кий | 날카로운, 예리한, 단호한, 신랄한 sharp, cutting, harsh |

Письмо́ напи́сано ре́зко.
The letter is written harshly.
그 편지는 신랄하게 쓰여졌다.

| рез-ня́ | 칼부림, 몰살, 학살 massacre, butchery |

Ра́спря ко́нчилась резнёй.
The feud ended in a massacre.
분쟁은 학살로 끝났다.

| от-рéз-ать | 잘라내다, 절단하다 to cut |

Отре́жьте мне кусо́к сы́ру.
Cut a slice of cheese for me.
나에게 치즈 한 조각을 잘라 주십시오.

РЕШ-, *DECIDE, SOLVE* (결심하다, 풀다)

| реш-а́ть |
| реш-и́ть | 풀다, 해결하다, 결정하다 to work out, solve, decide |

Они́ реши́ли зада́чу.
They worked out the problem.
그들은 과제를 해결했다.

| реш-е́ние | 해답, 해결, 결정, 결심 decision

К како́му реше́нию вы пришли́?
To what decision have you come?
당신은 어떤 결정을 내렸습니까?

| реш-и́тельный | 단호한, 결정적인, 뚜렷한 resolute, determined, bold

Э́то реши́тельный посту́пок.
This is a resolute (bold) action.
이것은 단호한 행동이다.

| раз-реш-е́ние | 허가, 인가, 해결, 허가증 permission, permit, license

Ему́ вы́дали разреше́ние на вы́езд.
They gave him a permit to go abroad.
그는 외출 허가를 받았다.

РОД-, *BIRTH, TRIBE, NATURE* (탄생, 종족, 자연)

| род | 출생, 종족, 종류, 종 family, generation, tribe, native

Он ро́дом из Москвы́.
He is a native of Moscow.
그는 모스크바 태생이다.

| ро́д-ина | 고향, 모국, 조국 native country

Она́ уе́хала на ро́дину.
She went to her native country.
그녀는 자신의 조국으로 갔다.

| род-и́ть
| рож-а́ть | 낳다, 출산하다, 분만하다 to give birth

Жена́ родила́ ему́ сы́на.
The wife bore him a son.(His wife gave birth to a son.)
그의 아내는 아들을 낳았다.

P 329

| род-и́тели | 양친, 부모 parents

Мои́ роди́тели о́чень стары́.
My parents are very old.
나의 양친은 매우 늙었다.

| род-но́й | 육친의, 친족관계가 있는, 태생의 kin, own

Он мой родно́й брат.
He is my own brother.
그는 나의 친형제이다.

| на-ро́д | 국민, 민족, 민중 people

Ру́сский наро́д гостеприи́мен.
The Russian people are hospitable.
러시아 국민은 손님을 환대한다.

| при-ро́д-а | 자연, 본질, 본성 nature, structure

Я изуча́ю приро́ду расте́ний.
I am studying the nature (structure) of plants.
나는 식물의 본질을 연구하고 있다.

| у-ро́д | 불구자, 비정상적인 사람, 괴물 monster, ugly being

Посмотри́те на э́того уро́да.
Look at this monster.
이 괴물을 보십시오.

| у-рож-а́й | 수확, 작황, 풍작 harvest

В э́том году́ хоро́ший урожа́й
The harvest is good this year.
올해는 풍작이다.

| рожд-е́ние | 분만, 탄생, 출생 birth

Поздравля́ю с днём рожде́ния!
I congratulate (you) upon your birthday!
생일 축하합니다!

| воз-рожд-éние | 부흥, 부활, 르네상스 regeneration, renaissance

Эпóха возрождéния.
The period of renaissance.
르네상스 시기.

РОСТ-, РАСТ-, *GROWTH* (성장)

| рост | 성장, 발육, 신장, 키, 증대, 발전 stature

Человéк высóкого рóста.
A tall man (of tall stature).
키가 큰 사람.

| раст-и́
| вы́-раст-и | 성장하다, 자라다, 증가하다, 발전하다 to grow

В пóле растёт травá.
The glass grows in the field.
들판에서 풀이 자란다.

| рóс-лый | 키가 큰 tall

В э́том полку́ рóслые солдáты.
There are tall soldiers in this regiment.
이 연대에는 키 큰 군인들이 있다.

| раст-éние | 식물, 초목 plant

У нас мнóго рéдких растéний.
We have many rare plants.
우리는 많은 희귀한 식물들을 갖고 있다.

| вóз-раст | 연령 age

Мы одногó вóзраста с ним.
We are of the same age as he.
우리는 그와 동갑이다.

| рóщ-а | 숲, 수림 grove

Недалекó отсю́да берёзовая рóща.
There is a grove of birches not far from here.
여기에서 멀지 않은 곳에 자작나무 숲이 있다.

РУБ-, *CUT, CHOP, LIMIT* (베다, 자르다, 한계)

| руб-и́ть | 베다, 벌목하다, 자르다 to cut, chop

Он ру́бит дрова́.
He is chopping wood.
그는 장작을 패고 있다.

| руб-éж | 경계선, 경계, 국경 border, limit

Мой дя́дя живёт за рубежóм.
My uncle lives beyond the border.(My uncle lives abroad.)
나의 삼촌은 외국에 살고있다.

| ру́б-леный | 잘게 썰은 · 자른 cut, chopped

Они́ заказа́ли ру́бленые котлéты.
They ordered some (minced) meat balls.
그들은 잘게 썰은 커틀렛을 주문했다.

| руб-ль | 루블 rouble

Одолжи́те мне рубль.
Lend me a rouble.
1루블만 빌려 주십시오.

РУК-, *HAND, VOUCH* (손, 보증하다)

| рук-а́ | 팔, 손 hand, arm |

Он замаха́л рука́ми.
He began to wave his hands.
그는 손을 흔들기 시작했다.

| рук-а́в | (의복의) 소매, (하천의) 지류 sleeve |

Рука́в по́рван.
The sleeve is torn.
소매가 찢어졌다.

| рук-ави́ца | 벙어리 장갑 mitten |

Возьми́те с собо́й рукави́цы.
Take your mittens.
벙어리 장갑을 가지고 가세요.

| руч-а́ться | 책임지다, 보증하다 to vouch, guarantee |

Я за него́ руча́юсь.
I vouch for him.
내가 그를 보증한다.

| по-ру́к-а | 보증, 보석 surety, pledge, bail |

Его́ отпусти́ли на пору́ки.
He was released on bail.
그는 보석으로 풀려났다.

| по-руч-е́ние | 위임, 위탁, 의뢰 errand, commission |

Не дава́йте ей поруче́ний.
Don't give her any errands.
그녀에게 위임하지 마십시오.

P 333

РЫБ-, *FISH* (물고기)

рыб-а
물고기, 어육 fish

В э́том о́зере мно́го ры́бы.
There are plenty of fish in this lake.
이 호수에는 물고기가 많다.

рыб-а́к
고기잡이, 어부 fisherman

Вот идёт рыба́к с у́дочкой.
There goes the fisherman with his rod.
어부가 낚시도구를 가지고 간다.

рыб-а́чий
어부의 fisherman's, fishing

Волна́ опроки́нула рыба́чью ло́дку.
The wave overturned the fishing smack.
험한 파도가 어선을 전복시켰다.

рыб-оло́вство
어업, 어로 fishing

Рыболо́вство - вы́годный про́мысел.
Fishing is a profitable trade.
어업은 수익성이 있는 직종이다.

САД-, СЕМ-, СИД-, *SIT, SEAT* (앉다, 좌석)

сад
뜰, 정원, 동산, 공원 garden

Мы гуля́ем в саду́.
We walk in the garden.
우리는 정원을 거닌다.

сад-и́ться
앉다, 착석하다, 타다, 정착하다 to sit down, be seated

Сади́тесь, пожа́луйста.
Please sit down.(Please be seated.)
앉으십시오.

сад-о́вник
정원사 gardener

Садо́вник продаёт цветы́.
The gardener sells flowers.
정원사가 꽃을 판다.

саж-а́ть
심다, 앉히다, 두다 to plant

Он сажа́ет дере́вья.
He is planting trees.
그는 나무를 심는다.

у-са́д-ь-ба
시골의 택지 · 대저택 homestead, country seat

Пе́ред на́ми уса́дьба.
Before us there is a country seat.
우리 앞에 대 저택이 있다.

| у-са́ж-иваться | 착석하다, 자리를 차지하다 to be seated, take one's seat

Уса́живайтесь, господа́!
Be seated gentlemen!(Take your seats, gentlemen!)
자리에 앉아주시기 바랍니다, 신사여러분!

| сес-ть | 앉다, 앉아서 일을 시작하다, 타다 to sit, get into, get at

На́до сесть за рабо́ту.
We've got to begin work (get working).
일을 시작해야만 한다.

| сед-ло́ | 안장 saddle

Он е́здит верхо́м без седла́.
He rides on horseback without a saddle.
그는 안장 없이 말을 탔다.

| за-сед-а́ние | 회의, 의사(議事) conference, meeting

Сего́дня не бу́дет заседа́ния.
There will be no conference today.
오늘은 회의가 없을 것이다.

| пред-сед-а́тель | 의장, 위원장, 회장 chairman

Председа́тель за́нял ме́сто.
The chairman took his seat.
의장이 자리에 앉았다.

| сид-е́ть | 앉아 있다, 걸터앉아 있다, 있다 to sit

Он сиди́т в кре́сле.
He is sitting in an arm-chair.
그는 안락의자에 앉아 있다.

| по-сид-е́ть | (잠시) 앉아있다, 머물러 있다 to sit, stay

Посиди́те ещё не́сколько мину́т.
Stay a few minutes longer.
잠시 더 있으세요.

СВЕТ-, *LIGHT, WORLD* (빛, 세계)

| свет | 빛, 등불, 세계, 세상 light, world |

Он объе́здил весь свет.
He has travelled all over the world.
그는 세계일주를 했다.

| свет-а́ть | 날이 밝다 to grow light |

Уже́ света́ет.
It is getting light.(It is already dawn.)
이미 날이 밝고 있다.

| свет-ле́ть | 밝아지다 to clear up, get brighter |

Не́бо светле́ет.
The sky is clearing.
하늘이 개이고 있다.

| све́т-лый | 밝은, 연한 빛의, 산뜻한 bright, light-colored |

На ней све́тлое пла́тье.
She is wearing a light-colored dress.
그녀는 연한 빛깔의 옷을 입었다.

| све́т-ский | 상류사회 · 사교계의, 세속적인 worldly, mundane, secular |

Его́ счита́ют све́тским челове́ком.
He is considered a worldly man.(He is considered a man of the world.)
그는 사교가로 간주된다.

| свеч-а́ | 양초 candle |

Свеча́ догора́ет.
The candle is burning low.
양초가 꺼져가고 있다.

C 337

| про-свéч-ивать | 빛을 통하다 pass through' to shine through, to be translucent

Сóлнце просвéчивает сквозь облакá.
The sun shines through the clouds.
구름을 통해 햇빛이 비쳤다.

| про-свещ-éние | 교화, 교육, 계몽, 개발 enlightenment, education

Он выступáет прóтив нарóдного просвещéния.
He comes out against popular education.
그는 대중교육을 공공연히 반대한다.

СВОБ-, *FREE* (자유로운)

| своб-óда | 자유, (의무로부터의) 해방, 면제 freedom, liberty

Я даю́ вам пóлную свобóду дéйствия.
I am giving you complete freedom of action.
(I am giving you a free hand.)
나는 당신에게 완전한 행동의 자유를 준다.

| о-своб-оди́ть | 자유롭게 하다, 해방하다, 면제하다 to free, release

Меня́ освободи́ли от дежу́рства сегóдня.
I was freed from duty today.
나는 오늘 당직으로부터 자유로워졌다.

| о-своб-ождáться | 자유로워지다, 해방되다, 면하다 to get free, get off

Как тóлько освобожу́сь, приду́.
As soon as I become free (get off), I'll come.
자유롭게 되자마자 갈 것이다.

СВЯТ-, *HOLY* (신성한)

| СВЯТ-и́ть | 깨끗하게 · 거룩하게 하다 to sanctify, consecrate, bless |

Вчера́ святи́ли но́вые ико́ны.
Yesterday they blessed the new icons.
어제 그들은 새 성상을 봉헌했다.

| СВЯТ-о́й | 신성한, 거룩한 saint, saintly, holy |

Свята́я Русь – на́ша ро́дина.
Holy Russia is our mother country.
신성한 러시아는 우리의 조국이다.

| СВЯТ-ки | 크리스마스 주간(성탄절~1월 6일의 주현절까지) Christmas holidays |

На свя́тках мно́го весёлых игр.
At Christmas time there are many merry games.
크리스마스 주간에는 많은 즐거운 놀이가 있다.

| СВЯЩ-е́нник | 사제, 목사 priest |

Свяще́нник вы́нес распя́тие.
The priest brought out the crucifix.
사제는 그리스도가 책형 당하는 그림을 가져왔다.

СЕ-, *SEED, SOW* (파종하다, 씨뿌리다)

| се́-ять | 파종하다, (씨를) 뿌리다 to sow |

Крестья́не се́ют пшени́цу.
The peasants are sowing the wheat.
농부들은 밀을 파종하고 있다.

| се́-мя | 종자, 씨, 근본, 후손 seed, grain |

Се́мя упа́ло на хоро́шую по́чву.
The grain fell on fertile ground.
종자가 좋은 땅에 떨어졌다.

| се-ть | 그물, 망 net, network

Его лицо́ покры́то се́тью морщи́н.
His face is covered with a network of wrinkles.
그의 얼굴은 온통 주름살 투성이다.

| се́-тка | 작은 그물, 망 net

Ба́бочка попа́ла в се́тку.
The butterfly got into a net.(The butterfly was caught in a net.)
나비가 망에 걸려들었다.

СЕК-, *AXE, CHOP* (도끼, 자르다)

| сек-и́ра | 도끼 axe, hatchet, battle-axe

Секи́ра - стари́нное ору́жие.
The battle-axe is an ancient weapon.
도끼는 옛날 무기이다.

| сеч-ь | 자르다, 베다, 채찍으로 때리다 to whip, flog, thrash

Его́ ча́сто секли́.
He was often flogged.
그는 종종 채찍질을 당했다.

| на-сек-о́мое | 곤충, 이 insect

В огоро́де мно́го насеко́мых.
There are many insects in the vegetable garden.
채소밭에는 곤충이 많다.

| пере-сек-а́ть | 횡단하다, 가로막다, 잘라내다 to cross, cut into, intersect

Овра́г пересека́ет доро́гу.
The ravine cuts into the road.
골짜기가 길을 막고 있다.

СЕРД-, СЕРЕД-, СРЕД-, *HEART, MIDDLE, MEAN*
(심장, 중앙, 수단)

| серд-це | 심장, 애정, 동정, 감정 heart |

У негó слáбое сéрдце.
He has a weak heart.
그의 심장은 약하다.

| серд-éчный | 심장의, 충심의, 정성이 담긴, 애정깊은 hearty, cordial |

Шлю вам сердéчный привéт.
I am sending you my cordial greetings.
당신에게 진심어린 인사를 보냅니다.

| серд-и́ться | 노하다, 화나다 to be angry, to fret |

Не серди́тесь на меня́.
Don't be angry with me.
나에게 화내지 마십시오.

| серед-и́на | 중앙, 한가운데, 중간 middle |

Мы éдем на дáчу в середи́не лéта.
In the middle of summer we are going to the country.
한 여름에 우리는 별장에 간다.

| сред-á | 동료, 환경, 매체 environment, surroundings, medium |

Средá егó загуби́ла.
The environment ruined him.
환경이 그를 파멸시켰다.

| срéд-ний | 중간의, 중앙의, 평범한 middle |

Человéк срéдних лет.
A middle-aged man.
중년의 사람.

C 341

| сре́д-ство | 수단, 방법, 약, (보통 복수로) 금전, 자금 means

У них ограни́ченные сре́дства.
Their means are limited.
그들은 불충분한 자금을 갖고 있다.

| по-сре́д-ник | 중개인, 매개자, 중개물, 중재자 intermediary, agent

Он посре́дник по прода́же недви́жимости.
He is a real-estate agent.
그는 부동산 중개인이다.

СКАК-, *LEAP* (도약하다)

| скак-а́ть | 뛰다, 도약하다, 질주하다 to leap, bound, gallop

Кто ска́чет на коне́?
Who is galloping there?
누가 말을 타고 달리고 있는가?

| скач-о́к | 비약, 도약, 격변 jump, leap, skip

Он сде́лал большо́й скачо́к.
He made one big leap.
그는 굉장한 도약을 했다.

| ска́ч-ки | 도약, 질주, (보통 복수로) 경마 horse-race

Мы бы́ли на ска́чках.
We were at the horse-race.
우리는 경마장에 갔었다.

| вы́-скоч-ка | 건방진 사람, 갑자기 출세한 사람 upstart

Я не люблю́ вы́скочек.
I don't like upstarts.
나는 건방진 사람을 싫어한다.

СЛ-, СОЛ-, СЫЛ-, *SEND* (보내다)

| сл-ать | 보내다, 파견하다 to send |

Он шлёт письмо́ по возду́шной по́чте.
He is sending a letter by air mail.
그는 항공 우편으로 편지를 보낸다.

| при-сл-а́ть | (물건을) 보내오다, (사람을) 보내다 to send |

Нам присла́ли биле́ты на конце́рт.
They send us concert tickets.
우리에게 음악회 입장권이 보내져 왔다.

| по-со́л | 대사, 사자(使者) ambassador |

Ру́сский посо́л при́был в Вашингто́н.
The Russian ambassador arrived in Washington.
러시아 대사가 워싱턴에 도착했다.

| по-со́л-ьство | 대사관, 대사관원, 사절단 embassy |

Мой брат слу́жит в посо́льстве.
My brother is employed at the embassy.
나의 형은 대사관에 근무하고 있다.

| по-сыл-а́ть | 보내다, 송치하다, 파견하다 to send |

Она́ посыла́ет нам цветы́ ка́ждый день.
She sends us flowers every day.
그녀는 매일 우리에게 꽃을 보낸다.

| по-сы́л-ка | 파견, 송부, 송치, 소포 parcel, package |

Получи́ли ли вы посы́лку?
Did you receive the package?
당신은 소포를 받았습니까?

C 343

| с-сы́л-ь-ный | 유형의, 유형자 convict, exile

Оди́н из ссы́льных бежа́л.
One of the convicts escaped.
유형자들 중 한 명이 탈출했다.

СЛАВ-, СЛОВ-, СЛУ-, СЛЫ-, *SLAV, FAME, WORD, KNOW, HEAR* (슬라브인, 명성, 낱말, 알다, 듣다)

| сла́в-а | 명예, 명성, 영광, 평판 fame, glory, renown

Сла́ва Бо́гу, она́ вы́здоровела.
Thank God (Glory to God), she has recovered!
고맙게도, 그녀는 완쾌되었다!

| сла́в-иться | 유명하다, 이름이 있다 to have a reputation, to be famous

Э́тот край сла́вится свои́м кли́матом.
This country is famous for its climate.
이 지역은 독특한 기후로 유명하다.

| сла́в-ный | 영광스러운, 명성이 있는, 훌륭한 famous, renowned, nice

Ваш оте́ц сла́вный челове́к.
Your father is a nice man.
당신의 아버지는 훌륭한 분이다.

| слав-яни́н | 슬라브인 slav

Среди́ славя́н мно́го музыка́нтов.
There are many musicians among the Slavs.
슬라브인 중에는 많은 음악가가 있다.

| слав-я́нский | 슬라브인의, 고대 슬라브 문자의 slavic

Мы изуча́ем славя́нские языки́.
We are studying Slavic languages.
우리는 슬라브어를 공부하고 있다.

| слов-о | 단어, 발언, 언어, 말, 담화 word

За вáми послéднее слóво.
You have the last word.
당신에게는 마지막 발언이 남아있다.

| слов-áрь | 사전, 사서 dictionary

Мне нýжен рýсско-англи́йский словáрь.
I need a Russian-English dictionary.
나는 러-영 사전이 필요하다.

| преди-слóв-ие | 서문, 서언 preface

Я ужé написáл предислóвие.
I have already written the preface.
나는 이미 서문을 작성했다.

| со-слóв-ие | 사회계층, 계급 estate, social class

Вы какóго сослóвия?
To what social class do you belong?(What is your social status?)
당신은 어떤 계급에 속하십니까?

| благо-слов-ля́ть | 축복, 찬송, 감사하다 to bless, to give one's blessing

Благослови́те меня́, бáтюшка!
Bless me, father!
저를 축복해 주시옵소서, 아버지시여!

| слу-х | 귀, 소리, 풍문 rumour, report, hearing, ear, news, talk

Хóдят слýхи о госудáрственном переворóте.
There are rumours about the overthrow of the goverment.
쿠데타에 대한 소문이 돌고 있다.

| в-слу-х | 들리도록, 소리를 내어 aloud |

Читáйте всегдá вслух.
Always read aloud.
항상 소리 내어 읽으십시오.

| слý-шать | 듣다, 귀담아 듣다 to hear, listen, heed |

Я слýшаю вас со внимáнием.
I always pay attention to what you say.(I always heed you.)
나는 당신의 말을 귀담아 듣는다.

| по-слý-шный | 온순한, 충실한 obedient |

Он послýшный мáльчик.
He is an obedient boy.
그는 온순한 소년이다.

| слы-ть | ~로 알려져 있다 to be reputed, to be considered |

У нас он слывёт ýмником.
Among us he has a reputation for being clever.
그는 우리들 사이에서 똑똑하다고 알려져 있다.

| слы́-шать | 듣다, 들리다, 들어서 알다, 지각하다 to hear |

Я самá слы́шала э́то.
I heard this myself.
내 자신이 이것을 들어서 알고 있다.

СЛАД-, *SWEET* (단)

| слáд-кий | (맛이) 단, 맛있는, 달콤한 sweet, dessert |

Мать готóвит слáдкое блю́до.
The mother is making a dessert.
어머니는 디저트를 준비한다.

| слас-ти | 감미, 당과 sweets, sweetmeats

Де́вочка лю́бит сла́сти.
The little girl likes sweets.
소녀는 단것을 좋아한다.

| на-слажд-е́ние | 즐거움, 쾌락, 큰 만족, 향락 pleasure, delight, enjoyment

Я получи́л большо́е наслажде́ние от ва́шего пе́ния.
Your singing gave me great pleasure.
나는 당신의 노래에서 커다란 즐거움을 받았다.

СЛЕД-, *TRACK, TRAIL, FOLLOW, INHERIT*
(지나간 자취, 흔적, 좇다, 상속하다)

| след | 자국, 흔적, 증적(證迹) trail, track

Наконе́ц мы напа́ли на след.
At last we found the track.
마침내 우리는 흔적을 발견했다.

| след-и́ть | 뒤를 추적하다, 지켜보다, 주시하다 to watch, follow

Я слежу́ за полити́ческими собы́тиями.
I follow political events.
나는 정치적 사건을 주시하고 있다.

| след-ова́тель | 예심판사 examining magistrate, coroner, examining judge

Де́ло пе́редано сле́дователю.
The case was handed over to the examining judge.
사건은 예심판사에게 넘겨졌다.

| на-сле́д-ник | 상속인, 후계자 heir

Насле́днику оста́вили большо́е состоя́ние.
They left a large estate to the heir.
많은 재산이 상속자에게 남겨졌다.

| по-слéд-ствие | (사건의) 결과로 일어나는 사태, 결과 consequence, result

Дýмали ли вы о послéдствиях?
Have you thought of the consequences?
당신은 결과에 대해 생각해 보셨습니까?

СЛУГ-, *SERVE* (봉사하다)

| слуг-á | 머슴, 하인, 심부름꾼 servant

Слугá отворúл дверь.
The servant opened the door.
하인은 문을 열었다.

| слу-жáнка | 하녀, 식모 maid

Служáнка принеслá газéты.
The maid brought the newspapers.
하녀가 신문을 가져왔다.

| слýж-ба | 직무, 근무, 근무장소 employment, work

Я идý на слýжбу.
I am going to work.
나는 일하러 간다.

| слу-жúть | 근무하다, 역할을 하다, 봉사하다 to work, to be employed

Он слýжит в контóре.
He is employed at the office.
그는 사무실에서 근무한다.

| за-слýг-а | 공로, 공적, 공훈, 공 merit

Онá получúла по заслýгам.
She got what she deserved.(She received according to her merits.)
그녀는 공로를 인정 받았다.

СМЕ-, *LAUGH* (웃음)

сме-х
웃음, 웃음소리, 농담 laughter, laugh

Смех сквозь слёзы.
Laughter through tears.
눈물을 통한 웃음.

сме-я́ться
웃다, 조소하다, 냉소하다 to laugh

Не на́до смея́ться над ним – он зна́ет, что он де́лает.
You shouldn't laugh at him; he knows what he's doing.
그를 조소하지 마라, 그는 자신이 무엇을 하고 있는지 안다.

сме-ши́ть
웃기다 to make one laugh

Вы всегда́ смеши́те меня́.
You always make me laugh.
당신은 항상 나를 웃긴다.

на-сме́-шка
조소, 조롱 ridicule, mockery

Э́то не статья́, а про́сто насме́шка.
This is not an article, it is a sheer mockery.
이것은 논문이 아니라 단지 웃음거리이다.

СОХ-, СУХ-, СЫХ-, *DRY* (마른)

со́х-нуть
마르다, 시들다, 여위다 to dry, get dry, parch

От лихора́дки со́хнут гу́бы.
The lips are parched with fever.
열병으로 입술이 말랐다.

сух-о́й
마른, 건조한, 시든, 여원, 재미없는 dry, clear

Стоя́ла суха́я о́сень.
We had a dry autumn.
건조한 가을이 계속되었다.

| суш-а | 육지, 한천(旱天) land

С корабля увидели сушу.
The land was seen from the boat.
배로부터 육지가 보였다.

| суш-и́ть | 말리다, 건조시키다, 여위게 하다 to dry

Она́ су́шит во́лосы.
She is drying her hair.
그녀는 머리를 말리고 있다.

| вы-сых-а́ть | 바싹 마르다, 시들다, 여위다 to get dry

Ле́том на́ше боло́то высыха́ет.
In summer our marsh dries up.
여름에 우리의 습지는 마른다.

СП-, СОН-, СН-, *SLEEP* (잠자다)

| сп-ать | 잠자다, 잠자고 있다 to sleep, take a nap

Спи́те ли вы днём?
Do you sleep (take a nap) in the daytime?
당신은 낮잠을 자나요?

| сп-а́льня | 침실 bedroom

В спа́льне две крова́ти.
There are two beds in the bedroom.
침실에 두 개의 침대가 있다.

| сон | 잠, 수면, 꿈 sleep, dream

Меня́ кло́нит ко сну́.
I am sleepy.
나는 졸린다.

| сóн-ный | 잠자고 있는, 잠의, 비몽사몽의 sleepy

Кругóм бы́ло сóнное ца́рство.
A sleepy kingdom was round about.
주변이 온통 잠의 천국이었다.

| бес-сóн-ница | 불면(증) insomnia

Я страда́ю бессóнницей.
I suffer from insomnia.
나는 불면증에 시달린다.

| за-сн-у́ть | 잠들다, 자기 시작하다 to fall asleep

Несмотря́ на шум де́ти засну́ли.
In spite of the noise the children fell asleep.
소음에도 불구하고 아이들은 잠들었다.

| сн-и́ться | 꿈에 보이다, 꿈꾸다 to dream

Мне сни́лся чу́дный сон.
I had a wonderful dream.
나는 이상한 꿈을 꾸었다.

СПЕХ-, *HURRY, SPEED* (서두름, 신속)

| спех | 서두는 것 hurry, haste

Э́то де́ло не к спе́ху.
There is no hurry.
이 일은 급하지 않다.

| спеш-и́ть | 서두르다, 서둘러 하다 to be in a hurry, to rush

Куда́ вы спеши́те?
Where are you rushing to?
당신은 어디로 서둘러 갑니까?

| у-спéх | 성공, 성취, 진척, 진보, 발전 success

Лéкция прошлá с успéхом.
The lecture was successful.
강연은 성공적이었다.

| до-спéх-и | 갑옷, 장신구, 기구, 도구 armour, belongings

Он забрáл свои доспéхи.
He took all his belongings.
그는 자신의 소지품을 가지고 갔다.

СТА-, СТОЙ-, СТОЯ-, *STAND, BECOME*
(서다, ~이 되다)

| ста-ть | 서다, 되다, 일어나다, 시작하다 to become, begin, start

Он стал пить.
He started to drink. He began to drink.(He took to drinking.)
그는 마시기 시작했다.

в-ста-вáть
в-ста-ть | 일어서다, 기상하다, 일어나다 to get up

Я встаю́ в шесть часóв утрá.
I get up at six o'clock in the morning.
나는 아침 6시에 일어난다.

| вы́-ста-вка | 진열, 전람회, 박람회 exhibit

Э́та картина кýплена на вы́ставке.
This picture was bought at an exhibit.
이 그림은 전시회에서 구입 되었다.

| за-стá-ва | 관문, 초소, 전초부대, 횡목 gate, barrier

На окрáине деревя́нная застáва.
There is a wooden gate on the outskirts (of the town).
변두리에 나무로 된 관문이 있다.

| на-ста́-вник | 교사, 스승, 지도자 tutor

Де́тям необходи́м наста́вник.
The children need a tutor.
아이들은 교사가 필요하다.

| недо-ста́-ток | 부족, 결핍, 결점, 결함, 단점 fault, shortcoming

У него́ мно́го недоста́тков.
He has many shortcomings.
그는 많은 단점을 가지고 있다.

| при́-ста-нь | 부두, 선창, 나룻터, 정박소 landing, wharf, pier

Парохо́д стои́т у при́стани.
The steamer is at the pier.
기선이 부두에 정박해 있다.

| ста-но́к | 작업대, 공작기계 lathe

Он рабо́тает на тока́рном станке́.
He works on a turning-lathe.
그는 선반에서 일한다.

| ста-нови́ться | 서다, 되다, 일어나다 to become

Стано́вится темно́.
It is becoming (getting) dark.
어두워진다.

| со-ста́-в | 구성원의 총체, 조직, 성분 composition, personnel, body

Министе́рство бы́ло в по́лном соста́ве.
The ministry was present in a body.
부서는 한덩어리가 되었다.

| пред-ста-вле́ние | 제출, 소개, 표상, 관념 idea, notion, presentation

Я не име́л представле́ния об э́том.
I had no idea about it.
나는 이것에 대해 모른다.

| сто́и-ть | ~의 값이다, 가치가 있다 to cost, to be worth

Э́то предложе́ние сто́ит ва́шего внима́ния.
This suggestion is worthy of your attention.
이 제안은 당신의 주목을 끌만하다.

| сто́й-ка | 직립 · 차려 자세, 버팀목, 판매대 counter, bar

Ба́рмен стоя́л за сто́йкой.
The bartender stood at the counter.
바텐더가 카운터에 서 있었다.

| сто́й-кий | 굳은, 견고한, 튼튼한, 단단한 sturdy, firm, persevering

У него́ сто́йкий хара́ктер.
His is a firm character.
그는 강한 성격을 갖고 있다.

| стоя́-ть | 서다, 서있다, 위치하다, 계속되다 to stand, stay

Все стоя́ли как вко́панные.
They all stood as if rooted to the spot.
모두가 못 박힌 듯이 서 있었다.

| на-стоя́-щий | 현재의, 지금의, 실제의, 진짜의 real

Э́то настоя́щий же́мчуг.
This is a real pearl.
이것은 진짜 진주이다.

| со-стоя́-ние | 상태, 상황, 신분, 지위, 재산 fortune, means, condition

У неё большо́е состоя́ние.
She has a great fortune.
그녀는 많은 재산을 가지고 있다.

СТЕРЕГ-, СТОРОЖ-, СТРОГ-, *WATCH, STERN*
(지켜보다, 엄격한)

| стере́ч-ь | 감시하다, 파수를 보다 to watch, guard, take care |

Де́ти стерегу́т лошаде́й.
The children are watching the horses.
아이들이 말을 지키고 있다.

| о-стерег-а́ться | 조심하다, 경계하다 to beware, to be on guard |

Остерега́йтесь карма́нщиков.
Beware of the pickpockets.
소매치기를 조심해라.

| сто́рож | 파수꾼, 수위 watchman |

Сто́рож стои́т у воро́т.
The watchman is standing at the gate.
경비가 문 옆에 서있다.

| сторож-и́ть | 파수를 보다, 지키다, 망보다 to watch, guard |

Соба́ка сторожи́т дом.
The dog is guarding (watching) the house.
개가 집을 지키고 있다.

| стро́г-ий | 엄한, 엄격한, 엄밀한, 정확한, 단정한 stern, strict |

Мой дя́дя о́чень строг.
My uncle is very strict.
내 아저씨는 매우 엄격하다.

| о-стро́г | 감옥, 감방, 울타리, 요새도시 prison |

Он проси́дел в остро́ге два го́да.
He was in the prison two years.
그는 2년 간 감옥에 있었다.

C 355

| о-сторо́ж-ный | 주의 깊은, 세심한, 신중한 cautious, careful |

Осторо́жней, а то споткнётесь!
Careful, or you will stumble!
조심하십시오, 그렇지 않으면 넘어질지도 모릅니다!

СТРАД-, *SUFFER* (괴로워하다)

| страд-а́ть | 고생하다, 괴로워하다, (병에) 걸리다 to suffer |

Я страда́ю зубно́й бо́лью.
I have (suffer from) a toothache.
나는 이가 아프다.

| страд-а́ние | 고통, 괴로움 suffering, pain, distress |

Её сын причини́л ей мно́го страда́ний.
Her son caused her much suffering.
그녀의 아들은 그녀에게 많은 고통을 주었다.

| со-страд-а́ние | 동정, 연민 compassion, pity, sympathy |

Э́то несча́стье вы́звало всео́бщее сострада́ние.
This misfortune roused general sympathy.
이 불행은 일반의 동정을 불러 일으켰다.

| страс-ть | 정욕, 강한 욕망, 열애, 열정 passion |

Страсть ослепля́ет люде́й.
Passion blinds people.
욕망은 사람의 눈을 멀게 한다.

| при-стра́с-тие | 강한 기호, 애착, 편애, 편견, 불공평 bias, prejudice |

Отве́чу вам без пристра́стия.
I shall answer you without a bias.
당신에게 편견 없이 대답하겠습니다.

СТРАХ-, *FEAR* (무서움)

| страх | 공포, 두려움, 위협 fear, fright |

От стра́ха у меня́ сжа́лось се́рдце.
My heart shuddered from fright.
내 가슴은 두려움으로 떨렸다.

| за-страх-ова́ть | 보험에 들다 to insure |

Они́ застрахова́ли своё иму́щество.
They insured their property.
그들은 자기 재산을 보험에 들었다.

| стра́ш-ный | 무서운, 지독한, 심한, 극단적인 frightful, terrible |

Разрази́лся стра́шный уда́р гро́ма.
There was a terrible crash of thunder.
무서운 천둥소리가 났다.

СТРЕМ-, *BOUND FOR, ASPIRE*
(~행선지로의, 열망하다)

| стрем-и́ться | 뜻을 두다, 지향하다, 노력하다. to aspire, long, crave |

К чему́ вы стреми́тесь?
To what are you aspiring?
당신은 무엇을 지향하고 계십니까?

| стрем-ле́ние | 지향, (달성하기 위해) 노력하는 것 aspiration, inclination, tendency |

У него́ дурны́е стремле́ния.
He has bad inclinations.
그에게는 나쁜 버릇이 있다.

| стрéм-я | 등자(鐙子) stirrup

Стрéмя оторвáлось.
The stirrup is torn off.
등자가 갈라졌다.

| стрем-глáв | 쏜살같이, 앞뒤를 보지 않고 headlong

Онá брóсилась стремглáв к двéри.
She rushed headlong to the door.
그녀는 쏜살같이 문으로 돌진했다.

| у-стрем-ля́ть
| у-стрем-и́ть | 보내다, (주의 · 시선을) 돌리다, 집중하다 to direct, turn, fix

Он устреми́л свой взор на мóре.
He turned his gaze to the sea.
그는 자신의 시선을 바다로 돌렸다.

СТУД-, СТЫД-, *CHILL, SHAME* (냉기, 부끄러움)

| студ-ёный | 매우 추운, 차가운, 한냉한 chill, cold

В колóдце студёная водá.
The water is cold in the well.
우물물은 차갑다.

| про-сту́д-а | 감기, 고뿔 chill, cold

У меня́ си́льная просту́да.
I have a bad cold.
나는 심한 감기에 걸렸다.

| сту́ж-а | 한기, 한냉, 엄한(嚴寒) cold, frost

На дворé сту́жа.
It is cold (frost) out.
바깥은 춥다.

| стыд | 부끄러움, 수치, 수치심 shame, disgrace

Это просто стыд и срам!
(For shame.) This is simply a disgrace!
이것은 정말 치욕이다!

| стыд-и́ться | 부끄럽게 여기다, 사양하다 to be ashamed

Он стыди́лся показа́ться на глаза́.
He was ashamed to come.
그는 자기 모습을 드러내는 것을 부끄러워했다.

| сты́-нуть | 차가워지다, 얼다, 무관심하게 되다, 식다 to grow cold

Чай сты́нет.
The tea is getting cold.
차가 식는다.

СТУК-, *KNOCK* (두드리다)

| стук | 노크, 삐걱거리는·두들기는·밟는 소리 knock, rap

Разда́лся стук в дверь.
There was a knock at the door.
문 두드리는 소리가 났다.

| сту́к-нуть | 치다, 두들겨서 소리를 내다 to knock, rap, pound, bang

Хозя́ин сту́кнул кулако́м по столу́.
The master banged his fist on the table.
주인은 탁자를 주먹으로 쾅 쳤다.

| стуч-а́ть | 노크하다, 두들기는 소리를 내다 to knock, hammer, pound

Ти́ше, не стучи́те!
Quiet, don't make a noise!
소리내지 말고 조용히 해라!

СУД-, *JUDGE* (재판하다)

суд — 재판, 재판소, 재판관, 판정 court, justice

На него́ пода́ли в суд.
Proceedings were started against him.
그에 대한 재판이 시작되었다.

суд-ья́ — 재판관, 판사, 심판자, 감식가, 감정인 judge

Судья́ его́ оправда́л.
The judge acquitted him.
판사는 그를 무죄로 석방했다.

суд-и́ть — 판단하다, 생각하다, 심판하다, 재판하다 to judge, criticize

Не суди́те так стро́го.
Don't criticize so severely.
그렇게 엄격하게 심판하지 마십시오.

суд-ь-ба́ — 운명, 운수, 천명, 숙명, 유래 destiny, lot

Такова́ моя́ судьба́!
Such is my lot.
그렇게 되는 것이 내 운명이다!

об-сужд-а́ть — 심의 · 연구 · 고찰 · 협의하다 to discuss, consider

Они́ до́лго обсужда́ли э́тот вопро́с.
They discussed this matter for a long time.
그들은 오랫동안 이 문제를 심의했다.

рас-су́д-ок — 이성, 오성, 이지, 사려, 분별, 상식, 양식 reason, mind

Она́ потеря́ла рассу́док.
She lost her mind.
그녀는 이성을 잃었다.

TA-, *SECRET* (비밀)

| та-и́ть | 비밀로 하다, 숨기다 to conceal, hide, bear |

Вы тайли зло́бу про́тив неё.
You bore malice against her. (You had a grudge against her.)
당신은 그녀에게 악의를 품고 있었다.

| та-йко́м | 비밀로, 남몰래 secretly |

Он забра́лся сюда́ тайко́м.
He came in secretly.
그는 남몰래 이곳에 잠입했다.

| та́-й на | 신비, 현묘, 비밀, 비사 secret, mystery |

Я сохраню́ та́йну.
I shall keep the secret.
나는 비밀을 지킬 것이다.

ТВАР-, ТВОР-, *CREATE* (창조하다)

| твар-ь | 생물, 인간 creature |

Бо́жья тварь.
God's creature.
하나님의 창조물.

| твор-е́ц | 조물주, 저자, 작가, 창립자, 창시자 creator, author

Подража́телей мно́го, а творцо́в ма́ло.
There are many imitators, but few creators.
모방자는 많지만, 창조자는 적다.

| твор-и́ть | 창조하다, 하다, 행하다 to create

Вы твори́те чудеса́.
You do wonders.(You work miracles.)
당신은 기적을 행한다.

| тво́р-чество | 창조, 창작, 작품 creation, genius

Э́то тво́рчество знамени́того писа́теля.
This is the work of a well-known writer.
이것은 유명한 작가의 작품이다.

| при-тво́р-ный | 거짓의, 허위의, 가장된, 위선적인 hypocritical, pretending

На её лице́ притво́рная улы́бка.
A hypocritical smile plays on her face.
그녀의 얼굴에는 가장된 미소가 흘렀다.

ТВЕРД-, *HARD, FIRM* (굳은, 단단한)

| тверд-е́ть | 굳어지다, 견고해지다 to become hard, harden

От хо́лода по́чва тверде́ет.
The ground hardens from cold.
추위 때문에 대지가 굳어졌다.

| твёрд-ый | 단단한, 굳은, 견고한, 확고한, 불굴의 hard

Грани́т - твёрдый ка́мень.
Granite is a hard stone.
화강암은 단단한 돌이다.

| вы́-тверд-ить | (여러 번 되풀이하여) 암기하다 to have by heart, master

Он уже́ вы́твердил уро́к.
He already has his lesson by heart.
그는 이미 학과를 암기했다.

| у-твержд-а́ть | 확언·단언·주장·증명·승인·확립하다 to maintain, affirm

Я утвержда́ю, что э́то так.
I maintain that it is so.
나는 이것이 그렇다는 것을 주장한다.

TEK-, TOK-, *FLOW, CURRENT* (흐르다, 경향)

| теч-ь | 흐르다, 새다, 경과하다, 진행하다 to flow, run, stream, leak

Из кра́на течёт вода́.
Water runs from the faucet.
수도꼭지로부터 물이 흘러나온다.

| теч-е́ние | 흐름, 경과, 운행, 풍조, 사조 course, current

Всё ула́дится с тече́нием вре́мени.
In the course of time everything will come out all right.
모든 것은 시간의 흐름에 따라 잘 정리될 것이다.

| ис-тек-а́ть | 흘러나오다, (시간이) 흐르다 to elapse, expire, bleed

Ра́неный истека́ет кро́вью.
The wounded man is bleeding.
부상자는 피를 흘리고 있다.

| ток | 흐름, 전류, 흥분 current, charge, stream, threshing

Он был уби́т электри́ческим то́ком.
He was killed by an electric current.
그는 감전사했다.

T 363

| вос-то́к | 동쪽 east

Мы уезжа́ем на восто́к.
We are going east.
우리는 동쪽으로 떠난다.

| ис-то́к | 수원(水源), (보통 복수로) 기원, 시초 source

Исто́к Во́лги мелково́ден.
The source (beginning) of the Volga river is shallow.
볼가강의 수원은 얕은 여울이다.

| ис-то́ч-ник | 샘, 원천, 기원, 근거, 출처 source, spring, origin, authority

Э́то са́мый ве́рный исто́чник.
This is the best source (authority).
이것은 가장 확실한 출처이다.

| по-то́к | 급류, 흐름, 여울, 대량, 흐름식 작업 stream, torrent

Шуми́т го́рный пото́к.
The mountain torrent roars.
산간의 급류가 시끄럽게 울린다.

TOK-, *LATHE, TURN, SHARP* (선반, 회전, 날카로운)

| ток-а́рный | 선반의 turner's, worked on a lathe

В на́шей дере́вне занима́ются тока́рным ремесло́м.
In our village they have taken up the turner's trade.
우리 마을의 사람들은 선반 일에 종사하고 있다.

| точ-и́ть | 갈다, 깎다, 새기다, 연마하다 to sharpen, whet, grind

Точи́льщик то́чит ножи́.
The grinder sharpens the knives.
연마공은 칼을 간다.

ТЕМ-, ТМ-, ТЬМ-, *DARK* (어두운)

| тем-не́ть | 어두워지다, 흐릿하게 하다, 검게 되다 to become dark |

Уже́ темне́ет, пора́ домо́й.
It is getting dark, it's time to go home.
이미 어두워진다, 집에 갈 시간이다.

| тем-нота́ | 암흑, 어둠, 무지, 무학, 몽매 darkness |

В тако́й темноте́ мо́жно но́гу слома́ть.
In this darkness one can break a leg.
이런 어둠 속에서는 다리 부러지기 십상이다.

| тём-ный | 어두운, 어둠의, 암흑의, 어렴풋한, 음울한 dark, shady |

У него́ тёмное про́шлое.
He has a dark past.
그는 어두운 과거를 갖고 있다.

| тьм-а | 암흑, 어둠, 무지, 몽매, 불명료 darkness |

Там цари́т тьма неве́жества.
The darkness of ignorance reigns there.
그곳은 무지몽매가 만연하고 있다.

| за-тм-и́ть | 광택·빛을 잃게 하다, 캄캄하게 하다 to eclipse, shade |

Он затми́л всех свои́м умо́м.
His wit eclipsed everyone.
그의 지혜는 모든 사람들을 능가했다.

| за-тм-е́ние | 식(蝕), 일시적으로 흐려지는 상태 eclipse |

За́втра затме́ние со́лнца.
The eclipse (of the sun) is tomorrow.
내일 일식이 있을 것이다.

| в-по-ть́м-ах | 어둠 속에서, 캄캄한 데서 in the dark

  Мы просиде́ли впотьма́х це́лый час.
  We stayed in the dark for a whole hour.
  우리는 한 시간 내내 어둠 속에 앉아있었다.

| по-тём-ки | 어둠, 암흑, 애매, 불명확 dark, darkness

  Они́ вы́ехали в потёмках.
  They went off while it was dark.
  그들은 어두운 동안에 떠나버렸다.

ТЕП-, ТОП-, *WARM* (따뜻한)

| тёп-лый | 따뜻한, 포근한, 다정한, 온화한 warm

  Вчера́ был тёплый день.
  It was a warm day yesterday.
  어제는 따뜻했다.

| тёп-литься | 잠재하다, 희미하게 빛을 내며 타다 to burn, shine

  В душе́ её те́плится наде́жда.
  Hope was burning in her soul.
  그녀의 영혼 속에는 희망이 잠재하고 있다.

| теп-лота́ | 따뜻함, 온기, 온정, 열 warmth, heat

  Мать говори́т о сы́не с теплото́й.
  Mother talks about son with warmth.
  어머니는 아들에 대해 온정을 가지고 말한다.

| топ-и́ть | (난로를) 피우다, 덥게 하다, 끓이다 to heat, put fuel

  Он то́пит пе́чку.
  He is heating the stove.
  그는 난로를 피운다.

| о-топ-ле́ние | 난방, 난방 장치 heat, heating

В э́том зда́нии парово́е отопле́ние.
In this building there is steam heat.
이 건물은 증기 난방이다.

ТЕР-, ТИР-, ТР-, *RUB* (문지르다)

| тер-е́ть | 비비다, 문지르다, 문질러 닦다 to rub, chafe

Воротни́к трёт мне ше́ю.
The collar chafes my neck.
옷깃에 목이 까졌다.

| тёр-ка | 강판, 채칼(기구) grater

Отнеси́те тёрку на ку́хню.
Take the grater to the kitchen.
강판을 부엌으로 가져다 주십시오.

| в-тир-а́ться | 문질러서 배게 하다, 스며들다 to insinuate, rub in, ingratiate

Он втира́ется к вам в дове́рие.
He is ingratiating himself to win your confidence.
그는 교묘하게 당신의 신용을 얻고 있다.

| с-ти́р-ка | 세탁 wash, laundry

По понеде́льникам у нас сти́рка.
On Mondays we do our laundry.
월요일마다 우리는 세탁을 한다.

| тр-е́ние | 문지르기, 비비기, 마찰, 저항 rubbing, friction

Маши́на тепе́рь рабо́тает без тре́ния.
The machine works now without friction.
(The machine runs smoothly now.)
기계는 이제 원활하게 작동한다.

ТЕРП-, *SUFFER* (경험하다, 견디다)

| терп-е́ть | 참다, 인내하다, 체험하다 to suffer, bear, endure, tolerate |

Они́ те́рпят нужду́.
They suffer from want.
그들은 가난을 견뎌내고 있다.

| терп-е́ние | 참을성, 끈기, 인내 patience |

Я потеря́л вся́кое терпе́ние.
I have completely lost my patience.
나는 인내를 완전히 상실했다.

| те́рп-кий | 괴로운, (맛이) 떫은 tart, sharp, sour |

Э́то сли́шком те́рпкое вино́.
This wine is too sour.
이 포도주는 매우 떫다.

ТЕС-, ТИС-, *CROWD* (군중, 군집하다)

| те́с-ный | 좁은, 밀집한, 긴밀한 관계에 있는 tight, close, intimate |

Их свя́зывала те́сная дру́жба.
Intimate friendship bound them together.
긴밀한 우정이 그들을 연결시켰다.

| при-тес-ня́ть | 꽉 누르다, 압제 · 박해 · 학대하다 to oppress, persecute |

Прави́тельство их вся́чески притесня́ет.
The government persecutes them in every way.
정부는 그들을 온갖 방법으로 박해한다.

| с-тес-не́ние | 압박, 구속, 사양 constraint, embarrassment

Расскажи́те мне всё без стесне́ния.
Tell me everything (and) don't feel embarrassed.
사양하지 말고 나에게 모든 것을 말하십시오.

| ти́с-кать | 억누르다, 형을 찍다 to squeeze, cram, to be pushed

Меня́ ти́скали в толпе́.
I was pushed in the crowd.
나는 군중 속에서 떠밀렸다.

| с-ти́с-нуть | 죄어대다, 꽉 쥐다 to squeeze, clench, set

От бо́ли он сти́снул зу́бы.
He clenched his teeth with pain.
그는 아픔으로 인해 이를 꽉 물었다.

ТИХ-, ТЕХ-, *QUIET, AMUSE* (조용한, 즐겁게 하다)

| ти́х-ий | 고요한, 온화한, 평화로운, 평온한 calm, quiet

Кака́я ти́хая ночь!
What a calm night!
얼마나 고요한 밤인가!

| тиш-ина́ | 고요함, 정적, 평온, 평안 stillness, quiet, tranquility

Здесь прохла́да и тишина́.
It is cool and calm here.
이곳은 선선하고 조용하다.

| ис-под-ти́ш-ка́ | 몰래, 슬그머니 stealthily, in an underhand way, on the sly

У них всё де́лается исподтишка́.
They do everything on the sly.
그들은 모든 것을 은밀히 한다.

| по-тéх-а | 심심풀이, 위안, 오락 fun, amusement

Вот потéха!
What fun!(How amusing!)
재미있다!

| тéш-ить | 위로하다, 즐겁게 하다 to console, rejoice, amuse, please

Он тéшит себя напрáсной надéждой.
He consoles himself with an empty hope.
그는 헛된 희망으로 자신을 위로한다.

| у-тéх-а | 즐거움, 위안, 위로 pleasure, solace, comfort, joy

Мне не до утéх.
I have no time for pleasure.
나는 즐거워 할 경황이 못 된다.

| у-тéш-ить | 위로하다, 즐겁게 하다, 기쁘게 하다 to console

Дочь утéшила мать.
The daughter has consoled her mother.
딸은 어머니를 위로했다.

| по-тéш-ный | 우스운, 우스꽝스러운, 오락의 amusing, ridiculous, funny

У мáльчика потéшный вид.
The boy looks funny.
소년은 익살맞아 보인다.

ТК-, ТОЧ-, *WEAVE, POINT* (짜다, 점)

| тк-ать | 짜다, 짜는 것처럼 만들다 to weave

Бáбы ткут полотнó.
The peasant women are weaving the linen.
시골 아낙네들은 아마포를 짜고 있다.

| тк-а́ч | 방직공, 짜는 사람 weaver

Чита́ли ли вы пье́су "Ткачи́"?
Have you read the play "The Weavers"?
당신은 희곡 "방직공"을 읽어 보셨습니까?

| тк-а́цкий | 방직공의, 방직용의 weaving

На тка́цкой фа́брике выде́лывают то́нкую ткань.
At the weaving mill fine fabrics are made.
방직공장에서 정교한 직물들이 생산된다.

| то́ч-ка | 점, 지점, 관점, 마침표 point, dot, stop, view, aspect

Я не согла́сен с ва́шей то́чкой зре́ния.
I don't agree with your point of view.
나는 당신의 관점에 동의하지 않습니다.

| то́ч-ность | 정확, 정밀, 엄밀, 꼼꼼함, 정확함 exactness, accuracy

Он сомнева́ется в то́чности перево́да.
He doubts the accuracy of the translation.
그는 번역의 정확성을 의심한다.

| то́ч-ный | 정확한, 정밀한, 엄밀한, 꼼꼼한 precise, exact

Э́то его́ то́чные слова́.
These are his exact words.
이것이 그의 말 그대로이다.

| точ-ь | 정확하게, 엄밀하게, 꼭 exactly

Он точь в точь в отца́.
He is exactly like his father.
그는 정말 자신의 아버지 그대로이다.

ТЛ-, *SPOIL, DECAY, SMOULDER* (망치다, 부패하다, 그을다)

| тл-еть | 썩다, 불길이 일지 않고 타다 to decay, smoulder |

Жар тлéет под пéплом.
The fire smoulders under the ashes.
재 속에서 불이 가물거린다.

| тл-ен | 부패, 부식, 부패물 decay, dust |

Всё на землé тлен.
Everything on earth is dust.
지상의 만물은 무상하다.

ТОВАР-, *GOODS, COMPAMY* (상품, 동료)

| товáр | 상품, 화물, 물자 merchandise, goods |

Товáр ужé полýчен.
The merchandise has already arrived.
상품이 이미 도착했다.

| товáр-ищ | 동무, 친구, 동료, 동지, 군, 씨 comrade |

Мой товáрищ Петрóв вошёл в зал.
My comrade Petrov entered the hall.
뻬뜨로브 동지가 강당에 들어왔다.

| товáр-ный | 상품의, 화물의, 상품 생산의 freight, goods |

Товáрный пóезд опоздáл на час.
The freight train was an hour late.
화물 열차는 한 시간을 늦었다.

ТОЛК-, *EXPLAIN, PUSH* (설명하다, 밀다)

| ТОЛК | 의미, 해석, (pl.) 소문, 상담 meaning, sense, understanding |

Он зна́ет толк в му́зыке.
He is a good judge of music.
그는 음악의 전문가이다.

| ТОЛК-ова́ть | 해석 · 설명 · 주해하다, 말하다 to talk, comment, explain |

Дово́льно толкова́ть о пустяка́х.
Stop talking about trifles.
시시한 이야기는 그만해라.

| ТОЛК-о́вый | 이해를 잘하는, 총명한, 명료한, sensible, bright |

Ва́ня толко́вый ма́лый.
Vanya is bright youngster.
바냐는 총명한 젊은이이다.

| ТОЛК-а́ть |
| ТОЛК-ну́ть | 밀다, 밀어 제치다, 촉구하다 to push, jostle, nudge |

Я толкну́л его́ локтём.
I nudged him.
나는 그를 팔꿈치로 쿡쿡 찔렀다.

| ТОЛК-отня́ | 군집, 혼잡, 붐빔 crush, crowd, jostling, bustle |

Что там за толкотня́?
What is that bustling crowd there?
거기는 왜 그렇게 혼잡합니까?

| ТОЛК-у́чка | 고물시장, 헌 옷 시장 rag fair |

На толку́чке продаю́т ста́рые ве́щи.
At the rag fair they sell secondhand things.
고물시장에서는 중고 물건들이 팔린다.

ТОП-, *SINK* (가라앉다)

ТОП-ИТЬ — 가라앉히다, 파멸시키다 to sink, drown

Мина топит судно.
The torpedo is sinking a ship.
어뢰가 배를 침몰시켰다.

ТОН-УТЬ — 가라앉다, 침몰하다, 빠지다, 익사하다 to drown

Помогите, человек тонет!
Help! A man is drowning!
도와주세요! 사람이 물에 빠졌어요!

ПО-ТОП — 홍수, 범람 flood, deluge

Они говорили о всемирном потопе.
They were talking about the Flood.
그들은 노아의 대홍수에 관해 이야기했다.

У-ТОП-ЛЕННИК — 물에 빠져 죽은 사람, 익사자 body of a drowned man

Волна выбросила утопленника на берег.
A wave brought to the shore the body of a drowned man.
익사자가 파도에 의해 해안으로 밀려왔다.

ТОРГ-, *TRADE* (매매)

ТОРГ — 매매, 장사, 거래, (pl.) 경매 trade, auction, auction sale

Имение продали с торгов.
The estate was sold by auction.
소유지가 경매에 부쳐졌다.

ТОРГ-ОВАТЬ — 장사하다, 매매하다, 팔다, 거래하다 to trade, deal, sell

Чем вы торгуете?
What are you selling?(What kind of a trade are you carrying on?)
당신은 어떤 장사를 하십니까?(당신은 어떤 종류의 사업을 경영하고 있습니까?)

| торг-о́вый | 상업의, 무역의 trading, business, commercial, mercantile

Торго́вый дом бра́тьев Орло́вых.
The mercantile company of the brothers Orlov.
오를로브 형제 상회.

| торж-ество́ | 승리, 승리감, 성취감 triumph, victory

Торжество́ доброде́тели над поро́ком.
Triumph of virtue over vice.
악에 대한 선의 승리.

ТРЕСК-, *CRACK* (갈라진 금)

| треск | 퍼지는 · 튀는 소리 crack, crash

Де́рево упа́ло с тре́ском.
The tree fell with a crash.
나무가 우지직하면서 쓰러졌다.

| тре́с-нуть | 소리를 내며 쪼개지다, 갈라지다 to crack, burst

Стекло́ тре́снуло.
The glass cracked.
유리에 금이 갔다.

| трещ-а́ть | 소리를 내며 찢어지다 · 갈라지다 to creak, crack, rattle

Ма́чта трещи́т от ве́тра.
The mast creaks in the wind.
돛대가 바람에 삐걱거린다.

| тре́щ-ина | 균열, 틈, 틈새, 금, 불화, 반목 crack, split

На стене́ больша́я тре́щина.
There is a large crack in the wall.
벽에 커다란 균열이 생겼다.

ТРУД-, *LABOR* (노동)

труд   노동, 근로, 일, 직업, 노력, 수고, 저작 labor, work

Физи́ческий труд поле́зен.
Physical labor is wholesome.
육체 노동은 건강에 좋다.

тру́д-ный   곤란한, 어려운, 난해한, 성가신, 아픈 difficult

Они́ не поддержа́ли его́ в тру́дную мину́ту.
They failed him when he was in a difficult position (in need).
그들은 그가 어려웠던 때에 그를 도와주지 않았다.

труд-и́ться   일하다, 노력하다, 고심하다 to work, labor

Она́ всю жизнь труди́лась.
She has worked hard all her life.
그녀는 평생 열심히 일해왔다.

тру́ж-еник   근로에 종사하는 사람, 근로자 worker, hard worker

Он че́стный тру́женик нау́ки.
He is an honest and hardworking man of learning (scholar).
그는 정직한 학자이다.

у-тружд-а́ть   걱정을 · 폐를 끼치다, 방해하다 to trouble, inconvenience

Я не хочу́ вас утружда́ть.
I do not want to cause you any trouble.
나는 당신에게 폐를 끼치고 싶지 않습니다.

ТУГ-, ТЯГ-, *TIGHT, STIFF* (꽉 죄인, 뻣뻣한)

туг-о́й   단단한, 팽팽한, 굳은, 인색한 tight, stiff

Он туг на распла́ту.
He is stingy.
그는 돈지불에 인색하다.

| на-ту́г-а | 긴장, 팽팽함, 팽팽히 펴진 것 strain, effort

Он заболе́л с нату́ги.
He fell ill from too much strain.
그는 긴장으로 인해 병이 났다.

| туж-и́ть | 슬퍼하다, 한탄하다 to grieve, regret

Не́чего вам тужи́ть.
You must not grieve.(There is nothing for you to regret.)
당신은 슬퍼할 필요 없다.

| тя́г-а | 끄는 것, 견인력, 동경, 애착, 통풍 draught, pull, current

В печи́ плоха́я тя́га.
There is not enough draught in the stove chimney.
난로는 잘 타지 않는다.

| тя-ну́ть | 끌다, 잡아당기다, 펴다, 끌고 가다 to draw, drag

Рыбаки́ тя́нут се́ти.
The fishermen are dragging the net.
어부들이 그물을 잡아당기고 있다.

| тяж-ёлый | 무거운, 어려운, 괴로운, 답답한, 강한 heavy

Я несу́ тяжёлый чемода́н.
I am carrying a heavy suitcase.
나는 무거운 트렁크를 가지고 간다.

| за-тяж-но́й | 오래끄는, 지리한 slow, lingering

Боле́знь приняла́ затяжно́й хара́ктер.
The disease is turning into a lingering malady.
병이 숙환으로 변해갔다.

ТУСК-, *DIM* (흐릿한)

| ТУ́СК-ЛЫЙ | 어슴푸레한, 흐릿한, 생기를 잃은 dim

Больно́й оки́нул ко́мнату ту́склым взгля́дом.
The sick man looked round the room with dimmed eyes.
환자는 흐릿한 시선으로 방을 둘러보았다.

| ПО-ТУСК-НЕ́ТЬ | 광택이 없어지다, 흐려지다, 둔해지다 to tarnish, grow dim

Серебро́ потускне́ло.
The silver is tarnished.
은이 변색되었다.

УЗ-, *TIE, BOND, KNOT* (끈, 묶는 것, 매듭)

ýз-ел
매듭, 묶음, 교차점, 분기점, 교착, 마디 knot

Зачéм вы завязáли ýзел?
Why did you tie the knot?
당신은 왜 매듭을 묶습니까?

ýз-кий
좁은, 갑갑한, 협소한 narrow

Здесь óчень ýзкий прохóд.
The passage here is very narrow.
이곳 통로는 매우 좁다.

ýз-ник
죄인, 수인 captive, prisoner

Ýзника повелú в крéпость.
They took the prisoner to the fortress.
죄인은 요새로 끌려갔다.

об-ýз-а
무거운 짐, 과중한 의무 burden, load

На негó навалúли обýзу.
They heaped a load on him.(They loaded him with work.)
그에게 과중한 의무가 부과되었다.

УК-, ЫК-, *LEARN* (배우다)

на-ýк-а | 과학, 학문, 학술, 교훈 science

Мы изучáем естéственные наýки.
We are studying natural sciences.
우리는 자연과학을 공부하고 있다.

уч-éбник | 교과서 textbook

Кудá вы положи́ли учéбник?
Where did you put the textbook?
당신은 교과서를 어디에 두었습니까?

уч-éние | 수학, 학습, 학문, 연구, 수업, 교수, 교의 learning

Учéние свет, а неучéние тьма.
Learning is light and ignorance is darkness.
학문은 빛이요, 무학은 어둠이라.

уч-и́тельница | 여교사, 여스승, 여선생 teacher

Вот нáша учи́тельница.
There is our teacher.
여기 우리 선생님이 계십니다.

уч-и́ться | 배우다, 학습하다 to learn, study

Он ýчится прáвильному произношéнию.
He is learning proper pronunciation.
그는 정확한 발음을 배우고 있다.

нáв-ык | 숙련, 습관적 반응 habit, practice, experience

У вас нет нáвыка к чёрной рабóте.
You are not used to manual labor.
당신은 잡역에 익숙하지 않다.

| не́-уч | 교육을 받지 못한 사람, 무식한 사람 ignoramus

Како́й не́уч!
What an ignoramus!
얼마나 무식한 사람인가!

| об-ы́ч-ай | 풍속, 습속, 관습 custom

Тако́в у них обы́чай.
Such is their custom.
그들의 관습은 그렇다.

| об-ы́ч-ный | 보통의, 통례의, 통상적인, 습관대로의 customary, usual

Э́то наш обы́чный поря́док.
This is our usual arrangement.
이것이 우리의 통상적인 방법이다.

| обык-нове́нный | 보통의, 상례의, 평범한 ordinary, customary, usual

Обыкнове́нно мы обе́даем в шесть часо́в.
Usually we dine at six.
우리는 보통 6시에 식사를 한다.

| прив-ы́ч-ка | 습관, 습성, 버릇 habit

Привы́чка - втора́я нату́ра.
Habit is (our) second nature.
습관은 제 2의 천성이다.

УМ-, *MIND* (지성)

| ум | 앎, 지력, 이성, 두뇌, 상식, 사고력 mind, reason, wit

Ум доро́же де́нег.
Mind is dearer than money.
이성은 돈보다 더 귀하다.

| у́м-ный | 지혜 있는, 현명한, 영리한, 총명한 clever

Она́ у́мная же́нщина.
She is a clever woman.
그녀는 현명한 여자이다.

| без-у́м-ие | 무분별한 행위, 이성상실 madness

Так поступа́ть – су́щее безу́мие.
To act this way is sheer madness.
그렇게 행동하는 것은 완전히 무분별한 행위이다.

из-ум-ля́ть
| из-ум-и́ть | (몹시) 놀라게 하다, 경탄케 하다 to surprise, amaze

Ваш посту́пок меня́ изумля́ет.
Your conduct surprises me.
당신의 행동이 나를 놀라게 한다.

| раз-у́м-ный | 이성을 지닌, 분별 있는, 합리적인 sensible

Э́то разу́мный план.
This is a sensible plan(project).
이것은 합리적인 계획이다.

| ум-е́ть | 할 수 있다, ~할 능력이 있다 to be able

Уме́ете ли вы писа́ть?
Can you write?
당신은 쓸 줄 아십니까?

ХВАТ-, ХИТ-, *GRASP, SEIZE* (붙잡다, 붙들다)

хват-а́ть
(급히) 잡다, 붙잡다, 도달하다, 얻다 to grasp

Ма́льчик хвата́ет мяч.
The boy grasps the ball.
소년이 공을 잡았다.

хват-и́ть
(無人動) 흡족하다, 충분하다 to suffice, be sufficient

Нам не хвати́ло вре́мени, что́бы э́то сде́лать.
We didn't have enough time to do this.
우리는 이것을 하기위한 충분한 시간을 갖고 있지 못했다.

за-хва́т
약탈, 강탈, 침략, 장악, 손잡이 seizure, seizing

Рабо́чие ду́мали о захва́те вла́сти.
The workmen thought of seizing the power.
노동자들은 권력 장악에 대해 생각했다.

с-хва́т-ка
접전, 작은 충돌, 격투 scuffle, skirmish

Ме́жду ни́ми была́ схва́тка.
There was a scuffle among them.
그들 사이에 작은 충돌이 있었다.

по-хи́т-ить
절취 · 약탈하다, 훔치다, 유괴하다 to steal, kidnap

У э́тих люде́й похи́тили ребёнка.
The child of these people was kidnapped.
이 사람들의 아이가 유괴되었다.

| по-хищ-éние | 절취 · 탈취, 약탈, 유괴 theft, abduction, kidnapping

Об э́том похище́нии писа́ли в газе́тах.
This kidnapping was written about in the newspapers.
신문들은 이 유괴에 대해 글을 썼다.

| хи́щ-ный | 육식을 하는, 탐욕스러운, 약탈적인 predatory, rapacious

Тигр - хи́щное живо́тное.
The tiger is a rapacious animal.
호랑이는 육식 동물이다.

| вос-хищ-а́ться | 황홀해지다, 매혹되다 to admire, to be delighted

Мы восхища́лись её игро́й.
We admired her playing.
우리는 그녀의 연주(연기)에 매혹되었다.

ХЛАД -, ХОЛОД-, COLD (추위, 냉기)

| о-хлад-и́ть | 식히다, 무관심 · 냉담하게 하다 to cool

Неуда́чи охлади́ли его́ пыл.
Failures have cooled his ardor (enthusiasm).
실패가 그의 열정을 식게 했다.

| о-хлажд-е́ние | 식히는 것, 냉각, 냉기, 무관심, 냉담 coolness

Ме́жду ни́ми произошло́ охлажде́ние.
A coolness sprang up between them.
그들 사이에 냉기가 솟아올랐다.

| про-хла́д-ный | 시원한, 서늘한, 냉담한, 냉랭한 cool

В ко́мнате прохла́дно.
It is cool in the room.
방안은 시원하다.

| хо́лод | 한랭, 냉기, 추위, (pl.) 계속되는 추위 cold

Стоя́т холода́.
We are having cold weather (a cold spell).
추위가 계속되고 있다.

| холо́д-ный | 추운, 차가운, 쌀쌀한, 냉혹한 cold

Да́йте мне холо́дного молока́.
Let me have some cold milk.
내게 차가운 우유 좀 주세요.

ХОД-, ШЕД-, *GO* (가다)

| ход | 진행, 진전, 경과 course, march, movement, progress

Ему́ не даю́т хо́ду.
They hamper his progress.(He does not get on.)
그는 진행을 방해 받고 있다.

| ход-и́ть | 걷다, 걸어다니다, 가다, 움직이다 to go

Я ча́сто хожу́ в теа́тр.
I often go to the theater.
나는 종종 극장에 간다.

| вос-хо́д | 떠오르는 것, (천체가) 나오는 것 sunrise

Ле́том мы встаём с восхо́дом со́лнца.
In summer we get up at sunrise.
여름에 우리는 해가 뜰 때 일어난다.

| вы́-ход-ка | 당돌한 언행, (보통 pl.) 적대 행위 trick, prank, quirk

Каки́е у него́ стра́нные вы́ходки.
He has such odd quirks.
그는 그런 이상한 언행을 한다.

| при-хо́д | 도착, 도래, 수입 arrival, coming

Мы ждём прихо́да по́езда.
We are waiting for the arrival of the train.
우리는 열차 도착을 기다리고 있다.

| проис-хо́д-и́ть | 일어나다, 유래하다, 나오다 to take place, happen, go on

Что там происхо́дит?
What is going on there?
거기에서 무슨 일이 일어나고 있는가?

| рас-хо́д | 지출, 비용, 경비, 사용량 expense, expenditure

У нас больши́е расхо́ды.
Our expenses are great.
우리는 지출을 많이 한다.

| с-хо́д-ка | 집합, 회합, 모임 meeting

Была́ шу́мная схо́дка.
There was a noisy meeting.
떠들썩한 모임이 있었다.

| у-хо́д-и́ть | 떠나다, 가버리다, 이탈하다, 없어지다 to go away, leave

Я ухожу́, до свида́ния!
I am leaving; good-by!
나는 간다, 안녕!

| про-шéд-ший | 지나간, 과거의 past

Он распла́чивается за прошéдшее.
He is paying for the past.
그는 과거를 모두 청산하고 있다.

| на-шéс-твие | 내습, 침입 invasion

Чита́ли ли вы о нашéствии тата́р?
Did you read about the Tartar invasion?
당신은 따따르 침입에 관해 읽어본 적이 있습니까?

| путе-шéс-твие | 여행, 여행기 travel, trip, journey |

Это путешéствие меня утоми́ло.
This trip has tired me.
이 여행은 나를 피로하게 했다.

ХРАН-, ХОРОН -, *HIDE, BURY* (숨기다, 파묻다)

| хран-и́ть | 보존하다, 보관하다, 저장하다 to hide, keep |

Она́ умéет храни́ть тáйну.
She knows how to keep a secret.
그녀는 비밀을 지킬 수 있다.

| пред-о-хран-éние | 예방, 방지 prevention, protection |

Вот срéдство для предохранéния от просту́ды.
Here is a remedy to prevent a cold.
여기 감기를 예방하기 위한 방법이 있다.

| хорон-и́ть | 묻다, 매장하다, 버리다 to bury |

Вчерá хорони́ли самоуби́йцу.
Yesterday they buried a suicide.
어제 자살자가 매장되었다.

| пó-хорон-ы | 매장, 장의, 장례식 funeral |

Я не пошёл на пóхороны.
I did not go to the funeral.
나는 장례식에 가지 않았다.

ЦВЕТ-, *COLOR, FLOWER* (색, 꽃)

| цвет | 색, 색채 color |

Какого цвета ваше новое пальто?
What color is your new coat?
당신의 새 코트는 무슨 색깔입니까?

| цвет-о́к | 꽃, 꽃이 피는 식물 flower |

Она́ сорвала́ цвето́к.
She picked a flower.
그녀는 꽃을 땄다.

| цвет-о́чный | 꽃의, 꽃으로 만드는 flower, flowery, blossom |

Да́йте мне фунт цвето́чного ча́ю.
Let me have a pound of jasmin tea.
내게 쟈스민 차 한 파운드 주십시오.

| цве-сти́ | 꽃이 피다, 꽃피어 있다, 번영하다 to bloom, flower |

Сире́нь цвете́т ра́нней весно́й.
The lilac blooms early in spring.
라일락은 이른봄에 핀다.

| про-цвет-а́ть | 융성하다, 번창하다, 개화하다 to thrive |

Дела́ на́ши процвета́ют.
Our affairs are thriving.(Our business is thriving.)
우리의 사업은 번창하고 있다.

ЦЕЛ -, *WHOLE* (전체의)

| цéл-ый | 전부의, 완전한, 온 whole, entire |

Они́ рабо́тают по це́лым дням.
They work all day long.
그들은 몇 일 동안 내내 일하고 있다.

| цел-овáть | 키스하다 to kiss |

Войска́ шли целова́ть крест.
The troops went to kiss the cross.
(The troops went to swear allegiance.)
군대는 십자가에 입맞추기 위해 왔다. (군대는 충성을 맹세하기 위해 왔다.)

| по-цел-у́й | 입맞추기, 키스 kiss |

Пе́рвый поцелу́й весны́.
The first kiss of springtime.
봄의 첫 입맞춤.

| ис-цел-и́ть | 치료하다, 고치다, 완치하다 to cure, heal |

Минера́льные во́ды его́ исцели́ли.
The mineral waters have cured him.
미네랄물이 그를 완치시켰다.

ЦЕН-, *WORTH, VALUE* (가치, 평가)

| цен-á | 값, 가격, 요금, 비용, 노력, 가치, 의의 price, value, cost |

Ве́щи про́даны по высо́кой цене́.
The things were sold at a high price.
물건들은 고가로 팔렸다.

| цен-и́ть | 평가하다, 값을 정하다, 존중하다 to value

Я ценю́ ва́шу дру́жбу.
I value your friendship.
나는 당신의 우정을 존중한다.

| драго-це́н-ный | 고가의, 귀중한, 귀여운 precious

Зо́лото - драгоце́нный мета́лл.
Gold is a precious metal.
금은 값비싼 금속이다.

| о-це́н-ка | 평가, 가격 · 가치 평가, 가격, 판정 evaluation, estimate

Его́ оце́нка сли́шком низка́.
His estimate is too low.
그의 평가는 너무 낮다.

ЧА-, *EXPECT, HOPE* (기대하다, 희망하다)

ча́-ять | 기대하다, 희망하다 to expect, hope

Не ча́ял я тако́й встре́чи.
I did not expect such a meeting.
나는 그런 만남을 기대하지 않았다.

не-ча́-янный | 고의가 아닌, 불의의, 돌연의 unexpected, inadvertent

Он неча́янно разби́л ва́зу.
Inadvertently he broke the vase.
그는 뜻하지 않게 꽃병을 깨뜨렸다.

от-ча́-яние | 절망, 낙담, 필사적인 것 despair, despondency

Нельзя́ впада́ть в тако́е отча́яние.
You must not let yourself get so desperate.
절망해서는 안 된다.

ЧА -, ЧН-, ЧИН-, *START, BEGIN* (출발하다, 시작하다)

на-чин-а́ть
на-ча́-ть | 시작하다, 착수하다 to begin, start

Мы начина́ем рабо́тать в во́семь часо́в утра́.
We begin our work at eight o'clock in the morning.
우리는 아침 여덟 시에 일을 시작한다.

Я на́чал писа́ть письмо́.
I have started to write a letter.
나는 편지를 쓰기 시작했다.

| на-ча́-льник | 책임자, 장관, 우두머리, 주간 head, chief

Нача́льник прие́дет в де́вять.
The chief will come at nine.
책임자는 아홉 시에 올 것이다.

| на-чн-ёте | 당신은 ~하기 시작할 것이다 you will begin

Вы ско́ро начнёте говори́ть по-ру́сски.
You will soon begin to speak Russian.
당신은 곧 러시아어를 말하게 될 것이다.

ЧАТ-, *PART, LOT* (부분, 운)

| част-ь | 부분, 일부, 부속품, 할당, 배당, 부문 part, portion

Они́ получи́ли то́лько часть насле́дства.
They got only a portion of the inheritance.
그들은 단지 유산의 일부만을 받았다.

| част-ный | 개인적인, 사유의, 특수한, 부분적인 private

Он про́тив ча́стной со́бственности.
He is against private property.
그는 사유재산에 반대한다.

| с-част-ье | 행운, 행복, 다행, 요행, 만족 luck, happiness

Э́то ва́ше сча́стье!
This is your luck!(It is your luck!)
이것은 당신의 행운입니다!

| со-у-част-ие | 협력, 공범 participation

Он заподо́зрен в соуча́стии в уби́йстве.
They suspected his participation in the murder.
그는 살인에 대한 공범 여부를 의심 받았다.

| у́-част-ь | 운명, 숙명, 천명 lot, destiny

Её пости́гла го́рькая у́часть.
A sad lot has befallen her.
그녀는 비운을 만났다.

ЧЕР-, *BLACK* (검은)

| чер-не́ть | 검게·어둡게 되다, (어두운 빛깔의 것이) 보이다 to look black

Что́-то черне́ло вдали́.
There was something black in the distance.
멀리 무언가가 거무스름하게 보인다.

| чёр-ный | 검은, 검은색의, 그을은, 어두운, 불행한 black

Где мой чёрный каранда́ш?
Where is my black pencil?
내 검은색 연필은 어디 있니?

| чер-н-и́ла | 잉크 ink

Вот кра́сные черни́ла.
Here is the red ink.
여기에 빨간 잉크가 있다.

| чер-н-и́ть | 검게 하다·칠하다, 욕·비방하다 to blackmail, slander

Не черни́те меня́ напра́сно.
Don't slander me for no cause.
아무 이유도 없이 나를 비방하지 마십시오.

| чер-но-ви́к | 원고, 초고 draft

Черновик отослан редактору.
The draft is sent to the editor.
초고는 편집자에게 보내졌다.

ЧЕР(К)-, *SCRIBBLE* (날려 쓰다)

чёр-к-ать
чер-к-ну́ть | 빨리 쓰다, 날려 쓰다 to scribble, jot down, write

Что вы там чёркаете?
What are you scribbling there?
당신은 거기서 무엇을 빠르게 쓰고 있습니까?

Черкните мне несколько слов.
Write (scribble) me a few words.
내게 몇 마디 써주십시오.

| за-чёр-к-ивать | 지우다, 말소하다, 말살하다 to cross, cross out

Учитель зачёркивает ошибки.
The teacher crosses out the mistakes.
선생님은 잘못된 것들을 지운다.

| о́-чер-к | 수필, 개요, (pl.) 논고집, 보고 문학, 인상기 essay

Ваш очерк мне понравился.
I liked your essay.
당신의 수필이 내 마음에 들었다.

| по́-чер-к | 필적, 글씨체 handwriting

У неё неразборчивый почерк.
She has a poor handwriting.
그녀의 필적은 판독하기가 어렵다.

ЧЕР(Т)-, *DRAW* (그리다)

| черт-а́ | 선, 경계, 특성, 특징, (보통 pl.) 용모 line, trait |

Они́ жи́ли на грани́чной черте́.
They lived at the frontier.(They lived on the border line.)
그들은 국경선 부근에서 산다.

| черт-ёж | 도면, 정면도, 플랜, 설계도 plan, sketch, draft, table |

В кни́ге мно́го чертеже́й.
There are many drafts (tables) in the book.
책 속에는 많은 도면들이 있다.

| черт-и́ть | (선을) 긋다, (그림을) 그리다 to draw, trace, sketch |

Инжене́р че́ртит план.
The engineer is drawing a map.
기사는 설계도를 그린다.

| чер-ч-е́ние | 선을 긋는 것, 도면을 그리는 것 drawing, draft |

Он занима́ется черче́нием.
He is making a draft.
그는 도면을 그리고 있다.

ЧИН-, *RANK, CAUSE* (계급, 원인)

| чин | 관등, 관리 rank |

Ему́ да́ли но́вый чин.
They promoted him to a new rank.
그는 새 관등으로 승진했다.

| чин-о́в-ник | 관리, 관료풍의 사람 official, clerk |

В кабине́т вошёл чино́вник.
An official walked into the office.
관리는 집무실로 들어갔다.

Ч 395

| чин-и́ть | 하다, 행하다 to cause |

Никому́ я зла не чини́л.
I have not done harm to anyone.
나는 누구에게도 해를 끼치지 않았다.

| за-чи́н-щик | 발기인, 주창자, 장본인, 선동자 instigator |

Он был среди́ зачи́нщиков.
He was among the instigators.
그는 발기인 중 한 사람이었다.

| под-чин-е́ние | 굴종, 복종, 예속, 종속 subjection, subordination |

Генера́л держа́л во́йско в подчине́нии.
The general kept the troops in subordination.
장군은 군대를 복종시켰다.

| при-чи́на | 원인, 이유, 유래, 동기 cause |

Всему́ своя́ причи́на.
Everything has its own cause.
무슨 일에나 원인이 있다.

| со-чин-е́ние | 저술하는 것, 저술, 저작, 작품, 작문 composition, essay |

За́втра мне на́до сдать сочине́ние.
Tomorrow I must hand in the essay.
나는 내일 작문을 제출해야만 한다.

ЧИСТ-, *CLEAN* (깨끗한)

| чи́ст-ый | 청결한, 깨끗한, 순수한, 맑은 clean |

На столе́ чи́стая ска́терть.
There is a clean cloth on the table.
탁자 위에 깨끗한 식탁보가 깔려있다.

| чи́ст-ить | 깨끗하게 하다, 청소하다, 숙청하다 to clean, polish

Сапо́жник чи́стит боти́нки.
The shoemaker is polishing the shoes.
제화공은 구두를 닦는다.

| чист-ота́ | 청결, 청정, 순수, 명료, 정확, 정직 cleanliness, neatness

Кака́я у них чистота́!
How neat they are!(How clean it is in their house!)
그들의 집은 얼마나 깨끗한가!

| рас-чищ-а́ть | 소제하다, 청소하다, 치우다 to clear away

Садо́вник расчища́ет доро́жку са́да.
The gardener clears the path in the garden.
정원사는 정원에 나있는 오솔길을 청소한다.

ЧТ-, ЧИТ-, ЧЕТ-, *READ, COUNT* (읽다, 세다)

| чт-е́ние | 읽는 것, 독서 reading

Я провожу́ вечера́ за чте́нием.
I spend my evenings reading.
나는 저녁을 독서로 보낸다.

| по-чт-е́ние | 존경, 숭배, 경의 respect, esteem, honor

Моё почте́ние!
My compliments!(My respects!)
나의 존경을 표하면서!

| чт-ить | 존경하다, 우러러보다, 숭상하다 to respect, esteem

Де́ти чтут свои́х роди́телей.
The children respect their parents.
아이들은 자기의 부모님을 존경한다.

| чит-а́ть | 읽다, 읽을 수 있다, 강의를 하다 to read

Чита́йте да́льше, пожа́луйста!
Read farther, please!
계속해서 읽어주십시오!

| вы-чит-а́ние | 뺄셈 deduction, subtraction

Мой брат прохо́дит вычита́ние.
My brother is learning subtraction.
내 동생은 뺄셈을 배우고 있다.

| чет-а́ | 짝, 조, 쌍, 부부 match, equal

Он вам не чета́.
He is no match for you.
그는 당신에게 상대가 안 된다.

| по-чёт | 존경, 존중 honor, respect

Писа́теля проводи́ли с почётом.
The writer was honored with a farewell party.
작가는 존경을 받으면서 안내되었다.

| с-чёт | 계산, 계산서, 구좌 account, bill

Принеси́те счёт.
Bring the bill.
계산서 주십시오.

ЧУ-, *FEEL* (느끼다)

| чу́-в-ство | 감각, 오감, 감정, 정, 기분, 느낌 feeling, sense, sensation

Им овладе́ло чу́вство жа́лости.
Pity overcame him.
연민의 정이 그를 사로잡았다.

| по-чу́-в-ствовать | 느끼다, 깨닫다, 눈치채다, 이해하다 to feel

Я почу́вствовал себя́ ду́рно.
I felt dizzy.
나는 현기증이 났다.

| чу́-т-кий | 민감한, 느낌이 빠른, 동정심이 많은 sensitive

Она́ чу́ткий челове́к.
She is sensitive.
그녀는 민감하다.

| пред-чу́-в-ствие | 예감 premonition

Предчу́вствие меня́ не обману́ло.
The premonition did not deceive me.
예감은 나를 속이지 않았다.

| со-чу́-в-ствие | 동정, 연민, 동감, 공감, 흥미 sympathy, compassion

Он вы́слушал её с сочу́вствием.
He listened to her with sympathy.(He heard her out with sympathy.)
그는 연민을 갖고 그녀의 말을 끝까지 들었다.

ЧУД-, ЧУЖ-, *WONDER, STRANGE* (경이, 이상한)

| чу́д-о | 기적, 이상한 · 경탄할 만한 일 wonder

Мно́го чуде́с на све́те.
There are many wonders in the world.
세상에는 놀랄 만한 일들이 많이 벌어진다.

| чуд-а́к | 이상한 사람, 기인, 괴짜 queer, fellow

Како́й вы чуда́к!
What a queer person (fellow) you are!
당신은 별난 사람이군요!

| чуд-éсный | 놀랄만한, 이상한, 기적적인, 절묘한 wonderful |

Вчерá былá чудéсная погóда.
Yesterday the weather was wonderful.
어제 날씨는 굉장히 좋았다.

| чуд-óвище | 괴물, 거인, 불구자, 잔인한 사람 monster |

Мнóго говорúли о морскóм чудóвище.
There were many talks about the sea monster.
바다 괴물에 관해 많은 이야기들이 있었다.

| чуж-óй | 연고가 없는, 타인의, 낯설은 strange, stranger |

Какóй-то чужóй человéк пришёл.
A stranger came.
어떤 낯선 사람이 왔다.

| чуж-д-áться | 피하다, 경원하다, 모르다 to shun |

Он всех чуждáется.
He shuns everybody.
그는 모든 사람을 피한다.

| чуж-бúна | 외국, 타국 foreign country |

Нам пришлóсь жить на чужбúне.
We had to live in a foreign country.
우리는 외국에서 살아야만 했다.

| чуж-е-зéмец | 외국인, 다른 나라 사람 alien, foreigner |

Он считáет себя́ чужезéмцем.
He regards himself as a alien.
그는 자기자신을 외국인으로 간주한다.

ШЕД-(see : ХОД-), ШИБ-, *HIT, MISS* (때리다, 놓치다)

| о-ши́б-ка | 잘못, 과오, 실패, 과실, 실책 mistake, error

Вы сде́лали мно́го оши́бок.
You have made many errors.
당신은 실수를 많이 저질렀다.

| о-шиб-а́ться
| о-шиб-и́ться | 실수하다, 틀리다, 잘못하다, 실패하다 to err, to be mistaken

Вы ошиба́етесь в свои́х взгля́дах.
You're mistaken in your views.
당신의 견해는 잘못되었다.

| о-ши́б-очный | 틀린, 잘못된 erroneous, mistaken

Э́то оши́бочное мне́ние.
It is a mistaken opinion.
이것은 잘못된 의견이다.

| у-шиб-и́ть | 깊은 감동·충격을 주다, 타박상을 입히다 to hit, hurt

Я уши́бла но́гу.
I have hurt my foot.
나는 발에 타박상을 입었다.

Ш 401

ЩАД-, ЩЕД -, *MERCY, SPARE, GENEROUS*
(자비, 아끼다, 후한)

| щад-и́ть | 용서하다, 소중히 여기다, 아끼다 to spare, have mercy |

Она́ щади́т его́ самолю́бие.
She spares his ambition.
그녀는 그의 자존심을 소중히 여긴다.

| по-ща́д-а | 용서, 사면, 연민 mercy, pardon |

Ему́ нет поща́ды.
There is no pardon for him.
그를 용서할 수는 없다.

| бес-по-ща́д-ный | 가차 없는, 용서 없는 unmerciful, cruel |

Всех беспоща́дно поби́ли.
They were all cruelly beaten.
모두들 몹시 두들겨 맞았다.

| ще́д-рый | 아까워 하지 않는, 잘 주는, 풍부한 generous |

Он раздава́л де́ньги ще́дрой руко́й.
He gave the money away with a generous hand.
그는 아까워 하지 않고 돈을 분배했다.

| ще́д-рость | 아까워 하지 않음, 대범함 generosity |

Его́ ще́дрость меня́ глубоко́ тро́нула.
His generosity deeply touched me.
그의 관대함은 나를 깊이 감동시켰다.

ЩИТ-, *PROTECT, SHIELD* (보호하다, 방패)

| щит | 방패, 바람막이, 가리개 shield |

На стене́ виси́т стари́нный щит.
An ancient shield hangs on the wall.
고대의 방패가 벽에 걸려있다.

| за-щи́т-а | 방어, 보호, 수호, 변호, 수비 protection |

Я обраща́юсь к ва́шей защи́те.
I apply to you for protection.
당신의 보호를 요청합니다.

| за-щи́т-ник | 방어자, 보호자, 변호사 lawyer, counsel for the defense |

Защи́тник вы́ступил с ре́чью.
The lawyer came out with a speech.
변호사는 연설을 했다.

| за-щищ-а́ть | 방어하다, 보호하다, 변호하다 to defend |

Почему́ вы всегда́ его́ защища́ете?
Why do you defend him always?
당신은 왜 항상 그를 감싸줍니까?

Я-(see : Е М-, ИМ-), ЯВ-, *APPEAR* (나타나다)

яв-ля́ться
яв-и́ться — 출두하다, 나타나다, 출현하다, ~이다 to appear, come
Он не яви́лся на рабо́ту сего́дня.
He didn't show up for work today.
그는 오늘 일하러 오지 않았다.

яв-ле́ние — 현상, (희곡의) 장, 출현 appearance, phenomenon
Коме́та – ре́дкое явле́ние приро́ды.
The comet is a rare phenomenon.
혜성은 드문 자연 현상이다.

я́в-ный — 공공연한, 명백한, 명료한 obvious, evident
Э́то я́вная ложь.
This is an obvious lie.
이것은 명백한 거짓말이다.

за-яв-ле́ние — 제출, 신고, 성명서 statement, deposition, declaration
Вам на́до пода́ть заявле́ние.
You must file a statement.
당신은 성명서를 제출해야만 한다.

| объ-яв-ле́ние | 공포, 공고, 선언, 포고, 주장, 광고 advertisement

Помести́те объявле́ние в газе́те.
Place an advertisement in the newspaper.
신문에 광고를 내십시오.

ЯС-, *CLEAR* (밝은, 맑은)

| яс-не́ть | 분명 · 확실해지다, 밝아지다 to become clear, clear up

Гроза́ прохо́дит, уже́ ясне́ет.
The storm is passing, it is already clearing.
뇌우가 지나가자 이미 날씨가 개이기 시작했다.

| я́с-ный | 분명한, 명백한, 맑게 개인, 청명한 clear, bright

Настаёт я́сный день.
The bright (clear) day is beginning.
청명한 날이 시작된다.

| вы́-яс-нить | 해명하다, 천명하다, 밝히다 to ascertain, find out

Нам необходи́мо вы́яснить в чём тут затрудне́ние.
We must find out what is the difficulty.
우리는 난관이 무엇인지를 밝혀내야만 한다.

| объяс-не́ние | 설명, 해석, 변명, 해명, 주석 explanation

Она́ мо́лча вы́слушала моё объясне́ние.
She silently listened to my explanation.
그녀는 잠자코 내 설명을 들었다.

| про-яс-ня́ться | 분명해지다, 명료해지다, 개다, 맑아지다 to clear up

Пого́да проясня́ется.
The weather is clearing up.
날씨가 개이기 시작했다.

어근 목록   Contents of Roots

А

АЛК-, HUNGRY, GREEDY (열망, 갈망)
АУ-, HALLOO, ECHO (이봐, 어이)

Б

БА-, TALK, SAYING, CHATTER, TELL, STORIES (말하기)
БАВ-, AMUSE, ADD, RID (즐거움, 부가, 제거)
БД-, БОД-, БУД-, AWAKE, VIGIL, WATCH, BRAVE, SOUND
(깨어있음, 경계, 활력)
БЕГ-, RUN, FLIGHT (질주, 비행)
БЕД-, БИД-, POOR, BAD (가난, 나쁜)
БЕЛ-, WHITE (흰)
БЕРЕГ-, БРЕГ-, GUARD, WATCH, SPARE, BOARD, SHORE
(수호, 경계, 보호, 기슭)
БЕС-, DEMON, DEVIL (악마, 귀신)
БИ-, БОЙ-, BATTLE, BEAT (싸움, 울림)
БЛАГ-, WELL, WELFARE, GOOD, FINE (복지, 좋은, 멋진)
БЛЕСК-, БЛЕСТ-, БЛИСТ-, GLISTEN, SHINE (반짝임, 빛)
БЛИЗ-, NEAR (가까이)
БОГ-, GOD, RICH, WEALTH (신, 풍부함, 부유함)
БОЛ-, ILL, HURT, PAIN, ACHE (병, 상처, 고통, 통증)
БОЛТ-, CHATTER, TALK, DANGLE (재잘거림, 이야기, 매달다)
БОЛ-, БОЛЬ-, MORE, LARGE, GREAT (큰, 많은)
БОС-, BARE (발가벗은)
БР-, БЕР-, БИР-, БОР-, TAKE, SEIZE, CLIMB, ELECT, COLLECT
(잡다, 오르다, 선택하다)

БРАТ-, BROTHER (형제)
БРЕД-, БРОД-, WANDER (유랑하다)
БРОС-, БРАС-, THROW, TOSS (던지다)
БУЙ-, БУ-, RAGE, STORM (격렬, 폭풍)
БУР-, STORM (폭풍)
БЫ-, BEING, EXISTENCE (존재)

B

ВАГ-, WEIGHT, DARE (중요성, 과감)
ВАЛ-, ROLL, SURGE, BULWARK, HEAP (회전, 상승, 성채, 더미)
ВАР-, BOIL, HEAT, COOK (비등, 열, 요리)
ВЕ-, WAFT, BLOW, FAN (바람)
ВЕД-, KNOW (알다)
ВЕЛ-, ВОЛ-, COMMAND, WILL, ORDER (명령, 의지, 지시)
ВЕР-, TRUST, FAITH (믿음, 신뢰)
ВЕРТ-, ВРАТ-, ВОРОТ-, TURN, TWIST (돌리다, 꼬다)
ВЕРХ-, TOP, ABOVE, SUPER- (정상, 위쪽, 최상의)
ВЕСЕЛ-, JOYFUL, CHEER, ENJOY (즐거운)
ВЕТ-, UTTER, SAY, SPEAK (말하다, 이야기하다)
ВИ-, WEAVE (짜다)
ВИД-, SEE (보다)
ВИН-, BLAME (비난, 책망)
ВИС-, ВЕС-, HANG (걸리다)
ВЛАД-, POWER, RULE (권력, 통치)
ВОД-, WATER (물)
ВОД-, ВЕД-, LEAD (이끌다, 나르다)
ВОЗ-, ВЕЗ-, CARRY (나르다)
ВОЛОК-, ВЛЕК-, ВЛАК-, PULL, DRAG, FIBER (당기다, 끌다, 실)
ВЫС-, HIGH (높은)
ВЯЗ-, УЗ-, TIE, BIND (매다, 묶다)

ГАД-, GUESS (추측)

ГАД-, REPTILE (파충류의, 비열한)

ГИБ-, ГН-, ГУБ-, PERIL, BEND, BOW (위험, 구부림)

ГЛАВ-, ГОЛОВ-, HEAD, CHIEF (머리, 우두머리)

ГЛАД-, SMOOTH, PAT (매끄러운, 적절한)

ГЛАД-, ГОЛОД-, HUNGER (굶주림)

ГЛАЗ-, EYE (눈)

ГЛАС-, ГОЛОС-, VOICE (목소리)

ГЛУХ-, ГЛОХ-, DEAF (귀머거리의)

ГЛЯД-, GLANCE, LOOK (보다)

ГН-, ГОН-, CHASE, DRIVE (뒤쫓다, 몰다)

ГНЕВ-, ANGER (화)

ГНЕТ-, PRESS (누르다)

ГНИ-, ГНОЙ-, ROT (썩다)

ГОВОР-, TALK (이야기, 담화)

ГОД-, YEAR, TIME, WEATHER, FIT, GOOD (년, 시간, 날씨, 적당한, 좋은)

ГОЛ-, NAKED (나체의)

ГОР-, ГРЕ-, HILL, MOUNT, HEAT, BURN, BITTER, WOE (언덕, 산, 열, 타다, 쓴, 슬픔)

ГОРЛ-, THROAT (목, 인후)

ГОТОВ-, READY (준비가 된)

ГРАД-, ГОРОД-, TOWN, ENCLOSURE (도시, 담)

ГРЕБ-, ГРАБ-, ГРОБ-, DIG, GRAB (파다, 빼앗다)

ГРЕМ-, ГРОМ-, THUNDER, ROAR (뇌성, 으르렁거림)

ГРЕХ-, SIN (죄)

ГРОЗ-, AWE, THREAT, ROAR (두려움, 위협, 포효)

ГРУБ-, COARSE (조잡한, 거친)

ГРУЗ-, WEIGHT (무게, 짐)

ГУЛ-, STROLL (산책)

ГУСТ-, THICK (빽빽한, 짙은)

어근 목록 **409**

ДА-, GIVE (주다)

ДАВ-, FORMER, OLD, PRESS, CRUSH (이전의, 오래된, 누르다)

ДВ-, TWO (둘)

ДВЕР-, ДВОР-, DOOR, COURT, YARD (마당, 구내)

ДВИГ-, MOVE (움직이다)

ДЕ-, DO, WORK, MAKE (하다, 일하다, 만들다)

ДЕН-, DAY (하루, 날)

ДЕРЕВ-, ДРЕВ-, ДРОВ-, WOOD, TREE (나무, 목재)

ДЕРЖ-, HOLD, RULE (쥐다, 지배)

ДИВ-, WONDER (놀라움)

ДИК-, WILD (야생의, 야만의)

ДОЛГ-, DEBT (빚)

ДОЛГ-, ДЛИН-, LONG (긴)

ДОБ-, FIT (알맞은)

ДОБР-, GOOD, KIND (좋은, 친절한)

ДОМ-, HOME, HOUSE (집)

ДР-, ДАР-, ДИР-, ДОР-, ДЫР-, TEAR, BREAK (찢다, 부수다)

ДРАЗ-, TEASE (괴롭히다, 놀리다)

ДРОГ-, SHUDDER, TREMBLE (떨다)

ДРУГ-, ДОРОГ-, FRIEND, DEAR, ROAD (친구, 소중한, 길)

ДУ-, ДУХ-, ДЫХ-, BLOW, BREATH, SPIRIT (불다, 호흡, 정신)

ДУМ-, THOUGHT (생각)

ДУР-, FOOL (바보)

E

ЕД-, ЯД-, FOOD, POISON (식량, 독)

ЕДИН-, ОДИН-, ONE, UNIT (하나, 단일체)

ЕЗД-, RIDE (타다)

ЕМ-, ИМ-, Я-, POSSESS, HAVE (소유하다, 가지다)

Ж

ЖАД-, GREED (탐욕)
ЖАЛ-, Pity, FAVOR, PLAINT (동정, 호의, 불평)
ЖАР-, HEAT (열)
ЖГ-, ЖЕГ-, ЖИГ-, ЖОГ-, BURN (타다)
ЖЕЛ-, WISH (희망)
ЖЕЛТ-, YELLOW (노랑)
ЖЕЛЕЗ-, IRON (철)
ЖЕН-, WOMAN (여자)
ЖЕРТ-, ЖР-, SACRIFICE (제물)
ЖЕСТ-, STIFF, HARD (뻣뻣한, 굳은)
ЖИ-, LIFE (생명)

З

ЗВ-, ЗОВ-, ЗЫВ-, CALL (부르다)
ЗИ-, ЗЕ-, GAPE, OPEN, YAWN (입을 크게 벌린, 열린, 하품을 하다)
ЗВОН-, ЗВ-, ЗВУК-, RINGING, SOUND (소리)
ЗВЕР-, BEAST (짐승)
ЗД-, BUILD, CREATE (세우다, 창조하다)
ЗДОРОВ-, ЗДРАВ-, HEALTH (건강)
ЗЕЛ(ЕН)-, GREEN (녹색의)
ЗЕМ-, EARTH (땅)
ЗЛ-, EVIL, WICKED, ANGRY (나쁜, 사악한, 성난)
ЗНА-, KNOW (알다)
ЗР-, ЗАР-, ЗЕР-, ЗИР-, ЗОР- SEE, LOOK, LIGHT (보다, 바라보다, 빛)

И

ИГР-, GAME, PLAY (놀이, 경기)
ИН-, OTHER, DIFFERENT (다른, 별개의)
ИСК-, ЫСК-, SEEK (찾다)

K

КАЗ-, SEEM, APPEAR, EXPRESS (~처럼 보이다, 나타나다, 표현하다)
КАЗ-, PUNISH (벌하다)
КАМ-, STONE, ROCK (돌, 바위)
КАТ-, ROLL, RIDE (구르다, 타다)
КИД-, TOSS (던지다)
КИП-, BOIL (끓다)
КИС-, КВАС-, SOUR (신, 시큼한)
КЛАД-, PUT, HIDE (놓다, 숨기다)
КЛЕВ-, PECK (쪼다)
КЛИК-, КРИК-, CALL, CRY (부르다, 외치다)
КЛИН-, КЛЯ-, OATH, CURSE, SWEAR (맹세, 저주, 서약)
КЛОН-, КЛАН-, BEND, BOW (구부리다, 굽히다)
КЛЮЧ-, KEY (열쇠)
КНИГ-, BOOK (책)
КОВ-, FORGE, CONFINE (쇠를 벼리다, 한정하다)
КОЖ-, SKIN, HIDE, LEATHER (피부, 가죽)
КОЗ-, GOAT (염소)
КОЛ-, POINT, PRICK, CIRCLE (뾰족한 끝, 쑤시다, 원)
КОЛ-, WAVER (흔들리다)
КОН-, BEGINNING, END (처음, 끝)
КОН-, HORSE (말)
КОП-, DIG, PIECE (파다, 조각)
КОП-, КУП-, SAVE, HEAP, BUY (저축하다, 쌓다, 사다)
КОР-, REPROACH, GAIN, SUBJECT (비난하다, 얻다, 복종시키다)
КОР-, ROOT (뿌리, 근원)
КОРМ-, FOOD, FEED (식량, 양육하다)
КОС-, ЧЕС-, TRESS, COMB (땋은 머리, 빗)
КОС-, SCYTHE, CUT (큰 낫, 베다)
КОСТ-, BONE (뼈)

КРАД-, STEAL (훔치다)
КРАС-, BEAUTY (아름다움)
КРАТ-, КОРОТ-, SHORT, BRIEF (짧은, 간결한)
КРЕП-, STRONG (강한)
КРЕСТ-, КРЕС-, CROSS (십자형)
КРОВ-, BLOOD (피)
КРОХ-, CRUMB, SMALL, PIECE (작은 조각, 작은, 조각)
КРУГ-, CIRCLE, SPHERE, ROUND (원, 구체, 둥근)
КРЫ-, КРОВ- SHELTER, COVER (피난처, 덮다)
КУП-, BATHE (목욕하다)
КУС-, BITE, TASTE (물다, 맛)
КУТ-, WRAP, MUFFLE, TWIST (감싸다, 싸다, 꼬다)

Л

ЛАД-, HARMONY (조화)
ЛАСК-, CARESS, CLING (애무하다, 달라붙다)
ЛГ-, ЛОЖ-, LIE, DECEIT (거짓말, 사기)
ЛЕГ-, ЛАГ-, ЛОГ-, LIE, DOWN, PUT (눕다, 아래로, 놓다)
ЛЕГ-, ЛЕЗ-, ЛЬЗ- EASE, BENEFIT, USE (편함, 이익, 사용)
ЛЕЗ-, ЛАЗ-, ЛЗ-, CLIMB, COME OUT (오르다, 나오다)
ЛЕК-, CURE (치료하다)
ЛЕС-, WOOD (숲)
ЛЕТ-, FLY (날다)
ЛИ-, POUR (쏟다)
ЛИК-, FACE (얼굴)
ЛИХ-, ЛИШ-, EVIL, SUPERFLUOUS (나쁜, 여분의)
ЛУГ-, MEADOW (초원)
ЛУК-, BOW, BEND, PART (활, 구부리다, 부분)
ЛЮБ-, LOVE (사랑)
ЛЮД-, PEOPLE (사람들)

M

МАЗ-, МАС-, DAUB, OIL, GREASE (바르다, 기름, 유지(油脂))

МАЛ-, SMALL, LITTLE (작은, 적은)

МАХ-, WAVE, SLIP (흔들다, 실수)

МГ-, МИГ-, ЖМ-, TWINKLE, WINK, BLINK
(반짝이다, 눈을 깜빡이다, 깜빡거리다)

МЕЖ-, МЕЖД-, BOUNDARY, BETWEEN, INTER- (경계, 사이에, 사이)

МЕК-, HINT, DREAM (암시, 꿈)

МЕН-, CHANGE (바꾸다)

МЕР-, МИР-, МОР-, DIE (죽다)

МЕР-, MEASURE (측정하다)

МЕРЗ-, МОРОЗ-, COLD, FROST (추운, 결빙)

МЕРК-, МРАК-, DARK (어두운)

МЕС-, MIX, KNEAD, DISTURB (섞다, 반죽하다, 방해하다)

МЕСТ-, PLACE (장소)

МЕТ-, SWEEP, TURN (청소하다, 돌리다)

МИЛ-, DEAR, KIND (소중한, 친절한)

МИР-, PEACE, WORLD (평화, 세계)

МЛЕК-, МОЛОК-, MILK (우유)

МЛАД-, МОЛОД-, YOUNG (젊은)

МН-, МИН-, OPINION (의견)

МНОГ-, MANY, MUCH (많은)

МОГ-, ABLE, POWER (할 수 있는, 힘)

МОК-, WET (젖은)

МОЛ-, PRAY (빌다)

МОЛК-, SILENT, STILL (조용한, 고요한)

МУЖ-, MAN (남자)

МУК-, FLOUR (가루)

МУК-, TORTURE, TORMENT (고문, 고통)

МУТ-, МЯТ-, TURBID, DISTURB (흐린, 방해하다)

МЫ-, WASH (씻다)
МЫСЛ-, THOUGHT (생각)

Н

НЕГ-, LANGUOR, LUXURY (권태, 사치)
НЕМ-, NUMB, MUTE (마비된, 무언의)
НЕС-, НОС-, CARRY (나르다)
НЗ-, НОЖ-, KNIFE, PIERCE (칼, 꿰뚫다)
НИЗ-, LOW, BELOW, DOWN (낮은, 아래에, 아래로)
НОВ-, NEW (새로운)
НУД-, NEED (필요)

О

ОБЩ-, COMMON, SOCIAL (공통의, 사회적인)
ОВ-, SHEEP (양)
ОГН-, ОГОН-, FIRE (불)
ОК-, EYE (눈)

П

ПАД-, FALL (떨어지다)
ПАЛ-, ПЛ-, ПЕЛ-, FIRE, FLAME (불, 불꽃)
ПАР-, STEAM (증기)
ПАС-, TEND, HERD (돌보다, 가축의 떼)
ПАХ-, PLOUGH (쟁기)
ПАХ-, SMELL (냄새가 나다)
ПЕК-, BAKE (굽다)
ПЕТ-, ПИР-, ПОР-, LOCK, SHUT (잠그다, 닫다)
ПЕ-, SING (노래하다)
ПЕЧАТ-, (ПЕК)-, SEAL, PRINT (인장, 인쇄하다)

ПИ-, ПОЙ-, DRINK (마시다)
ПЕР-; ПИР-; ПОР-; LOCK, SHUT (잠그다, 닫다)
ПИС-, WRITE (쓰다)
ПИСК-, SQUEAK (빽빽·찍찍 우는소리)
ПИТ-, FEED, NOURISH (양육하다, 기르다)
ПЛАТ-, ПОЛОТ-, DRESS, LINEN (옷, 아마포)
ПЛАТ-, PAY (지불하다)
ПЛЕТ-, WEAVE (짜다)
ПЛОСК-, FLAT (평평한)
ПЛЫ-, ПЛАВ-, SWIM, FLOAT (헤엄치다, 띄우다)
ПОЛК-, REGIMENT (연대)
ПОЛН-, FULL (가득 찬)
ПРАВ-, TRUTH, RIGHT (진실, 바른)
ПРАХ-, ПОРОХ-, DUST, POWDER (먼지, 가루)
ПРЕТ-, FORBID, ARGUE (금하다, 논하다)
ПРОС-, BEG (빌다)
ПРОСТ-, SIMPLE, EXCUSE (단순한, 용서하다)
ПРУГ-, ПРЯГ-, SPRING, HARNESS (튀다, 마구)
ПРЫГ-, JUMP (뛰어오르다)
ПРЯД-, STRAND, YARN, SPIN (한 가닥의 실, 뜨개실, 실을 잣다)
ПТ-, BIRD (새)
ПУГ-, FRIGHT (공포)
ПУСК-, ПУСТ-, LET (~에게 ~시키다)
ПУСТ-, EMPTY (빈)
ПУТ-, ROAD, WAY (길, 행로)
ПУХ-, DOWN (솜털)
ПЫТ-, TRY, ATTEMPT (노력하다, 시도하다)

РАБ-, SLAVE (노예)
РАВ-, EQUALITY (동등)

РАД-, GLAD (기쁜)
РАЗ-, ONCE, FELL, DEFEAT, IMPRINT, INFLICT (한 번, 죽이다, 쳐부수다, 인상, 과하다)
РАЗ-, DIFFERENT (다른)
РЕЗ-, CUT (자르다)
РЕШ-, DECIDE, SOLVE (결심하다, 풀다)
РОД-, BIRTH, TRIBE, NATURE (탄생, 종족, 자연)
РОСТ-, РАСТ-, GROWTH (성장)
РУБ-, CUT, CHOP, LIMIT (베다, 자르다, 한계)
РУК-, HAND, VOUCH (손, 보증하다)
РЫБ-, FISH (물고기)

C

САД-, СЕД-, СИД-, SIT, SEAT (앉다, 좌석)
СВЕТ-, LIGHT, WORLD (빛, 세계)
СВОБ-, FREE (자유로운)
СВЯТ-, HOLY (신성한)
СЕ-, SEED, SOW (씨, 파종하다)
СЕК-, AXE, CHOP (도끼, 자르다)
СЕРД-, СЕРЕД-, СРЕД-, HEART, MIDDLE, MEAN (심장, 중앙, 수단)
СКАК-, LEAP (도약하다)
СЛ-, СОЛ-, СЫЛ-, SEND (보내다)
СЛАВ-, СЛОВ-, СЛУ-, СЛЫ-, SLAV, FAME, WORD, KNOW, HEAR (슬라브인, 명성, 낱말, 알다, 듣다)
СЛАД-, SWEET (감미로운)
СЛЕД-, TRACK, TRAIL, FOLLOW, INHERIT (지나간 자취, 흔적, 좇다, 상속하다)
СЛУГ-, SERVE (봉사하다)
СМЕ-, LAUGH (웃음)
СОХ-, СУХ-, СЫХ-, DRY (마른)
СП-, СОН-, СН-, SLEEP (잠자다)
СПЕХ-, HURRY, SPEED (서두름, 신속)

СТА-, СТОЙ-, СТОЯ-, STAND, BECOME (서다, ~이 되다)
СТЕРЕГ-, СТОРОЖ-, СТРОГ-, WATCH, STERN (지켜보다, 엄격한)
СТРАД-, SUFFER (괴로워하다)
СТРАХ-, FEAR (무서움)
СТРЕМ-, BOUND FOR, ASPIRE (~로 가는 길인, 열망하다)
СТУД-, СТЫД-, CHILL, SHAME (냉기, 부끄러움)
СТУК-, KNOCK (두드리다)
СУД-, JUDGE (재판하다)

T

ТА-, SECRET (비밀)
ТВАР-, ТВОР-, CREATE (창조하다)
ТВЕРД-, HARD, FIRM (굳은, 단단한)
ТЕК-, ТОК-, FLOW, CURRENT (흐르다, 경향)
ТОК-, LATHE, TURN, SHARP (선반, 회전, 날카로운)
ТЕМ-, ТМ-, ТЬМ-, DARK (어두운)
ТЕП-, ТОП-, WARM (따뜻한)
ТЕР-, ТИР-, ТР-, RUB (문지르다)
ТЕРП-, SUFFER (경험하다, 견디다)
ТЕС-, ТИС-, CROWD (군중, 군집하다)
ТИХ-, ТЕХ-, QUIET, AMUSE (조용한, 즐겁게 하다)
ТК-, ТОЧ-, WEAVE, POINT (짜다, 점)
ТЛ-, SPOIL, DECAY, SMOULDER (망치다, 부패하다, 그을다)
ТОВАР-, GOODS, COMPANY (상품, 동료)
ТОЛК-, EXPLAIN, PUSH (설명하다, 밀다)
ТОП-, SINK (가라앉다)
ТОРГ-, TRADE (매매)
ТРЕСК-, CRACK (갈라진 금)
ТРУД-, LABOR (노동)
ТУГ-, ТЯГ-, TIGHT, STIFF (꽉 죄인, 뻣뻣한)
ТУСК-, DIM (흐릿한)

У

УЗ-, TIE, BOND, KNOT (끈, 묶는 것, 매듭)
УК-, ЫК-, LEARN (배우다)
УМ-, MIND (지성)

X

ХВАТ-, ХИТ-, GRASP, SEIZE (붙잡다, 붙들다)
ХЛАД-, ХОЛОД-, COLD (추위, 냉기)
ХОД-, ШЕД-, GO (가다)
ХРАН-, ХОРОН-, HIDE, BURY (숨기다, 파묻다)

Ц

ЦВЕТ-, COLOR, FLOWER (색, 꽃)
ЦЕЛ-, WHOLE (전체의)
ЦЕН-, WORTH, VALUE (가치, 평가)

Ч

ЧА-, EXPECT, HOPE (기대하다, 희망하다)
ЧА-, ЧН-, ЧИН-, START, BEGIN (출발하다, 시작하다)
ЧАСТ-, PART, LOT (부분, 운)
ЧЕР-, BLACK (검은)
ЧЕР(К)-, SCRIBBLE (날려 쓰다)
ЧЕР(Т)-, DRAW (그리다)
ЧИН-, RANK, CAUSE (계급, 원인)
ЧИСТ-, CLEAN (깨끗한)
ЧТ-, ЧИТ-, ЧЕТ-, READ, COUNT (읽다, 세다)
ЧУ-, FEEL (느끼다)
ЧУД-, ЧУЖ-, WONDER, STRANGE (경이, 이상한)

Ш

ШИБ-, HIT, MISS (때리다, 놓치다)

Щ

ЩАД-, ЩЕД-, MERCY, SPARE, GENEROUS (자비, 아끼다, 후한)
ЩИТ-, PROTECT, SHIELD (보호하다, 방패)

Я

ЯВ-, APPEAR (나타나다)
ЯС-, CLEAR (밝은, 맑은)

홍기순

한국외국어대학교 노어과 졸업
상트-뻬쩨르부르그 국립대학교 노문학 석사
러시아 국립 사범대학교 노문학 박사
현 선문대학교 러시아학과 교수
저서 : 현대 러시아어 강독
역서 : 바닷가재(장편소설)
논문 : 〈A.C. 뿌쉬낀의 시 "코란의 모방"에 대한 일고〉 외 다수

김성일

한국외국어대학교 노어과 졸업
한국외국어대학교 대학원 노문학 석사
상트-뻬쩨르부르그 국립대학교 노문학 박사
현 청주대학교 유럽어문학부 노어노문학 전공 교수
역서 : 톨스토이 〈참회록〉, 〈인생론〉 외 다수
논문 : 〈러시아 망명문학 연구〉 외 다수

러시아어 어휘집 -어근 분류를 중심으로-

초판 1쇄 발행 2002년 4월 26일
초판 2쇄 발행 2006년 11월 10일

저　자 · 홍기순, 김성일
발행인 · 김흥국
펴낸곳 · 보고사(제6-0429호)
　　　　136-087 서울시 성북구 보문동7가 11번지 1층
　　　　922-5120~1(편집) / 922-2246(영업) / 팩스 · 922-6990
　　　　E-mail · kanapub3@chol.com
　　　　www.bogosabooks.co.kr

※ 파본 도서는 교환하여 드립니다.

ISBN 89-8433-118-X
정가 10,000원